복 있는 당신께,
다르마 톡

복 있는 당신께, 다르마 톡

2024년 4월 8일 초판 1쇄 발행

지은이	영화 스님
옮긴이	대지 스님 · 상욱 스님 · 현안 스님 · 현공 스님
발행인	김미숙
편집인	김성동
펴낸곳	도서출판 어의운하
주소	경기도 파주시 경의로 1114 에펠타워 406호
전화	070-4410-8050
팩시밀리	0303-3444-8050
페이스북	https://www.facebook.com/you-think
블러그	https://blog.naver.com/you-think
이메일	you-think@naver.com
출판등록	제406-2018-000137

ISBN 979-11-977080-8-4 (03220)

미국 위산사 영화 선사 대중 법문
Master Yong Hua

복 있는 당신께, 다르마 톡

Dharma Talk

대지·상욱·현안·현공 옮김

어의운하

차
례

명상의
세 가지 목표

좋은 아침입니다, 여러분. 오늘 춥나요? 지금 춥다고 느끼는 사람 있나요? 조금 춥다고 느끼는 사람? 그러면 안 됩니다. 춥다고 느끼는 사람은 명상을 제대로 하고 있지 못한 겁니다. 오늘 같은 날에는 명상으로 몸이 따뜻해지고, 매우 편하게 느껴져야 합니다. 그렇게 느끼는 사람 있나요? 춥기는 합니다. 지금 기온이 쌀쌀한 편이지만, 명상을 시작하면 몸이 따뜻해질 것입니다. 아주 아주 편안하게 느껴질 것입니다. 그렇죠? 네. 그래서 나는 이렇게 추워지면 명상하게 됩니다. 명상하기에 제격입니다. 이런 날씨에는 명상하기에 완벽합니다. '많이 아프다.'는 사실 외에는…. 그래도 몸과 다리는 아프니까 명상하기 힘듭니다. 하지만 다리 아픈 것만 극복할 수 있다면, 아주 기분이 좋습니다. 그래서 이게 투자입니다. 명상, 지속한다면 그 보상이 어마어마하게 엄청나게 큽니다. 알았나요?

　오늘은 명상의 다양한 형태를 이야기하고자 합니다. 어떤가요? 명상은 매우 많은 형태가 있습니다. 나는 그걸 세 가지로 분류하고자 합니다. 기본적으로 내가 말하는 첫째는 세속적 명상입니다. 자, 어디서 배우든, 누가 가르치는지 그건 중요하지 않습니다. 일반인이든, 스님이든 상관없이, 세속적인 명상은 알 수 있습니다. 선생님이 세속적인 이점을 강조하면, 그건 세속적 명상입니다. 그렇다면 세속적 이점이란 무엇일까요? 행복 같은 것을 이야기하고, 감각적 쾌락 같은 것, 그런 이득에 관해 이야기합니다. 명상으로 얻는 실질적인 세속적 이익, 그런 것들을 말하는 것입니다. 어떤 사람들은 심지어 세속적 쾌락이나 육체적 즐거움 또는 혜택을 이야기합니다. 특히 그중 일부는 인도 쪽 영향을 받은 것으로 보이는데, 꽤 많은 사람이 감각적 쾌락을 더 강조한다는 것을 알게 되었습니다. 그렇습니다. 그런 사람들은 명상하는 이유가 감각적 쾌락을 강화하기 위해서라고 말합니다. 예를 들어 어떤 사람은 차크라를 하라고 강조하고, 차크라를 발달시키기 위한 명상을 합니다. 차크라는 에너지를 방출하는 겁니다. 에너지를 방출하면 두 가지 일이 생긴다고 하는데, 하나는 이른바 '깨달음'을 여는 겁니다. 그리고 또 다른 하나는 그에 앞서 또는 그와 동시에 성적 쾌락도 강화되는 겁니다.

두 번째는 '마음 챙김(Mindfulness, 正念)'입니다. 내가 세속적 명상이라고 분류하는 모든 것들, 세속적 목표는 보통 '마음 챙김'이라고 알려진 것을 중심으로 진행됩니다. 마음 챙김. 많이 들어봤죠? 특히 스님들께 들었을 테고, 이게 지난 20~30년간 꽤 유행했거든요. 유럽에서 매우 인기가 많습니다. 예를 들어 사람들이 마음 챙김 명상을 배웁니다. 그리고 다들 이 마음 챙김이란 걸 많이 듣게 됩니다. 거기서 사람들은 마음 챙김을 강조합니다. 그러면 그게 상좌부 명상이란 걸 알 수 있습니다. 심지어 베트남, 유럽에서도 매우 인기가 있습니다.

자신의 미혹과 혼란을 보는 것

세 번째는 '대승 명상(Mahayana Meditation)'이라고 불리는 것이 있습니다. 대승 명상은 세속적 명상, 마음 챙김과 무슨 차이가 있을까요? 대승 명상에는 무슨 차이가 있나요? 그래서 대승 명상은 무엇인가요? 누구 없나요? (평온과 평화를 줍니다) 평온과 평화요. 세속적 명상이나 소승 명상으로도 얻을 수 있답니다. 알았나요? (그게 모두 태도에 달렸습니다. 평온과 만족감을 얻길 원한다면, 그걸 위해서 계속해야 하는 겁니다.) 맞습니다. 그런데 본인이 가는 방향을 표현하는 데 좀 어려움을 겪고 있군요. 지금 답하면서 뭔가 좋은 아이디어가 있는데, 제대로 딱 손가락으로 집어내지 못하고 있습니다. 그렇지만 방향은 맞습니다. 네, 또 다른 사람 없나요? 네. 옳은 방향으로 가고 있습니다. 맞습니다.

대승 명상이란, 불성을 볼 수 있게 해주는 것입니다. 그건 모두가 불성佛性을 갖고 있다는 뜻입니다. 그냥 볼 수 없을 뿐입니다. 그게 전부입니다. 알았나요? 네. 여러분도 갖고 있습니다. 그러니 자신을 과소평가하지 마십시오. 우리 모두에게 불성이 있습니다. 이것이 대승의 개념에서 좋은 점입니다. 매우 민주주의적입니다. 우리는 모두 동일합니다. 우리 중 누구도 다르지 않습니다. 우리 모두 불성을 가지고 있습니다. 알았나요? 그리고 명상, 대승의 목표는 여러분이 불성을 볼 수 있게 돕는 것입니다.

"불성을 본다(見性)."는 것이 무슨 뜻인가요? 아는 사람 없나요? 아는 사람? "불성을 본다."고 하면 그게 무슨 의미인가요? 알고 싶은가요? 당연히 알고 싶죠? 불성을 보면 무슨 일이 생기나요? 뭣 때문에 이것을 하는 건가요? (혼란하지 않습니다.) 아하! 아주 좋은 답입니다. 자성을 보면, 혼돈을 멈춥니다. 자신의 미혹을 보고, 혼란스러웠다는 것을 보는 것입니다. 그러고는 "아하! 내가 혼란스러웠네."하는 겁니다. 그것이 자성을 보는 본질입니다. 견성의 특징은 자신이 혼란스러웠다는 것을 깨닫고, 더는 그렇지 않은 것입니다. 자성을 보기 전까지는 혼란했습니다. 자성을 본 후 과거 미혹의 본질을 봅니다. 알았나요? 자신이 혼란스러워했다는 걸 깨닫지 못했던 겁니다. 그걸 뭐라고 부를까요? 지혜입니다. 그런 이유로 혼란을 보지 못합니다. 그래서 보지 못하고, 마음의 명료함이 없는 겁니다. 알았나요? 내가 여러분을 위해서 일반인의 용어로 설명해주겠습니다.

우리가 대승의 명상을 가르치는 이유는 여러분이 참된 잠재력, 최고의 잠재력을 깨닫도록 돕기 위해서입니다. 그 잠재력을 실현했을 때, 불행은 멈추고, 극도로, 극도로 만족하게 됩니다. 알았나요? 더 높은 형태의 성취는 없습니다. 내게 묻는다면 여러분이 할 수 있는 것 중 이것보다 더 높은 형태의 성취는 없습니다.

그렇다면 이 세 종류 명상의 차이점은 무엇인가요? 그 차이가 뭔가요? 결론은 이렇습니다. 그 차이는 목표의 본질입니다. 여러분은 무엇을 쫓고 있나요? 스스로 물어봐야만 합니다. 도달하고자 하는 것이 무엇인가요? 무엇을 성취하고 싶나요? 내가 해주고 싶은 말은, 무엇을 소망하는지에 대해서 조심해야 한다는 점입니다. 왜냐하면 그 소망이 이루어지기 때문입니다. 오직 세속적 혜택만 바란다면, 예를 들어 더 강해지고, 스트레스 덜 받고, 더 건강해지기를 원한다면, 그걸 세속적 이익이라고 부릅니다. 알았나요? 나는 이걸 '작은 이득(small gain)',

'시시한 이득'이라고 부릅니다. 만일 작은 이익으로 만족하고 싶다면, 그것도 괜찮습니다. 작은 이득만으로 만족하길 바라면, 얻는 것도 그뿐입니다. 그 정도로 만족하고 싶다면 곧바로 얻게 될 것입니다. 왜냐하면 명상하면 그런 걸 얻게 될 거니까요. 이 부분에서는 스승이 누구인지 그건 중요하지 않습니다. 이게 굉장히 중요한 점입니다. 내가 이 부분을 분리해서 설명하는 이유는 스승이 누구인가만 중요한 것이 아니라, 이게 여러분 스스로에게도 달린 문제이기 때문입니다. 아하! 이제 이건 더 이상 스승에 관한 이야기가 아닙니다. 알았나요?

세속적 혜택, 그 이상

보십시오. 어떤 분은 편두통 때문에 명상을 시작했고, 명상해서 편두통이 없어졌습니다. 약으로는 안 됐는데, 그냥 그렇게 두통이 사라졌습니다. 내가 느끼기엔 이렇습니다. 그냥 더 건강해지고, 평화로워진다거나 그런 걸로 시작해서, 그냥 그걸로 만족한다면 어떨까요? 그런 건 어떤 형태의 명상이든 다 얻게 됩니다. 사실 앞서 언급했던 세 가지 형태의 명상은 세 단계의 다른 성취이기도 합니다. 먼저 세속적 혜택부터 얻습니다. 알았나요? 솔직히 세속적 혜택이 없다면 여러분은 명상을 그만둘 겁니다. 맞죠? 왜냐하면 그런 혜택이 없는 명상은 쓸모가 없으니까요. 우리 솔직해집시다. 누구도 시간을 낭비하고 싶지 않습니다. 시간 낭비를 원하는 사람도 있나요? 정신이 말짱한 사람이라면 누가 명상하는 데 시간을 낭비하고 싶겠습니까? 명상하는 사람은 누구나 세속적 혜택을 얻게 될 것입니다. 그게 첫 단계입니다. 그러니 당연히 이런 이점에 대해서 설득할 필요도 없습니다. 누구나 명상하면 이런 세속적 혜택은 다 얻습니다. 스트레스 수준도 줄어들 겁니다. 더 건강해집니다. 집중도도 올라갑니다. 긴장이 더 풀릴 겁니다. 기력이 높아집니다. 육체적으로도 더 강해집니다.

예를 들어 여기 이 남자분은 예전에 일주일에 20시간씩 일하면서 학교에 갔습니다. 학교에 다니기 시작했을 때 이미 나이가 50대였습니다. 50대의 나이에 대학에 갔습니다. 그래서 스스로 돈도 벌어야만 했습니다. 일자리를 구해야만 했고, 캘리포니아공과대학교(CalTech)에 갔습니다. 그러니 아주 힘든 일정이었습니다. 게다가 영어 실력도 좋지 못했습니다. 그의 영어 실력은 지금도 별로입니다. 게다가 일도 해야만 했습니다. 그걸 어떻게 해냈을까요? 무엇을 했길래 주 20시간씩 일하면서 살아남았을까요? 그런데다 대학교에서 경쟁하는 스트레스도 받았습니다. 거기다 언어 문제, 영어도 상당히 이해하기 어려웠고, 사람들을 이해시키는 것도 힘들었습니다. 이게 말하자면 이민자의 스토리입니다. 그는 어떻게 살아남았을까요? 매일 명상했습니다. 맞죠? 기력을 늘리고, 제정신을 유지하려고 매일 명상했습니다. 그런 환경에서 대학 공부하는 스트레스를 생각해보십시오. 스트레스가 극심할 것입니다. 그래서 명상했습니다. 그런 것이 세속적 명상입니다. 명상하면 이런 온갖 혜택이 자연스럽게 생깁니다. 그러니 이런 이점에 대해서 설득할 필요도 없습니다. 기력이 늘어나니, 더 즐겁게 살 수 있습니다. 그리고 모든 감각적 쾌락이 증가합니다. 자연스럽게 감각적 쾌락도 더 많아집니다. 음식도 더 즐기게 됩니다. 코가 더 발달합니다. 더 예리해져서 냄새도 더 잘 맡습니다. 머리가 맑아지니까 일상 속 문제를 더 잘 해결할 수 있습니다. 그리고 훨씬 더 편안해집니다. 명상하면 이런 온갖 세속적 이점은 자연스레 생깁니다. 그래서 나는 선생으로서 왜 사람들이 매일 명상하지 않는지 이해할 수 없습니다. 당황스러운 일입니다. 왜냐하면 매일 명상만 하면, 신체적, 직업적, 감정적, 지적으로, 훨씬 더 나은 삶을 살 수 있기 때문입니다. 이건 아주 중요한 일입니다. 명상이 그런 걸 해줄 수 있습니다.

치러야 할 대가가 있다

이렇게 한번 해보십시오. 지금부터 2주에서 3주간 매일 30분에서 1시간 동안 명상합니다. 그리고 멈추십시오. 그러면 그 차이를 바로 느낄 겁니다. 바로 그때 2일간 멈추면, 에너지가 부족할 겁니다. 짜증스럽게 됩니다. 애들한테 얼굴을 찌푸리면서 소리 지르고 싶어집니다. 알았나요? 즉시 큰 차이가 있습니다. 그래서 명상은 중대한 일입니다. 명상은 물질적인 것들이 해결할 수 없는 방식으로 삶의 질을 높이기 때문입니다. 어쨌든 명상에 이런 세속적 혜택이 이미 내재하여 있습니다.

그런 이유로 대승 명상을 가르칠 때는 이런 것에 대해서는 거의 언급조차 하지 않습니다. 왜냐하면 그게 그냥 자연스러운 일이기 때문입니다. 명상하면 그런 일들이 다 생깁니다. 두통이 있으면, 두통이 사라집니다. 하지만 처음에 다리가 좀 아파야 한다는 점은 내가 인정합니다. 치러야 할 대가가 있습니다. 어떤 사람에게는 꽤 오랫동안 아픕니다. 저쪽에 있는 여자분은 6년이 지났는데도 여전히 다리가 아프다고 투덜거립니다. 그러니까 그녀에게 이게 얼마나 오래 걸렸는지 보여주는 겁니다. 그런데도 포기하지 않았습니다. 그렇죠? 그래서 여기서 중요한 것은, 치러야 할 어느 정도 대가가 있다는 점입니다. 공짜로 무언가를 얻을 것이라고 기대할 수 없습니다.

여기서 핵심은 치러야 할 대가가 있다는 겁니다. 공짜로 원하는 걸 얻을 수는 없습니다. 원하는 것을 위해서 해야 할 일이 있는 겁니다. 그걸 위해서 자기 자신을 훈련시켜야 합니다. 육체적으로 더 강해지려면 헬스장에 가서, 웨이트트레이닝을 해야 합니다. 웨이트트레이닝은 고통스럽습니다. 처음에는 고통스럽습니다. 공짜는 없습니다. 하지만 일단 시작하면 기분이 좋아지고, 기분이 좋아지면 체력이 늘어나고, 더 강해지고, 더 많은 일을 할 수 있습니다. 한 손가락, 한 손으로 아이를 들어 올릴 수 있습니다. 알았나요? 치러야 할 대가가 있습니다. 이것은 우연한 일이 아닙니다. 그냥 헬스만 하면 되는 게 아니라, 더 강해지고, 육체적으로 더 건강해지려면 그런 훈련법이 있습니다. 명상도 마찬가지입니다. 이런 훈련법에 방법론이 있으므로 다치지 않고도 이런 혜택을 얻을 수 있게 도와줄 수 있는 겁니다. 그것도 더 빨리 말입니다.

마음 챙김의 목적은 고통을 끝내고 안락을 얻는 것

두 번째 이점은 정념, 마음 챙김 명상이라고 불리는 것입니다. 그리고 그것이 바로 상좌부(Theravada)에서 가르치는 것입니다. 거기에서는 마음 챙김과 마음의 평화를 더 강조합니다. 마음 챙김의 장점은 무엇인가요? 마음 챙김의 핵심은 무엇인가요? 마음 챙김 명상이란 흔히 이해하는 '마음의 평화'나 대부분 사람들이 가르치는 것과 사실 다릅니다. 마음 챙김 명상이란 자신의 괴로움을 끝내는 게 목적입니다. 누구나 마음 챙김에 대해서 떠들어대면서, "내가 마음 챙김 명상을 지도할 수 있다!"고 자칭할 수 있습니다. 하지만 사실 진정한 마음 챙김 명상의 궁극적인 형태는 고통을 끝내는 것, 그것을 성취하는 데 있습니다. 분명히 합시다. 마음 챙김 명상을 가르치는 스승들…. 물론 여기에 대해서 정해진 기준은 없습니다. 나는 지금 그냥 말하면서 이 내용을 지어내고 있는 겁니다.

마음 챙김 명상을 하는 최고의 스승들은 고통을 끝내고, 안락을 얻도록 돕는 것을 목적으로 합니다. 마음 챙김 명상 지도자가 그런 이야기하는 것을 들어 본 사람이 몇 명이나 되나요? 나는 여러분 중 최소 몇 명은 마음 챙김 지도자들에게 찾아가 봤다는 걸 알고 있습니다. 왜냐하면 요즘 밖에서 다들 마음 챙김을 가르치기 때문입니다. 그렇죠? 만약 마음 챙김 지도자가 고통을 끝내는 지점까지 이르지 않은 채 마음 챙김을 가르친다면, 그건 제일 높은 형태의 마음 챙김 명상이 아닙니다. 그러면 그런 지도자는 여러분에게 마음 챙김에서 제일 높은 상태인 고통이 없는 수준까지 끌어올려 줄 수 없습니다. 그러면 나는 그걸 '세속적 명상'이라고 부릅니다. 그런 지도자는 마음 챙김 명상을 이해하지 못했기 때문에 나는 그런 걸 마음 챙김 명상이라고 부르지 않습니다. 왜냐하면 마음 챙김 명상을 이해하지도 못한 채 아직도 세속적인 혜택에 집착하기 때문입니다.

마음 챙김 즉 정념 명상은 모든 고통을 초월하기 위한 것입니다.● 그리고 가진 모든 고통을 초월하고 나면, 항상 안락만

● 마음 챙김은 원래 '정념正念 명상'이라고 부른다.

경험하게 될 것입니다. 알았나요? 더 이상 괴로움은 없고, 오직 안락만 있을 뿐입니다. 최고의 정념 명상의 스승들은 모든 고통을 끝내고 항상 안락하도록 여러분을 데려가고, 돕고, 훈련하는 걸 목적으로 하는 사람들입니다. 그런 것이 최고의 정념 명상 지도자입니다. 더 이상 고통받을 일은 없습니다. 알았나요? 그리고 거기까지 가려면 몸이 아주 건강해야 합니다. 그리고 스트레스 수준도 사실상 전무합니다. 그런데 굳이 세속적 이점에 관해서 이야기할 필요가 있을까요? 정념 명상의 혜택은 세속적 혜택 위에 자연스레 세워질 것입니다. 이해되나요? 만약 정념 명상을 하고, 정념 명상에 목숨을 건다면, 걱정할 필요조차 없이 모든 세속적 혜택을 자연스레 얻을 수 있다는 점, 모두 이해했나요?

삼매에 들어갈 때, 나올 때

다시 말하지만, 명상을 배우는데, 그것이 모든 고통을 끝내고, 오직 안락만 경험하는 것이 목적이라고 말한다면, 나는 그걸 마음 챙김 명상가라고 부를 것입니다. 그렇지 않다면, 세속적 명상가라고 부릅니다.

그렇다면 어떻게 고통을 끝내고 안락을 얻을까요? 어떤 방법으로 고통을 끝낼 수 있나요? (마음 챙김으로요.) 마음 챙김으로요? 네. 좋습니다. 안락安樂은 어떻게 얻나요? 안락은 매우 전문적인 불교 용어입니다. 세상 사람들이 밖에서 말하는 마약 같은 엑스터시, 뭐 그런 게 아닙니다. 이건 전혀 다른 류의 희열입니다. 오케이? 불교에서 희열(peace and bliss)이란 삼매에 들어갔을 때 느끼는 엄청난 행복감입니다. 그것을 "안락"이라고 부릅니다. 삼매에 들어가는 지점까지 집중하면, 자연스레 희열(Bliss)을 경험합니다. 불교에서 "희열"이라고 말하면 그것은 집중력과 연관된 경계입니다. 그 상태는 아주 아주 환희롭습니다. 정말로 경이롭습니다. 세상 사람들이 말하는 희열보다도 훨씬 낫습니다. 세상 사람들이 말하는 건 감각적 쾌락이라 불리는 것입니다. 세상 사람들이 희열이라고 부르는 것은 사실 감각적 쾌락을 뜻합니다. 불교인에게 있어서 희열은 초월적 즐거움, 훨씬 더 강렬한 형태의 즐거움입니다. 그 이상입니다. 그렇죠? 좋습니다. 말하자면 안락은 삼매의 경계입니다.

불교에서 희열이란 단어는 삼매에 들어갈 때 자연스럽게 경험하는 것을 말합니다. 물어볼 필요도 없습니다. 어떤 분이 "마스터께서 나에게 약속한 그 희열이 어디 있죠?"라고 합니다. 그런 걱정은 필요 없습니다. 삼매에 들어가면 자연스레 희열을 경험합니다. 정념 명상에서 안락을 경험한다는 것은 늘 삼매에 있다는 뜻입니다. 가장 높은 형태의 정념 명상이란 항상 삼매에 있도록 가르쳐주는 것입니다. 그래서 항상 안락합니다. 이해했나요? 삼매에서 나온 후에는 안락이 줄어듭니다. 하지만 때로 그게 며칠, 몇 주, 몇 달 동안 지속됩니다. 그건 여러분이 경험한 삼매의 깊이, 삼매의 형태에 따라 다릅니다. 예를 들어 내가 명상을 시작했을 때, 삼매에 들어갔는데, 때로는 그 안락이 24시간 정도 지속되기도 했습니다. 그 안락은 줄어들기 시작했고, 24시간이 지나면 더는 느껴지지 않습니다. 때로는 그게 며칠간 지속되기도 합니다. 질문 있나요? 그래서 안락은 삼매와 관련이 있습니다. 삼매에 들어갔다가, 삼매에서 빠져나오지만, 여전히 매우 안락하고, 매우 환희롭습니다.

고통을 끝낸다는 것은 뭔가요? 여러분 기억하나요? 정념 명상에는 두 목표가 있습니다. 안락을 얻는 것과 고통을 끝내는 것입니다(이고득락離苦得樂). 방금 안락을 얻는 것에 대해서는 이야기했습니다. 삼매에 들어갈 수 있는 지점까지 집중하면, 안락을 경험합니다. 지금까지 그 이야기를 했습니다. 고통을 끝내는 건 어떤가요? 그건 무엇을 수반합니까? 조는 분이 있는데, 졸음도 고통의 한 형태입니다. 고통을 끝낸다는 게 뭔가요? 여러분이 괴로운 이유는 집착 때문입니다. 맞나요? 네, 생각해보십시오. 그게 혼란의 본질입니다.

예를 들어 여러분이 자동차를 너무 좋아하는데, 주차장에 있던 차가 긁혀있습니다. 기분이 아주 안 좋습니다. 침해당한 느낌이죠. 이건 내가 아주 오래전에 겪은 일인데, 나는 그때

BMW를 탔습니다. 쇼핑센터에 주차하고, 밖으로 나왔는데, 누군가 차 유리를 깨고 들어가서, 스테레오를 가져갔습니다. 보험은 있었지만, 더 이상 같은 느낌은 아니었습니다. 그때부터 그 차가 맘에 들지 않았습니다. 침해당한 느낌이었습니다. 다른 사람이 내 차에 들어왔기 때문에, 내가 운전했던 그 차가 아닌 것 같았습니다. 그 차를 운전하는 게 더는 즐겁지 않았고, 힘이 빠져버렸습니다. 나를 한번 봐보세요. 보십시오. 이제 그 느낌은 사라졌지만, 내 마음은 여전히 상처투성입니다. 마음 한쪽에서 아직도 그 부분에 대한 기분이 안 좋습니다. 내가 그 일을 이야기할 때 여러분도 느낄 수 있듯이, 기분이 좋지 않게 침해당한 느낌이, 여전히 마음에 상처가 있다고 느낍니다. 마음속에 여전히 기억하고 있는 겁니다. 그걸 우리가 뭐라고 하냐면, '집착'이라고 합니다.

고통의 본질, 집착

나는 아직도 그 차에 대한 집착이 있습니다. 침해받은 사실에 대해서 말입니다. 그래서 아직도 여기 상처가 남아있습니다. 그것이 고통입니다. 그것을 잊어버릴지도 모릅니다. 그래요. 서너 번 하고 나면, 통증은 줄고, 고통이 분산됩니다. 하지만 줄어들지 않는 것이 여기 있습니다. 육체적으로, 정서적으로 감소하지만, 정신적으로는 아직 여기 있습니다. 아직 (머리를 가리키며) 여기 위에 상처가 남아있습니다. 이혼한 사람에게 물어보십시오. 그러면 말해줄 겁니다. 아니면 이혼을 계획 중인 사람이 말해줄 수 있을 것입니다. 왜일까요? '내가 이혼하는 이유는 이제 남편이 맘에 들지 않아서야.' 맞나요? 그거 아시나요? 그 사람은 다음 결혼에 그와 똑같은 마음을 가져갑니다. '나는 그 사람이 싫어서 당신과 재혼하려는 거에요.' 그러면 새 남편은 '어머나! 이 여자가 그 사람을 그 정도로 싫어했다면, 다음은 내 차례도 될 수 있겠군.'하는 마음이 생기는 겁니다. 알다시피 여기서 중요한 것은 우리에게 정신적 상처가 있고, 그게 아직도 우리를 아프게 한다는 것입니다.

아무도 기억 못 합니다. BMW는 없어졌습니다. 기억하나요? 남편은 이미 갔습니다. 그렇지만 여전히 (머리를 가리키며) 여기 위쪽에 있습니다. 그것을 '집착'이라고 부릅니다. 여전히 정신적으로 거기 집착합니다. 아직도 마음속에서 그 이미지를 그립니다. 이혼하고 나서 마음에서 지워버리는 것이 더 낫습니다. 나는 그걸 '완전한 이혼'이라 부릅니다. 그것이 고통의 끝입니다. 마음에서 지우면 더 이상 집착도 없고, 고통도 없습니다. 여기 위에 상처가 있는 한, 그 이야기할 때 여전히 신경이 쓰입니다. 내 자동차처럼 말입니다. 나는 아직도 그 BMW를 좋아하지 않습니다.

여기서 중요한 것은 욕심을 내지 말자는 것입니다. 비현실

적이면 안 됩니다. 나는 여러분에게 열반의 이미지를 그려주고 있을 뿐입니다. (그렇게 되려면 얼마나 걸리나요?) 그냥 다섯 번이면 됩니다. 쉽습니다. 당신의 실력이 별로면 5백만 생만 더 살면 됩니다. 나도 아직 거기 도달하지 못했습니다. 이제 49만 9천 번째입니다. 농담이에요. 나는 그냥 영업사원 같은 거예요. 약속만 해줄 뿐입니다. 알아두면 좋잖아요. 희망을 주니까요. 그렇죠? 내가 애초에 이혼을 이야기했던 이유도 그랬습니다. '나는 더 이상 당신을 좋아하지 않아.'라고 했습니다. 그리고 더 나은 여자로 넘어간다고 생각했습니다. 그런데 무슨 일이 있었는지 아나요? 같은 문제가 있었습니다. (웃음) 왜일까요? 보세요. 그건 집착 때문입니다. 우리는 스스로 영리하다고 생각하지만, 실제로 하나를 없애면, 같은 문제를 다음으로 가져갈 뿐입니다. 그래서 나처럼 나이가 들면, '아! 그냥 잊어버리자. 이제 이혼 안 할래. 희망이 없어.' 그럽니다. 여기서 중요한 것은 고통의 본질입니다.

고통의 본질이 뭔가요? 집착 때문이라는 것입니다. 애초부터 왜 집착이 있을까요? 왜일까요? 그건 그렇게 선택했기 때문입니다. 우리는 "아, 사랑받고 싶다." 합니다. 네. 무슨 말인지 알죠? 솔직해집시다. 우리는 사랑받고 싶어 합니다. 그렇지 않나요? 사랑받고 있다고 느끼고 싶습니다. 중요하다고 느끼고 싶어 합니다. 호감을 받고 싶습니다.

여러분에게 비밀을 하나 말해주려고 합니다. 잘 들어 보십시오. 여기 위에 앉으면, 여성과 남성, 두 그룹의 사람들이 보입니다.● 여성과 남성을 구분하는 이유는 분명합니다. 많은 이유가 있어서가 아닙니다. 나에게 있어서 그 주된 이유는 이렇습니다. 내가 여성 쪽으로 쳐다보면, '날 좋아해 줘. 나 이쁘잖아. 호감형이잖아. 날 좋아해 줘요.' 합니다. 그런데 남성 쪽으로 보면 어떤가요? 남성들은 무엇을 원할까요? 거기 명확한 구분이 있습니다. 남성들이 원하는 건 무엇일까요? (나에게 복종해라) 비슷합니다. 아주 좋습니다. 남자를 잘 이해하는 여자분이 있군요! 복종하라는 건 뭘까요? 왜일까요? (남자들은 자기가 보스라고 생각하니까요) '나는 중요한 사람이야!' 이것이 남자의 약점입니다. '나는 중요해. 그럼 그렇지. 나는 중요한 사람이야.' 이게 애초에 내가 스님이 되기로 결심한 이유이기도 합니다. (웃음)

남자의 약점은 '나는 중요해.', 여자의 약점은 '날 좋아해 줘.'입니다. 그래서 영업사원이 여자를 이해하면 뭐든 다 팔 수가 있습니다. 뭐든, 아무거나, 무엇이든 말입니다. "나는 당신이 너무 좋아요. 그래서 내가 이 진공청소기를 당신에게 가져왔

● 영화 스님 도량에서는 법단을 바라보고 왼쪽에 여자가 앉고, 오른쪽에 남자가 앉는 전통이 있다.

습니다. 청소기를 밀고 있을 때, 당신이 얼마나 이쁘게 보이는지, 아름다워 보이는지 보세요." (웃음) 그렇죠? 이것이 여성들에게 벌어지는 일입니다. 능력 있는 영업사원은 여성이 먼저 자길 좋아하게 만드는 사람입니다. 팔지 않습니다. 능력 좋은 영업사원은 먼저 여자가 자길 좋아하게 만듭니다. 바로 그겁니다. 그렇지만 남성은 다릅니다. 남성도 누가 자기를 좋아해주면 좋아하지만, 남성에게 더 중요한 것은 자신이 중요하다고 느껴야 한다는 점입니다. 그게 바로 집착입니다. 남성에게는 권력에 대한 감각이 있습니다.

그런 이유로 남자들은 중요한 인물이 되고, 선호받고, 권위를 발휘하도록 다듬어집니다. 여성은 어떻게든 '나를 좋아해줘.'로 다듬어집니다. 그것이 내가 알아차린 것입니다. 남자들은 다른 남자들보다 더 중요해지고 싶습니다. 항상 경쟁합니다. 그런데 문제는 여성들이 우리 사회, 인간 사회에서 어떻게든 더 받아들여지고, 이쁨을 받도록 다듬어진다는 것입니다. 그게 집착입니다. 아주 아주 무거운 집착입니다. 그렇습니다. 내 생각에 이번에도 내가 꽤 많은 청중을 잃을 것 같군요! (웃음) 그러니 점심이나 먹으러 갑시다. 이런 이야기가 뭐 그리 중요하겠어요.

나쁜 일이 일어나는 이유를 알 수 있다

대승 명상은 가장 높은 형태의 명상으로 불성을 볼 수 있게 해 줍니다. 그게 또 마음 챙김의 일부이기도 합니다. 정념이란 사실 더 낮은 형태, 더 낮은 형태의 안락일 뿐입니다. 선의 안락은 훨씬 더 높습니다. 사실 정념 명상에는 여전히 약간의 고통이 있고, 여전히 고통을 겪습니다. 하지만 사람들은 그걸 알아차리지 못합니다. 선은 모든 고통을 완전히 없앨 것입니다. 그리고 그건 믿을 수 없을 정도로 안락합니다. 대승으로부터, 불성을 보는 것으로 경험하는 안락은 정념 명상에서 경험하는 안락과 비교할 수 없습니다. 전혀 비교도 안 됩니다. 아예 비교조차 할 수가 없습니다.

(명상하기 시작하면, 좋습니다. 인생도 변합니다. 하지만 제 삶에 나쁜 일이 몽땅 일어나고 있습니다. 사람들이 명상에서 한 단계 한 단계 가고 있고, 좋다고 느낍니다. 하지만 여러 가지 나쁜 일이 생깁니다. 너무 많은 걸 잃었습니다. 한쪽에서 명상이 살아있지만, 나쁜 일들이 생깁니다.) 아! 질문, 아주 좋습니다. 이 질문이 뭐냐면, 당신을 불행하게 만드는 일들이 많다는 것입니다. 맞죠? 그런데 명상이 어떻게 도움이 되냐는 겁니다. 그렇죠? 명상이 두 가지 방식에서 도움이 됩니다. 첫째, 나쁜 일이 일어나는 이유를 이해하게 도와줍니다. 보통 사람들에게 여러 일들이 나쁜 방식으로 일어나고, 계속 생기지만, 영문도 모릅니다. 그러면

그걸 해결하기는 몹시 어렵습니다. 이해하지 못했기에 해결이 어려운 겁니다. 둘째, 그런데 이해하면, 그때 이런 문제들을 해결할 방법을 배웁니다. 명상은 그런 문제들을 해결하고, 나쁜 일이 멈추도록 도와줍니다. 그것이 안락을 경험할 수 있는 유일한 길입니다. 나쁜 일로 인해 마음이 괴로우면 안락을 경험할 수 없습니다. 결국 명상이 그 문제들을 해결하거나 더 효과적으로 다루는 데 도움을 줄 것입니다. 명상이 머리를 맑게 하고, 더 효과적으로 해결하는 방법을 알 수 있도록 도와줘서, 이런 문제들의 끝을 보는 겁니다. 알았나요? 좋습니다.

(제가 기술적인 질문을 해도 될까요? 요즘 명상하고 있으면, 머리가 앞으로 숙어지는 것을 계속 알아차립니다. 그리고 그걸 알아차리면, 무엇보다도 우선 움직이면 안 되니까요. 그럼 알아차렸을 때, 바로잡아야 하나요? 아니면 그냥 완전히 무시하고, '오 내 머리가 있을 곳이 아닌데.' 그리고는 그냥 내버려 둘까요?)

움직임에 두 종류가 있습니다. 하나는 마음으로부터 움직이는 것입니다. 마음이 물리적인 움직임을 지시합니다. 그리고 다른 하나는 비자발적입니다. 그건 의식에서 오는 것이 아닙니다. 명상에서 여러분은 자신을 통제하는 방법을 배울 수 있습니다. 몸을 컨트롤해서 지시하는 것입니다. 움직이지 않습니다. 하지만 가끔 어떤 것이 몸을 움직이게 만들 겁니다. 그건 어쩔 수가 없습니다. 그런 일은 자연스레 일어나게 두십시오.

아무것도 하지 않아도 됩니다. 결국 알아서 정리됩니다. 알았나요? 자기 자신을 고치는 대신, 그러니까 머리 숙인 걸 고치는 대신, 배꼽에 더 강하게 집중하면 저절로 고쳐집니다. 그리고 내가 지금 가르쳐주고 있는 것은 단 한 생각도 일으키지 않는 것입니다. 그걸 고치려고 말이죠. 그냥 배꼽에 더 집중만 합니다. 그것만 하면 됩니다. 고치지 않습니다. 자세를 고치는 건더 낮은 형태입니다. 그건 마음 챙김입니다.

대승 명상은 배꼽에 집중합니다. 그것이 차이점입니다. 마음 챙김 명상 지도자는 자세를 바로잡으라고 할 겁니다. 그건아직 이해하지 못해서입니다. 하지만 대승 명상에서는 배꼽으로 가라고 말해줍니다. 그것만 하면 됩니다. 아무것도 하지 않습니다. 그러면 저절로 고쳐질 겁니다. 무행無行, 무업無業입니다. 알았나요?

이게 다른 것들과 마찬가지입니다. 점진적으로 고치는 데시간이 걸립니다. 고치고 싶나요? 그럼 고칠 방법을 찾게 될것입니다. 그러니 고통을 받아들여야 합니다. 문제가 있다는것을 깨닫게 되면, 그러면 여러분을 위한 해결책도 분명히 존재합니다. 사라질 때까지 계속해서 무언가를 찾아보십시오. 고맙습니다. 2013. 10. 26.

문제를
풀다

환영합니다. 오늘 법회에 꽤 많은 분이 새로 왔군요. 여러분 모두 환영합니다. 제 소개부터 하겠습니다. 나는 비구로 20년을 지냈습니다. 내가 처음 선禪을 만난 건 재가자일 때였습니다. 그때 일을 너무 열심히 했기 때문입니다. 주당 70시간에서 100시간 일하고 있었습니다. 수년 동안 그랬습니다. 나는 수년간 그렇게 일한 후 완전히 지쳐버렸다는 것을 알아차렸습니다. 남은 게 없었습니다. 너무 기운이 다 빠져서 아무것도 할 수가 없었습니다. 그래서 건강을 회복하기 위해서 뭐라도 빨리 해야 한다는 것을 알아차렸습니다. 그래서 무술 쪽을 들여다봤습니다. 왜냐하면 나는 늘 무술에 관심이 있었고, 배울 수 있는 시간이나 기회가 있으면 좋겠다 싶었습니다. 하지만 결국

엔 명상에 발을 들여놨습니다. 왜냐하면 명상이 치유가 가장 빠르고, 가장 효과적인 방법이란 것을 알아냈기 때문입니다.

그렇게 선을 배우게 되었습니다. 선을 배운 건 내가 정말로 너무 힘들었기 때문입니다. 나는 선에 대해서 별로 아는 것이 없었습니다. 우연히 선에 발을 들여놨습니다. (액자를 가리키며) 바로 저기 나의 돌아가신 마스터, 중국인 스승님입니다. 사실 나는 처음부터 그에게서 선을 배우고 싶었던 것이 아닙니다. 베트남인 명상 지도자로부터 배우려고 계획하고 있었습니다. 그런데 거기 그분이 없었습니다. 그래서 할 수 없이 인근에 있는 다른 사찰에 가게 되었습니다. 왜냐하면 그곳이 내가 아는 명상 수업이 있는 유일한 곳이었기 때문입니다. 그렇게 배우게 된 것입니다.

이후 나는 단 한 번도 되돌아보지 않았습니다. 왜냐하면 스승님으로부터 명상하는 방법을 배우고 수행하며 한 달 반 만에 건강을 완전히 회복했기 때문입니다. 명상이 나를 완전히 치유했습니다. 심지어 나를 예전보다 더 건강하게 만들어줬습니다. 그래서 호기심이 생겼습니다. "우와. 이거 정말 놀랍고 신기한 일이네. 여기 반드시 더 많은 게 있을 거야. 한 달 반 만에 이렇게 많은 걸 얻었는데, 분명히 훨씬 더 많은 게 있을 거야." 그래서 욕심이 생겼습니다. 그래서 이걸 풀타임으로 하기로 결심했습니다. 풀타임으로 명상을 배우고, 명상을 하는 겁니다. 나는 그렇게 출가했습니다. 아주 단순합니다. 이게 큰일이 아닙니다. 그냥 머리를 자르고, 옷만 바꿔서 입는 겁니다. 불교인은, 우리는, 매우 미니멀리스트입니다.

더 건강해지고, 더 행복해지다

당시 나의 계획은 명상을 한동안 배우고, 최고로부터 배운 다음에, 그만두는 것이었습니다. 왜냐하면 내가 너무나 잘 알고 있는 평범한 삶의 모든 재미와 흥분 거리를 포기할 마음이 없었기 때문입니다. 그래서 정말로 열심히 했습니다. 아주 공격적이고, 아주 야심적이었습니다. 나는 매일 온종일 명상했습니다. 나의 스승님은 나의 이런 의도를 알고 있었습니다. 봤나요? 그는 모든 것을 알고 있습니다. 그래서 내가 그를 너무나 존경하는 것입니다. 그는 내가 나쁜 짓을 꾸미고 있다는 것을 알면서도, 내가 가짜 승려가 되는 걸 허락했습니다. (모두 웃음)

그리고 나는 점점 더 많이 배울수록, 점점 더 명상에 적응해 나갔습니다. 점점 더 행복해지고, 행복해지고, 행복해졌습니다. 그리고 머지않아 최대 10년이라는 계획에서, 11년을 해보면 어떨까 생각한 겁니다. (웃음) 나는 오늘날 아직도 비구입니다. 이게 좋기 때문입니다. 그래서 예전에 내 생각이 틀렸었다는 것을 내가 인정해야만 합니다.

선에서 더 능숙해질수록 점점 더 행복해집니다. 더 건강해지고, 더 행복해집니다. 믿거나 말거나 나는 나이가 들지만, 몸은 점점 더 건강해지고, 건강해지고 있습니다. 사실 나이가 들면 피할 수 없는 것들이 있습니다. 몸이 덜 유연해질 수밖에 없습니다. 그건 자연스러운 일입니다. 그리고 관절염이 생깁니다. 이건 아주 흔한 일입니다. 여러분 중 다수는 젊은 편인데, 앞으로 일어날 수 있는 일들을 말해드리고 있는 겁니다. (모두 웃음) 예를 들어, 나는 한두 시간 정도는 아무 문제 없이 차를 타고 다니는데, 정신은 지치지 않지만, 몸이 뻣뻣해집니다. 그런 적 있나요? 그게 관절염입니다. 그게 발병성 관절염입니다. 알았나요? 그런데 명상하면 뻣뻣하지 않습니다.

나는 사실 예전에 북쪽 지역에 있는 나의 스승님 절까지 운전해서 가곤 했습니다. 그때 LA에 살았는데 만불성성(萬佛聖城, sagely city of the thousand Buddhas)까지 운전했습니다. 여러분도 그곳에 가보길 강력하게 추천합니다. 그냥 호기심으로라도 말입니다. 아주 아주 좋은 곳입니다. 그게 운전으로 8시간 정도 거리입니다. 그런데 나는 당일치기로 왕복 운전해도 아무런 문제가 없었습니다. 피곤하다고 느끼지도 않을 겁니다. 말하자면 명상하지 않으면 몸이 뻣뻣하게 느껴져서 명상해야 합니다. "명상하면 훨씬 더 활력 있게, 훨씬 더 기운이 납니다. 내 학생 중 몇몇은 명상하면 좀 더 점잖아지고, 더 이해심이 많아진다."고 주장합니다. 하하, 알았나요? 좋습니다. 그래서 이게 아주 아주 좋은 일입니다.

예전에 나의 삶은 스트레스가 무척 많았습니다. 지난 수년간 나는 출가 전보다도 훨씬 많은 일을 하고 있습니다. 일주일에 7일 동안 일합니다. 주말에 쉬지 않습니다. 주말은 정말로 바빠지는 때입니다. 주중에는 우리가 서로 싸우는 시간입니다. 하하. 농담입니다. 나는 오랫동안 휴가를 가본 적이 없습니다. 아마 20년은 될 겁니다. 그래서 기억도 안 납니다. 나의 삶은 더 바빠졌기에, 그만큼 예전보다 스트레스도 더 많아야 할 겁니다. 하지만 사실 스트레스를 전혀 느끼지도 않습니다. 훨씬 더 바쁘고, 훨씬 더 일도 많은데도 말입니다. 그래서 선은 스트레스를 해결하는 데 매우 효과적인 방법입니다. 내가 스트레스가 쌓이고 있다는 것을 자각하면, 그 즉시 스트레스가 방출됩니다. 그게 선의 기술입니다.

스트레스 수준을 자각하자마자, 자연스럽게 스트레스를 발산하게 됩니다. 사라집니다. 이건 시간이 지나면서 개발할 수 있는 선의 기술입니다. 스트레스를 풀기 위해서 휴가를 갈 필요도 없습니다. 스트레스를 해소하기 위해서 산책할 필요가 없습니다. 자연스러운 일입니다. 매우 빠릅니다. 문제를 해결하는데 얼마나 빠릅니까! 이렇게 선은 지혜를 키우게 해줍니다. 그것이 내가 선을 너무나 좋아하는 이유입니다. 더 현명해지고, 더 예리하고, 더 깨어있게 됩니다. 훨씬 더 많이 긴장을 풀게 되고, 문제를 해결하는 데 훨씬 더 효율적입니다. 이것이 바로 선禪입니다. 이것이 선을 가르치는 이유입니다.

명상할 때마다 병이 치유된다

나는 지난 9년 동안 선을 가르쳐왔습니다. 나의 학생 중 많은 이가 지금까지 몇 년간 나와 함께 해왔습니다. 이들의 기량은 상당히 높습니다. 내가 그렇게 말할 수 있습니다. 그래서 학생들은 서로 다른 단계에 있고, 범위의 폭이 넓습니다. 나의 돌아가신 스승님의 수업에서는 전통적으로 한 시간 정도 앉습니다. 왜 한 시간일까요? 한 시간 동안 앉는 여러 이유가 있는데, 나는 지난 몇 년간 이런 이유들을 설명해 왔습니다. 그리고 최근에 또 다른 좋은 이유를 알게 됐습니다. 왜 벌써 웃기 시작하죠? 인터넷 어딘가에서 읽었는데, 적어도 하루 20분은 앉는 것이 좋다고 합니다. 예를 들어 여기 이 신사분이 있는데, 저기 앉아있습니다. 그냥 봐도 바로 알 수 있습니다. 그는 명상하지 않을 때보다 지금 훨씬 더 긴장이 풀어져 보입니다. 아닌가요? 보십시오. 보이나요? 거의 잠들려고 하고 있네요. 저런 게 행복한 상태입니다. 명상은 긴장을 풀어줍니다. 그게 진실입니다. 그래서 나는 그 인터넷의 내용에 동의할 수밖에 없습니다. 나는 인터넷에 나오는 것들은 매우 의심하는 편입니다. 그것이 나의 편견이라고 말할 수 있습니다. 진실인지 거짓인지 알 수가 없습니다. 늘 꿍꿍이가 있으니까요. 인터넷은 좋은 말만 해주다가, "더 배우고 싶다고? 그럼 돈을 더 내야지!"라고 합니다. 내가 인터넷에서 뭔가 더 깊이 들어가려고 하면, 누군가 늘 꿍꿍이가 있어서 돈을 받아내려고 합니다. 뭘 사게 만들려고 합니다.

하지만 이번에 읽은 것은 동의할 수밖에 없습니다. 20분. 내가 이에 동의할 수밖에 없습니다. 그리고 거기서 끝난 게 아닙니다. 인터넷에서 너무 바쁘지만 않다면 반드시 매일 20분씩 명상해야 한다고 했습니다. 많이 들어 본 소리죠? (모두 웃음) 그렇죠? 극도로 바쁘다고요? 그렇다면 꼭 1시간씩 명상해야 합니다. (모두 웃음) 그리고 해보십시오. 왠지 아나요? 마음이 더 예리해집니다. 하루를 더 잘 보낼 수 있고, 더 나아지고, 기운도 더 많아집니다. 그리고 하루를 훨씬 더 수월하게 보낼 수 있고, 더 많은 일을 해낼 수 있게 됩니다. 그게 내 경험입니다. 내 생각에 사람들은, 대부분이 내 수업에 와서 이렇게 투덜댑니다. "매일 한 시간이요? 수업에 올 시간도 빠듯한데, 매일 한 시간씩 명상이라니." 맞나요? 너무 바쁩니다. 그래서 거기에 대해서 우리가 뭐라고 하죠? 한 시간 덜 주무십시오. 거기 익숙해지는데 한 달만 주십시오. 너무 바쁘다면 하루 한 시간 덜 자는 겁니다. 시간이 부족하다고요? 시간을 낼 수 있습니다. 한 시간 덜 자면요. 처음에는 몸이 불편할 겁니다. 많이 까칠해집니다. 하지만 일단 몸이 적응하면, 훨씬 더 민첩해지고, 온종일 에너지가 훨씬 더 많아집니다. 잠을 덜 자서 인생이 즐길 만해집니다. 알았나요?

아무튼 자연스럽게 일어나는 한 가지 사실은 명상할 때마다 병이 치유된다는 점입니다. 여기 아무 병도 없다고 느끼는 사람 있나요? 특히 젊은 사람들, 맞나요? 거기 신사분, 매우 젊습니다. 아주 젊어 보이네요. 열아홉 살 정도인가요? 맞죠? 그렇습니다. 그게 우리 공주님들에게 내가 자주 쓰는 거짓말입니다. (모두 웃음) 그런데 여러분은 어떤 병이 있다고 느끼나요? 어떤 병인가요? 이야기해 줄 수 있나요? 무릎이 아프다고요? 허…. 우리 노년 클럽에 환영해줘야 하겠네요. 하하. 명상하면서 자연스럽게 일어나는 일이 있습니다. 스스로 차분하게 할 때마다 마음을 진정시키고, 차분하게 만듭니다. 고요히 앉습니다. 명상할 때 마음은 자연스레 더 안정됩니다. 알았나요? 우리의 마음은 휴식이 필요합니다. 마음은 휴식이 필요합니다. 명상은 가장 자연스럽고, 가장 유익한 형태의 휴식입니다. 이보다 더 효과적인 것이 없습니다. 알았죠? 그렇게 마음이 안정되면 자연스레 몸의 작은 쑤심과 통증들은 낫게 됩니다. 자연스럽게요. 알았나요? 그리고 좀 더 오래 앉으면, 그때는 더 심각한 문제를 치유하게 됩니다.

예를 들어 오늘 여기서 어떤 분이 명상하는 동안 기침하고 있었는데, 이게 처음 있는 일이 아닙니다. 지난번에 왔을 때도 기침했었습니다. 그건 아주 좋은 징후입니다. 지금 폐에 있는 문제를 치유하고 있는 것입니다. 폐에 문제가 있는 겁니다. 기침합니다. 기침하면서 세균을 내뿜습니다. 그래서 우리가 대신 그 세균을 들이마셔서 돕는 겁니다. 농담이에요. 하하하. 아니에요. 우리 절에서는 세균이 다 무력화되니까 걱정하지 마십시오. 퍼뜨리는 건 없으니까 걱정하지 마십시오. 내가 보장할게요. 온갖 세균들하고 이런 협의한 내용이 있습니다. "너희들은 여기 있어도 되지만, 알아서 잘 행동해야 해. 알았니? 다른 사람들을 해치면 안 된다." 그리고 지금까지 지난 수년 동안 잘 행동해왔습니다. 그러니 안심하셔도 됩니다. 자연스럽게 더 오래 앉을수록, 이제 몸속에 더 심각한 문제들을 다루고 있는 것입니다. 자연스럽게요. 아무것도 하지 않아도 됩니다. 그건 한 시간 동안 명상할 때마다 자연스럽게 일어나는 일입니다. 그래서 더 오래 앉을수록, 체내에 점점 더 많은 힐링이 생깁니다. 자연스럽게요. 아무것도 하지 않고, 가만히 앉기만 하면 됩니다. 그것이 요령입니다. 가만히 앉습니다.

(제가 예전에 명상을 시작하기 전에 매달 한 번씩 추나요법을 받으러 갔어요. 근데 명상을 배운 후에는 추나를 받으러 한 번도 가지 않았어요.) 오 마이 갓! 추나요법을 직업으로 하는 내 제자들에게 나쁜 소식이네요. (모두 웃음) 여러분도 추나요법이나 침 받

으러 가면 좋습니다. 왜냐면 그런 종사자들이 하는 일은 여러분에게 아주 좋은 것이기 때문입니다. 게다가 그게 다 내추럴한 거거든요. 뭔가를 복용하는 게 아닙니다. 그래서 내가 그런걸 잘 알고 있습니다. 나는 약초도 별로 안 믿습니다. 왜냐하면 그게 좀 뭔가를 마셔야 하니까요. 그 안에 뭐가 들어있는지 어떻게 알 수 있나요? 맞죠? 어떤 약이든 나는 싫어합니다. 날 믿으세요. 나는 약을 안 믿습니다. 지난 20년간 약을 먹은 적이 없습니다. 지금까지 20년 동안 약을 먹지 않았습니다. 전혀 아무것도요. 나는 아프면 명상합니다. 자가 치유를 합니다. 선을통해서 스스로 치유할 수 있습니다. 여러분도 스스로 치유하는 방법을 계발할 수 있습니다. 알았나요? 무릎 통증, 다리 통증, 이런 것들도 선으로 치유될 것입니다. 여러분이 계속 따라와 준다면요.

열심히 할수록 결과도 더 빠르다

나에게 바로 여기 병이 딱 하나 있습니다. 뭔지는 모르겠지만 이게 날 죽이고 있습니다. 나는 그 병이 나의 삶의 일부임을 알고 있습니다. 다른 모든 걸 치유하더라도, 결국엔 그 병 하나가 죽일 것입니다. 알았나요? 착각하지 마십시오. 영원한 것이 없습니다. 그것이 진실입니다. 나는 여러분이 영원히 살 수 있다고 착각하게 만들고 싶지 않습니다. (웃음) 그건 선의 목적이 아닙니다.

여하튼 추나요법이나 침 같은 걸 해보는 것도 좋습니다. 만약 잘하는 사람을 찾는다면요. 자기가 뭘 하고 있는지 모르는 사람도 많습니다. 그런 사람은 여러분에게 해를 입힐 수 있습니다. 여러분도 알겠지만 요즘 차이나타운이나 그런데 가면 반사요법이나 지압하는 곳들이 있습니다. 사실 발마사지하는 사람이 많은데, 그게 기분이 아주 좋습니다. 하지만 잘못하면 안 좋을 수 있습니다. 몸을 망쳐놓을 수 있습니다. (청중이 말함) 정말요? 와우! 여러분 들었나요? 저분이 명상한 이후부터 무릎에 몰핀을 하지 않는다고 합니다. 바로 그겁니다. 금단도 없고, 큰 문제가 없었다고 합니다. 그의 마음은 매우 강합니다. 그래서 그렇습니다. 다행이네요. 정말 잘됐습니다. 그래서 선은, 그게 선이 여러분의 마음에 해줄 수 있는 일입니다. 여러분을 훨씬 더 강하게 만들어줍니다. 그래서 많은 유혹을 참을 수 있는 겁니다. (웃음) 아무튼 저분과 이야기해보십시오. 내가 무료 광고만 할 수는 없으니까요. 저분 이름은 알아두는 게 좋을 겁니다. 나는 그냥 나중에 10% 소개비만 달라고 할게요. (웃음)

침은 제대로 시술한다면 아주 아주 유용합니다. 그런데 간혹 제대로 훈련이 안 되어서, 그러면 효과가 없습니다. 어떤 경우에는 심지어 해로울 수도 있습니다. 잘못 받으면 좋지 않을 수 있습니다. 알았나요? 그리고 이런 모든 문제 중에서도 가장 마음에 걸리는 것은 상업적인 압박이 있다는 점입니다. 치료비를 받아야 한다면, 다음에도 또 오게 하려면 효과를 보여줘야 하잖아요. 그렇죠? 근데 어떻게 알겠습니까? 어떤 문제는 치료하는 데 오래 걸리는데, 효과를 너무 빨리 본다면, 나라면 마음속에 좀 의구심이 생길 겁니다. 명상도 똑같습니다. 선은 천천히, 점차로 쌓는 것입니다. 알았나요? 더 열심히 할수록 결과도 더 빠릅니다. 그래서 그건 여러분에게 달려있습니다. 그래서 일단 이게 쌓이면, 유지하는 겁니다. 그게 계속 있을 겁니다. 직접 자신의 기술을 습득하는 겁니다. 알았나요? 다른 하고 싶은 말 있나요? 누구 하고 싶은 말 없나요?

(예전에 명상할 때와 다르게 오늘은 무겁게 느껴져요. 생각은 없는데, 무겁게 느껴졌어요. 이번이 세 번째예요.) 내가 무슨 말을 해 줘야 할지 모르겠네요. 퇴보하고 있나 본데요? (웃음) 원래 내가 도와줬어야 했는데, 여기 있는 위대한 선 명상 전문가들이 나 대신 도와줄 수 없나요? 아무도 없나요? 내 제자들은 누군가 질문이 있을 때마다 들어 본 적이 없는 문제라고 합니다. 그러면 나는 "그냥 아무 말이나 만들어서 해줘 봐. 그래도 상관없어!"라고 합니다. (모두 큰 웃음) "아무 말이나 해봐. 그래도 저 사람들은 몰라. 들어도 모르니까 그냥 중요한 말처럼 들리면 돼!" (웃음) 사실 그건 좋은 일입니다. 그녀는 처음 두 번 긴장을 풀고, 생각을 내보낼 수 있었습니다. 어찌어찌해서 명상으

로 걱정을 좀 내보냈습니다. 명상하면 불안함을 떨어뜨리고, 스트레스를 줄일 수 있습니다. 이건 명상하면 자연스러운 것입니다. 그래서 더 가볍다고 느낀 겁니다. 마음이 얽매이지 않기 때문에 더 유쾌하게 느껴집니다. 너무 압도적이거나 피곤하지 않고, 더 유쾌한 기분을 유도합니다. 그 핵심은 무념無念입니다. 그렇죠? 생각하고 있지 않습니다. 전보다 훨씬 더 가볍습니다. 생각하는 것을 멈출 때, 머리가 처음에는 더 가벼워집니다.

그런 후 더 무겁습니다. 근데 왜 더 무거워질까요? 작은 두통과 같거나 뭔가가 거기서 쌓이는 겁니다. 기억하나요? 너무 바쁘고, 직장에서 열심히 생각하고 있을 때, 그러면 머리가 얼마나 무겁게 느껴지나요? 맞죠? 그게 머리가 마치 얼어붙은 것처럼 말입니다. 겁에 질린 것과 같습니다. 더는 반응할 수가 없습니다. 그런 기분이 기억나시나요? 그런 일이 생긴 적이 없나요? 손을 들어 보십시오. 나는 모두에게 이런 일이 있었다는 것을 알고 있습니다. 알았나요? 바로 그 기분. 맞죠? 그건 두뇌가 과부하가 있어서 생기는 일입니다. 사실 그런 일이 생길 때 두뇌에 손상이 갑니다. 두뇌에 손상을 주고 있는 것이죠. 뇌에 막힘을 야기하고 있는 것입니다. 그러므로 그렇게 매일 계속 그러다 보면, 그 영향받은 부분이 쪼그라듭니다. 그게 얼어붙습니다. 그것을 '기의 막힘(Qi blockages)'이라고 부릅니다. 알았나요? 명상할 때 올라가는 기운이 있습니다. 알았나요? 배꼽부터 올라갑니다. 배꼽 부위, 거기가 시작하는 곳입니다. 모든 신체의 기 흐름이 다 그렇습니다.

기氣가 뭔지 알죠? 다들 기에 대해서 알고 있습니다. 기는 몸 전체에 자연스럽게 흐르는 것입니다. 기가 흐르지 않으면 죽습니다. 자각할 필요도 없습니다. 알아야 할 필요도 없고, 그냥 있는 겁니다. 기가 없다면, 여러분은 아마 묘지 속에 있을 겁니다. 알았나요? 여기 기운이 흐릅니다. 그래서 무슨 일이 생기냐면…. 명상할 때, 기운이 배꼽에 쌓입니다. 배꼽 부위에요. 그런 다음에 올라갑니다. 이게 올라가요. 주요 통로는 척추 부위 주변입니다. 알겠죠? 배꼽에서 나온 기둥인데, (기가) 위로 올라갑니다. 그래서 이제 어떤 일이 생기냐면, 여러분이 알아야 할 것이 하나 있습니다. 명상하면 가장 먼저 무슨 일이 생기는지 아나요? 그게 배탈을 고쳐줍니다. 소화 기능을 더 튼튼하고 더 좋게 만들어줍니다.

이것은 대학에서 연구로 증명됐습니다. 무슨 연구인지는 잊었는데, 이건 나에게 말해준 어떤 연구소 부교수님이 보고한 내용이었습니다. 그 사람은 나의 스승님 절에 다니던 여성분이었습니다. 그녀가 우리에게 말해주길, 그녀의 대학교에서 결가부좌로 앉는 사람들을 대상으로 연구했다고 합니다. 그리고 명상하지 않았을 때보다 소화 기능을 향상하는 데 도움이 된다는 것을 발견했습니다. 나는 이걸 20년 전에 들었는데 매우 감탄했습니다. 그리고 선 수행을 할수록 그 이유가 이해되기 시작했습니다. 이유는 아주 간단합니다. 기氣가 올라가면서 소화 문제를 치유하기 때문입니다. 그런 다음 기가 폐로 올라갑니다. 아하! 폐를 치유하면서 그걸 내뿜습니다. 그 기 흐름이 막힌 곳을 공격합니다. 여러분 중 몇은 공격하지 못하므로, 내뿜어 버립니다. 그것이 기침하는 이유입니다. 그래서 명상할 때 기침하는 것은 좋은 현상이기도 합니다.

머리를 맑게 하고 좋은 일이 생긴다

스스로 치유하고 있습니다. 그래서 기가 계속 올라가고, 올라가고, 또 올라갑니다. 그런 다음 무슨 일이 생길까요? 이제 뇌입니다. 예전에 손상을 입었던 그런 부위의 막힌 부분을 뚫고 있습니다. 뇌의 과도한 사용으로 인한 손상을 말입니다. 과도한 생각이 두뇌에 많은 손상을 가합니다. 그래서 명상이 두뇌를 맑게 해줍니다. 좀 더 길게 앉고, 계속해서 앉으면 그 무거움도 사라질 것입니다. 알았나요? 그뿐입니다. 그러니 아주 좋은 일입니다. 지금 두뇌를 치유하고 있습니다. 믿든지 말든지요. (청중 질문) 그래요. 매일 그래요. 축하합니다. 아주 좋습니다. 계속하면, 머리가 맑아질 겁니다. 그리고 이제 예를 들어, 맑아지는 것을 알게 되고, 본인에게 기력이 더 많다는 걸 발견

할 겁니다. 육체적으로 기력이 더 많은 겁니다. 그리고 둘째는 마음이 좀 더 예리해지고, 전보다 더 빨라집니다. 내가 이런 걸 말해줄 수 있지만, 여러분은 스스로 아직 그걸 느낄 정도로 민감하지 못합니다. 결국엔 알게 될 거예요. 그리고 거기서 멈추지 않습니다. 그게 막힌 곳의 바깥층을 처리합니다. 그런 다음 기가 더 강해집니다. 그래서 더 능숙해질수록 머리가 더 맑아집니다. 이게 끝이 없습니다. 알았나요? 향상할 여지는 아주 많습니다. 그래서 여기서 핵심은, 생각하는 것을 멈추면, 그게 머리를 맑게 하는 것입니다. 그때 이런 온갖 좋은 일들이 훨씬 더 빨리 생깁니다. 그래서 명상할 때, 눈을 감고, 긴장을 풀어보려고 노력하면, 머리가 맑아집니다. 해야 할 일은 그뿐입니다. 머리를 맑게 하기 위해서 필요한 것은 뭐든 해보십시오. 알았나요? 그러면 온갖 좋은 일들이 자연스레 일어납니다.

'오늘 나한테 무슨 일이 일어날까? 이제 앉아서 45분이나 됐는데, 이걸로 뭔가 좋은 일이 생길까?' 이런 생각을 하고 있을 필요가 없습니다. 그런 생각조차 하지 마십시오. 그냥 자연스럽게 되도록 내버려 두십시오. 욕심부릴 필요가 없습니다. 어떤 생각도 할 필요가 없습니다. 그냥 놓아버리십시오. 그냥 렛고(Let go)하십시오. 마음을 비우세요. 렛고(Let go)!

더 활기가 생기게 되고, 기운도 더 많아집니다. 가까운 이에게 더 젠틀해지는 방법도 배웁니다. (웃음) 더 잘 참을 수 있게 됩니다. 스트레스도 마찬가지입니다. 머리가 맑아지면, 자연스레 스트레스도 줍니다. 아니면 더 쉽게 해결하는 다른 방법도 있습니다. 예를 들어 술 마시거나 멍 때리는 겁니다. 나도 그게 효과가 있다는 데 동의합니다. 그게 왜 효과가 있는지 아나요? 왜냐면 생각하는 걸 멈추게 해주기 때문입니다. 멍해지는 겁니다. 더는 생각하고 있지 않은 상태가 됩니다. 그래서 효과가 있습니다. 그게 효과가 있는 이유는 뇌를 마비시켜서입니다. 생각하는 걸 막아주고, 그래서 긴장이 풀어집니다. 하지만 명상하면 심지어 그보다 훨씬 더 효과적으로 스트레스를 줄일 수 있습니다. 선은 훨씬 아주 더 많이 좋습니다. 술 마시거나 사우나 가고, 멍때리는 그런 방법은 정점을 찍지만, 그다음 효과가 떨어집니다. 그것과 대조적으로 선은 더 능숙해질수록 계속 점점 더 높게 향상할 것입니다.

명상은 자가 치유할 능력을 준다

그와 대조적으로 선은 더 능숙해질수록 계속 점점 더 높게 향상할 것입니다. 어떤 분은 대마초가 긴장을 풀어준다고 말합니다. 하지만 그건 뇌를 손상시킵니다. 두뇌에 해를 입힙니다. 그게 여러분을 마비시킵니다. 사람들은 대마초도 유익하고 좋은 용도가 있다고 믿고 싶어합니다. 내가 의학적인 사실은 아무것도 모르지만, 어떤 성분을 사용해서 감각과 두뇌를 마비시킨다면, 마음속 깊이 그게 뭔가 좋지 않다는 걸 알 수 있을 겁니다. 뭔가가 좋지 않습니다. 그게 뇌를 릴렉스시켜준다 말하지만, 어떤 성분을 쓰지 않고도 그렇게 할 수 있는 더 좋은 방법이 있습니다.

선은 어떤 물질도 필요하지 않습니다. 선에서 어떤 다른 성분을 사용할 필요가 없는 겁니다. 그런데도 훨씬 더 큰 효과를 봅니다. 훨씬 더 좋은 결과가 있습니다. 그것이 내가 아는 전부입니다. 나는 과학자가 아닙니다. 그래서 과학적 자료를 파고들 수는 없습니다. 나는 그런 지식도, 관심도 없습니다. 내가 아는 건 선을 해서, 선 실력을 향상하면, 그게 대마초를 피우거나, 음주하는 것보다도 훨씬 더, 훨씬 더 많이 좋다는 겁니다. 하지만 그러려면 열심히 해야 하는 일이 있습니다. 음주나 대마초를 하는데 뭘 열심히 해야 하는 일은 없습니다. 돈만 내면 됩니다. 그 차이입니다. 돈을 절약하고 싶다면 선을 하십시오. 나처럼 가난한가요? 그렇다면 선택의 여지는 없습니다. 나는 실제로 비구라서 무척 가난합니다. 아직도 많이 가난합니다. 적어도 다른 스님들에게 비하면 그렇습니다. 하지만 예전에는 심지어 너무 가난해서 의료보험도 없었습니다. 그래서 아프면 의사한테 갈 능력도 없었습니다. 너무 비싸서요. 그래서 돈이 없을 때 명상하면 자가 치유할 능력을 계발하는 것입니다. 필요성이 있어야 기술을 계발합니다. 기술을 키웁니다.

그렇지 않으면 죽는 겁니다. 그리고 그 증거는 내가 아직도 안 죽었다는 사실입니다. 아무튼 자기 자랑은 여기까지만 해야 겠네요. 점심 식사하러 갈까요? 우리 즐겁게 점심 식사합시다.

2015.7.25.

다리 통증
견디기

좋은 아침입니다. 근래 몇 주 동안 엄청 더웠습니다. 그냥 견딜 수가 없을 정도입니다. 게다가 우리가 집 한 채를 페인트칠하는 중이고, 새로운 절로 이사 갈 준비를 하고 있습니다. 이번 달 초에 그 집을 샀는데, 그 집을 페인트칠하는 중입니다. 지난 3주 동안 그 집의 페인트칠을 하는 중입니다. 집이 약 45평인데, 5~6명이 함께 온종일 하고 있습니다. 그런데 아직 페인트칠을 마치려면 멀었습니다. 거기서 꽤 오랫동안 지낼 거라서 잘해야 합니다. 그리고 거기는 단열도 안 됩니다. 그래서 온종일 가스 오븐 속에서 일하는 것 같았습니다. 그리고 내 기억에 벽을 샌딩하느라 12시간 동안 안 쉬고 계속 서 있었는데, 첫 며칠은 의자도 없이, 아무것도 없이 했습니다. 그날 하루 동안

물을 8병이나 마셨는데, 화장실에 한 번도 갈 필요가 없었습니다. (웃음)

자. 좋습니다. 이제 모두 몸이 많이 쑤십니다. 나도 여기저기 다 쑤십니다. 하지만 명상하면 많이 사라집니다. 아닌가요? 여러분에게는 그런 일이 없었나요? 이게 흥미로운 겁니다. 선 명상을 시작하면 처음에는 쉽지 않습니다. 하기 아주 어려운 것을 직면하라고 요구하기 때문입니다. 이건 중국인에게서 온 훈련 비법입니다. 중국 조사 스님들로부터 온 것입니다. 그게 어려운 이유는 편안하게 앉는 대신 다리를 꼬아서 앉으라고 하기 때문입니다. 매우 불편합니다. 기본적으로 여러분에게 하고 싶지 않은 것을 하라고 묻습니다. 알았나요? 좋아하지도 않고, 하고 싶지도 않은 것을 말입니다. 그렇죠? 특히 우리 대부분은 다리 아픈 것을 무서워합니다. 그렇죠? 좋아하지 않거나 하기를 꺼리는 것은, 그게 여러분에게 말이 안 되는 일이기 때문입니다. 어째서 저기 그냥 앉아서 자신을 그런 불편함과 고통의 상태에 둬야 할까요? 그렇죠?

여러분과 달리 나는 처음 수련할 때, 그냥 복종했습니다. 그냥 나의 돌아가신 중국인 스승님의 지침을 따랐습니다. 왜냐하면 나에게 물어볼 수 있는 기회가 없었기 때문입니다. 아무도 나에게 명상을 가르쳐주지 않았기 때문입니다. 나는 선화 상인이 불교 수행에 대해서 설명한 책들을 읽고, 그 지침들을 따랐습니다. 물어볼 수 있는 사람이 없었습니다. 그게 안전한 것인지, 괜찮은 것인지, 몰랐습니다. 그래서 많은 실수를 저질렀습니다. 너무 오래 앉아서 무릎 과신전(과하게 펴진 상태)이 된 적도 있습니다. 그걸 회복하는 데 1년이 걸렸습니다. 하지만 그런 실수를 많이 하면서, 기꺼이 그런 불편함과 고통을 직면하면 건강이 아주 빨리 향상된다는 것을 알게 되었습니다. 그것이 나에게 생겼던 일입니다. 좋지 않았던 건강을 회복할 수 있었습니다.

한 번도 경험하지 못한 마음의 평화

다리를 꼬고 앉아서 불편함을 견딤으로써 기력을 회복했습니다. 그런데 한 가지 흥미로운 점은 그것이 건강에 좋았을 뿐만 아니라, 한 번도 경험해 보지 못한 일종의 마음의 평화감을 주었습니다. 기꺼이 더 많은 아픔과 불편함에 맞설 만한 의지가 있다면, 그런 다음에 더 많은 평화감을 느끼게 됩니다. 그것이 내가 거기 끌렸던 이유입니다. 나에게 평생 그런 평화, 마음의 평화감은 없었습니다. 그래서 점점 더 오래 앉아있었습니다. 더 오래 앉아 있을수록, 더 많은 시간을 견딜수록, 더 많은 고통을 견딜수록, 마음은 더 평온해져 가는 것을 느꼈습니다. 알았나요?

아주 아주 간단합니다. 충분히 오랫동안 견뎌내면, 결국 선정의 힘이 쌓입니다. 그리고 고통과 불편함이 사라질 수 있는, 더 이상 여러분을 괴롭히지 않는 곳에 도달할 수 있습니다. 그러니까 그건 마음을 마음대로 조용하게 만들 수 있다는 것을 뜻합니다. 알았나요? 그리고 내가 장담합니다. 그것은 비불교 명상 기법으로는 할 수 없을 겁니다.

나는 명상을 가르치는 데 많은 시간을 들였습니다. 약 12년을 보냈습니다. 주말마다, 거의 모든 토요일에 꾸준하게 해왔습니다. 거기엔 이유가 있습니다. 내가 알고 있는 것을 나누고 싶기 때문입니다. 명상이 여러분에게 매우 매우 유익하다고 생각하기 때문입니다. 그리고 여러분이 명상하기를, 명상 실력을 향상하기를 격려하고 싶기 때문입니다. 향상을 통해 여러분의 건강은 계속 개선될 겁니다. 한계는 없습니다. 그리고 여러분은 자신의 잠재성을 전부 발휘할 수 있습니다. 그래서 더 젊어 보이는 지경까지 할 수 있습니다.

(마스터는 처음 시작할 때 결가부좌를 했는지, 아니면 반가부좌를 하고 이후 결가부좌를 했는지요?) 나는 운이 좋았습니다. 처음부터 바로 결가부좌로 앉을 수 있었습니다. 내 오른쪽 다리가 좀 떠 있었지만, 2분 동안 앉을 수 있었습니다. 그뿐입니다. 고통을 감당할 수 없었습니다. 풀어야만 했습니다. 그리고 몇몇 스님들과 30분 동안 앉아서 이야기했습니다. 집에 돌아갔는데, 거기다 감기까지 걸렸습니다. 결가부좌를 했던 그 절이 너

무너무 추웠기 때문이었습니다. 기억이 납니다. 아마 그때가 10월, 11월 즈음이었습니다. 그렇게 결가부좌를 처음 시작했습니다.

이후 나중에 선을 가르치기 시작했을 때, 나의 초기 학생 중 한 명은 반가부좌조차 할 수가 없었습니다. 그는 당시 나이가 74살이었습니다. 그 사람이 앉으면 좀 우스웠습니다. 왜냐하면 그 남자분은 키가 큰데, 나와 함께 명상을 시작했을 때, "같이 다리를 가부좌로 해볼 수 있을까요?"라고 말하면, "아니요!"라고 했습니다. 나는 "손으로 안 잡고 할 수 있어요? 다리를 잡지 말고 그냥 한번 해봐요."라고 했습니다. 그렇게 점차 조금씩 시작한 후 그는 결국 가부좌하는 것을 좋아하게 되었습니다. 그가 말하길, "이게 처음 있는 일이에요. 아쉬람에도 가봤고, 명상을 배우러 여러 곳에 가봤지만, 선 명상에서 얻은 이런 효과는 전에 한 번도 없었어요!"

우리처럼 어려운 사람도 없습니다. 우리만큼 어렵게 시키는 사람도 없습니다. 사람들은 모두 그에게 편하게 하라고 가르쳤습니다. 내가 다리를 꼬고 앉으라고 가르친 유일한 선생님이었고, 그게 그에게 너무 힘들게 느껴졌습니다.

(아쉬람이 뭔가요?) 아쉬람은 인도에 있는 종교적인 장소인데, 거기에는 많은 구루(Guru)가 있습니다. 그건 요가 구루 또는 힌두교의 구루가 될 수도 있는 겁니다. 그리고 그곳에 가서,

거기 머물면서 명상합니다. 거기서 사는 겁니다. 아마 미국에도 있을 겁니다. 그런데 이게 이국적인 점은 스티브 잡스처럼 물질적인 삶과 물질적인 것들로부터 분리하는 방법을 배우기 위해서 인도에 있는 아쉬람에 갔다는 것입니다. 그 후 스티브 잡스는 돌아와서 아이폰을 발명했습니다. 그렇습니다. 그래서 인도 같은 곳이 매우 유명합니다. 비틀즈가 갔었기 때문에 스티브 잡스도 그곳에 갔습니다. 그런 후 둘은 큰일을 해내기 위해서 큰 영감을 얻어서 돌아왔습니다. 그런데 사람들이 알아차리지 못하는 것은, 그렇게 멀리까지 갈 필요가 없다는 것입니다. 아쉬람은 그냥 물리적인 장소일 뿐입니다. 그리고 만약 미국이든, 중국이든, 어디든 또는 베트남이든 물질적인 것에서 마음을 분리할 수만 있다면, 그러면 그것이 아쉬람과 똑같은 기능을 해주는 것입니다.

다시 주제로 돌아와서, 그래서 나는 초기 학생들에게 집에 돌아가서 스스로 수련하라고 권했습니다. 그의 경우에는 은퇴했기 때문에, 내가 이렇게 말해주곤 했습니다. 처음 시작할 때는 당장 똑바르게 하는 것이 중요하지 않고, 다리의 통증부터 견뎌야 한다고요. 더 많이, 더 오래 할수록 더 좋아질 거라고 말입니다. 심지어 텔레비전을 보면서도 다리를 꼬고 앉으라고 권했습니다. 그리곤 놀랍게도 2년 만에 그는 반가부좌로 많은 시간 동안 앉을 수 있게 되었습니다. 그는 수행에 대해서, 명상 수행에 대해서 아주 아주 진지했습니다. 그가 말하기를 이게 예전에 한 번도 맛보지 못한 마음의 평화를 가져왔다고 했습니다. 그런 후 그에게 탄트라(Tantras)도 가르쳤습니다. 그런데 그가 돌아다니면서 사람들을 치유하기 시작했습니다. 내 지침과는 반대로 개도 치유했고, 친구들도 고쳐주고 그랬습니다. 그래서 나는 그를 가르치는 것을 멈췄습니다.

할 수 없는 무언가를 하는 것

결가부좌는 그냥 여러분에게 주어진 도전입니다. 다시 말하지만, 여러분에게 불가능한 것을 하라고 묻습니다. 그리고 그것이 바로 선의 정신입니다. 선의 훈련이란 할 수 없는 일을 하라고 하는 것입니다. 이미 할 수 있다면, 그곳에는 도전이 없고, 그러면 진전하지 않을 것입니다. 할 수 없는 것을 기꺼이 맞서서 해낼 때, 그러면 간파할 수 있습니다. 인생에서도 보통 이런 일이 생깁니다. 바로 이것이 부처님의 지혜와 선의 훈련이 매력적인 이유입니다. 알았나요?

나는 다들 성공한 사람들에 대한 이야기를 한다는 걸 알고 있습니다. 스티브 잡스처럼 이 인간 문명 세상에서 성공한 사람들, 큰 성공을 거둔 사람들에 대해서 말입니다. 그런 사람들이 성공에 대해서 설명하는 걸 들어보면, 우선 문제부터 짚어내고, 문제를 하나 고르는 것으로 시작한다는 걸 알 수 있을 것입니다. 자신이 극복하기를 원하고, 고치고 해결하기를 원하는 문제를 말입니다. 여기서 문제란 자신이 예전에 할 수 없었고, 다른 사람도 예전에 할 수 없었던 일을 뜻합니다. 그렇죠? 스티브 잡스처럼요. 스티브 잡스는 자신이 할 수 없었던 것을, 또 사람들이 할 수 없는 그런 것을 요구했고, 그의 엔지니어들은 될 수 없는 일이라고 말했습니다. 하지만 그는 "난 그런 거 상관 안 해! 어떻게든 해내!"라고 말했습니다. 결국 그는 할 수 있는 방법을 찾아냈습니다. 알았나요? 그것이 인생에서 성공하는 비결입니다. 어떤 걸 하겠다고 마음먹고, 그만두지만 않는다면 결국 해낼 것입니다. 그리고 선 명상에서도 이와 비슷하게 그냥 다리를 꼬고 앉으라고 합니다. 그리고 대부분 사람들에게 그건 해낼 수 있는 일이 아닙니다. 그래서 그것이 바로 첫 교훈이자, 첫 테스트입니다.

여러분은 할 수 없는 무언가를 할 준비가 되었나요? 기꺼이 할 의지만 있다면 선禪은 여러분을 위한 것입니다. 그것이 바로 결가부좌로 앉도록 해보라고 말한 이유입니다. 그리고 할 수 없다면, 편하게 앉아서 다리를 구부리면 됩니다. 그러면 결국 무릎이 내려갑니다. 알았나요? 고통을 더 많이 참을수록, 다리는 더욱더 유연해질 것입니다. 다리만 유연해지는 것이 아니라, 또는 발목만 유연해지는 것이 아니라, 몸 전체가 실제로 유연해질 것입니다. 네 신사분! (반가부좌를 하다 결가부좌를 하니 너무 힘들고, 반가부좌에서 명상이 더 잘 됩니다.) 그게 당신에게 잘 된다면, 반가부좌로 지내세요. 그게 당신한테 된다면, 그냥 반가부좌를 하십시오. 결가부좌로 돌아가지 마시고, 평생 거기 머물러 있으십시오. 그것은 선이 아닙니다. 기억하십시오. 선은 할 수 없는 무언가를 하는 겁니다. 자신에게 힘든 뭔가를 하는 것입니다. 그것이 바로 간파하는 방법입니다. 그러면 진전해서, 더 잘하게 될 것입니다. 누군가는 이렇게 말합니다. 반가부좌로 더 오래 앉을 수 있고, 명상도 더 잘 되고, 기분이 더 좋고, 뭐 그랬다고 합니다. '더 깊은 경계'라는 곳에 갔다고 합니다. 결가부좌일 때보다 마음이 훨씬 더 차분해질 수 있다는 말입니다. 결가부좌는 여전히 고통스러운데 말이죠. 여전히 고통에 버둥거려야 하니까요. 다시 결가부좌로 가려면, 어렵고 도전적인데 말입니다. 그렇죠? 하지만 이 고통을 돌파하고 향상하면 그 진전은 반가부좌로 하는 편안할 때보다 훨씬 더 빠를 것입니다. 알았나요? 간파, 향상이란…. 간파하려면 예전에 할 수 없었던 뭔가를 해내는 것이 필수입니다.

(명상하면서 가끔 눈에서 반짝이는 빛이 보입니다.) 오른쪽 눈인가요? 왼쪽인가요? 중간인가요? (웃음) 질문이 어렵군요! 그 빛, 그것은 '경계'라고 불리는 일시적인 상태입니다. 그런 건 왔다 갔다 합니다. 이 경계에 관한 주된 문제가 선 명상에서 가장 중요한 부분입니다. 마음속에서 보는 이런 경계들은 명상하며

겪는 경험인데, 모두 일시적입니다. 거기에는 반가부좌에서 느끼는 좋은 기분도 포함됩니다. 아까 질문자가 반가부좌에서 겪었고, 들어갔던 그것 말입니다. 알았나요? 그것도 역시 일시적입니다. 거기엔 다리의 불편함도 포함됩니다. 날 믿으십시오. 그런 것들은 결국 조금씩 사라집니다. 그리고 그게 불편할 때는 사라지는 게 조금 더 오래 걸립니다. 그리고 무릎과 다리 통증을 기꺼이 감수한다면, 건강이 엄청나게 향상한다는 것을 알게 될 것입니다. 정말로 그렇게 간단합니다. 자기 자신을 치유할 수 있습니다. 환상적이지 않나요?

침을 안 맞아도 되니까 이제 매주 75불씩 절약했다는 것을 알게 된 겁니다. 미안하네요. 이게 나쁜 조언이네요. 나도 압니다. 사실 침은 그만의 용도가 있습니다. 왜냐하면 앉으면 기氣 흐름을 증가시켜 주지만, 때로는 그게 병을 고칠 정도로 충분히 강하지 못하기 때문입니다. 그래서 좀 더, 훨씬 더 멀리 가야 하는 것입니다. 그렇지 못하면 지압, 침 등 그런 도움을 받는 겁니다. 그런 것들은 더 국소적이고, 더 즉각적입니다. 그래서 그것만의 쓸모가 있습니다.

다시 질문으로 돌아가겠습니다. 그런 번쩍거리는 빛을 보면 무시하십시오. 별일 아닙니다. 때로는 이미 알고 있는 것을 보거나, 뉴욕의 한 풍경을 보기도 합니다. 알았나요? 흥분하지 마십시오. 그런 것들은 사라질 것입니다. 무엇을 듣던, 무엇을 보던, 그것에 집착하지 마십시오. 좋든 나쁘든 어떻게 느끼든 거기 집착하지 마십시오. 알았나요? 그것이 훈련입니다. 훈련의 한 부분입니다. 그렇게 간단합니다. 그냥 앉아서 이 모든 경험에서 벗어나면, 그렇게 마음이 차분해집니다. 더 벗어날수록 마음도 더 고요해집니다. 알았죠? 좋습니다. 다른 질문 없나요?

더 많이 앉아서 자신을 더 밀어붙여야

다시 주제로 돌아가서 내가 느끼기에 선 명상은 우월한 명상 테크닉입니다. 왜냐하면 하기 어려운 일을 할 수 있도록 자신을 훈련하고 있기 때문입니다. 그것이 향상하는 방법입니다. 그래야 더 나은 사람이 될 수 있습니다. 그리고 결국 그것이 여러분이 가진 지혜의 일부라는 것을 봅니다. 나중에 이것이 여러 생에 걸쳐서 해야 하는 수행이라는 것을 이해하게 됩니다. 여러, 여러 생에 걸쳐서요. 알았나요?

지금 당장 이번 생에서, 여기 이생에서 나는 여러분의 정신에 그 씨앗을 심고 있습니다. 그래야 미래에 여러분이 삶에서 겪는 도전을 개의치 않고, 두려워하지 않게 됩니다. 그러면 다음 여러 생에서 다시 선을 접하면, 더 멀리, 멀리 나아갈 수 있을 것입니다. 깨닫게 될 때까지 말입니다. 그리고 그 과정에서 우리는 점점 더, 더욱더 나아집니다. 이것이 선이 매우 좋은 점입니다. 아주 신기한 점은 여러분이 계속해서 이걸 해낸다는 것입니다. 그래서 내가 오늘 말해줄 팁은, 저번보다 더 많이 앉도록 자신을 밀어붙이십시오. 그것이 바로 여러분에게 가르쳐주고 있는 선 훈련의 배경에 깔린 발상입니다. 그래서 나는 아주 단순하게 독학했습니다. 더 오래 앉았습니다.

자신을 가늠하는 가장 간단한 방법 중 하나는, 더 오래 앉아서, 자기 스스로 지난번보다 더 많은 걸 요구하는 것입니다. 나는 여기, 이 싸구려 타이머를 사서, 주로 타이맥스를 쓰는데, 그렇게 더 오래 앉습니다. 지난번보다 더 오래 앉습니다. 그런 식으로 저번보다 더 많이 하는 방식으로 자신을 밀어붙입니다. 그렇게 하면 저절로 향상합니다. 자신의 마음을 믿지 마십시오. "참을 수 없을 때까지만 앉아야겠다."라고 말하지 마십시오. 시간이 다 될 때까지 앉습니다. 왜냐하면 "참을 수 없을 때까지 앉아야지."라고 말하는 순간, 바로 10초 후 더는 참을 수 없게 됩니다. 사실 그것이 여러분 마음의 본성입니다. 여러분은 늘 그런 식으로 자기 자신을 노출시켜 놓고는 스스로 할 수 없다고 말합니다. 여러분의 마음이 이런 것들을 만들어낼 수 있는 겁니다. 알았나요? 마음은 아주 아주 교활합니다. 그런 이유로 진정한 지혜를 얻을 때까지 자기 마음을 믿지 않는 것입니다. 그리고 우리는 마음이 얼마나 교활한지 잘 알고 있습니다. 선종의 조사 스님들은 모두 이런 다양한 기술들이 있어서, 스스로 간파할 때까지 여러분의 훈련을 돕고, 여러분을 통제하에 둘 수 있습니다.

여러분이 일상생활에서 지금 쓰고 있는 그 마음은 놀랍게도 불교에서 '거짓된 마음'이라고 부릅니다. 그래서 선 명상은 거짓된 생각과 마음의 한계를 간파할 수 있도록 도와주는 특별한 기술입니다. 오직 선 명상에서만 지금 바로 여러분의 마음, 생각하는 마음, 자기 자신의 이해에 의지하지 말라고 말해 줄 수 있습니다. 그리고 바로 그 마음이 이렇게 말하는 겁니다. "오! 아니야. 그게 나한테 좋을 리가 없어!" 이런 말이 '거짓된 마음'입니다. 그건 아상我相에 의해 움직이는 마음입니다.

그래서 여러분이 명상을 이해한다고 생각할 수 있습니다. 하지만 실상은 계속해서 자기 자신을 밀어붙이기 전까지 정말로 이해하지 못한 겁니다. 스스로 더 많이 밀어붙일수록 더 많이 이해합니다. 그냥 더 오래 앉으십시오. 그리고 더 오래, 더 오래, 점점 더 오래 앉도록 자신을 밀어붙이세요. 더 이상 그것에 대해서 생각하지 않을 지경까지 말입니다. 그게 습관이 됩니다. 앉으면 기분이 좋아지고, 수행도 잘 되겠지 생각하지 않아야 합니다. 그건 모두 일시적입니다. 계속 자신을 밀어붙이고, 밀어붙이십시오. 그게 전부입니다. 알았죠? 그러면 멋진 일들이 자연스레 일어납니다. 걱정하지 않아도 됩니다. 걱정이 적을수록, 그런 일은 더 빨리 생깁니다.

현지 노스님은 출가 전 수년 동안 무거운 것을 들어 올리는 일을 했기 때문에 팔의 힘줄이 파열되었습니다. 의사들은 치유할 수 없다고 말했습니다. 하지만 앉아서 다리 통증을 극한까지 견디는 명상으로 그 팔은 스스로 치유됐습니다. 여러분은 명상할 때 다양한 통증을 겪게 됩니다. 사실 이런 통증은 치유이기도 합니다. 자가 치유입니다. 그런 게 근본적인 모습입니다. 다만 너무 무리하지 않도록 조심하십시오. 이건 지도자의 감독하에 이루어지는 일입니다. 반복해서 말하지만, 집에서 혼자 하지 마십시오. 알았나요? 여기로 오면 우리가 지도해 줄 것입니다. 선 명상은 불편함을 견디는 일입니다. 그리고 그건 지도 하에 이뤄지는 일입니다. 무리하지는 마십시오.

마음은 교활하니 자기 마음을 믿지 말라

명상하고 앉아있을 때, 이런 고통과 불편함이 일어납니다. 여러분은 알고 있나요? 내가 장담합니다. 자신을 치유하고 있는 것입니다. 환상적인 일입니다. 몸 전체를 치유하고 있습니다. 어떤 분은 오직 어깨만 치유되었다고 자각했지만 그렇지 않습니다. 몸 전체가 치유됩니다. 무슨 일이 생겼을까요? 왜 그럴까요? 그의 어깨로 간 기운은, 그가 기운을 보내는 겁니다. 그게 통증, 어깨를 치유하고 진정시킵니다. 어깨에 가서 치유할 만큼 기가 충분히 강합니다. 그 똑같은 기운이 몸 나머지 전체를 계속 흘러 다닙니다. 그렇게 몸 전체를 치유하는 것입니다. 알았나요?

그래서 명상하는 사람의 경우, 보통 기가 완전히 순환하는 데 약 2~3시간 정도 걸립니다. 그리고 기에 무슨 일이 생길까요? 약 2~3시간 안에 몸 전체를 통과하고, 완전히 한 바퀴를 순환합니다. 2시간 또는 3시간입니다. 약한 편이라면 3시간입니다. 어떤 사람은 45분, 어떤 사람은 30분이고, 더 빠를 수도 있습니다. 그렇게 기 순환이 빠릅니다. 때로는 그렇게 빠릅니다. 아주 아주 빠릅니다. 그래서 치유가 몸 전체에 이루어집니다. 알겠죠? 다른 질문 없나요? 좋습니다.

이것은 '행行'에 대한 것입니다. 내가 가르치는 선 명상은 자기 자신을 돕기 위해 무엇을 해야 하는가에 대한 일입니다. 알았나요? 이렇게 말하는 것으로 마무리 짓겠습니다. 나는 이 일을 오랫동안 해왔고, 주말마다 여러분에게 설명해주는 데 시간을 보냈습니다. 비록 그게 여러분이 이미 알고 있는 것과 같은 내용이지만요. 그래서 나는 사람들이 왜 이렇게 낮은 단계에 있는지, 어째서 그렇게 오래 걸리는지 계속 물어볼 수 있는 겁니다.

제발 이 기회를 놓치지 마십시오. 여러분이 질문할 수 있는 기회이니까요. 알았죠? 내 지침들을 실행하면 여러분은 여러 문제에 부딪히게 될 겁니다. 그때 여러분에게 문제를 고칠 방법을 가르쳐줄 것입니다. 그것이 내가 여러분을 도와주는 방법이고, 안심시키고, 자신감을 불어넣어 주는 방법입니다. 특히 답을 해주면서, 여러분의 문제를 풀어줌으로써 더 빨리 진전하도록 해줍니다. 그것은 예전에 나에게는 한 번도 주어지지 않았던 기회입니다. 나는 여러분의 시간이 한정되어 있다는 걸 알고 있습니다. 나는 하루에도 아주 많은 시간을 명상하곤 했습니다. 하지만 여러분에게는 그럴 시간이 없습니다. 그래서 여러분을 위해서 속도를 내는 데 도움을 주려고 하는 것입니다. 장애를 해결하는 방법을 알아야만 계속해서 진전할 수 있습니다. 그러니 자기 자신을 밀어붙이십시오. 그러면 여러분은 한계에 부딪히고, 직면하게 됩니다.

선의 과정, 선의 훈련은 아주 단순합니다. 그래서 너무나 기발합니다. 자신을 밀어붙이십시오. 그만두지만 않으면 멋진 일들이 일어납니다. 그리고 우리와 함께 할 기회가 있다면, 우리가 장애를 더 빨리 극복하도록 도와줄 것입니다. 알았나요? 특히 나이가 더 많은 편이라면 시간은 절대적으로 중요합니다. 향상하지 않으면, 나이를 더 먹고, 더 빨리 죽게 됩니다. 더 많이 아프게 될 것이고, 곧 죽습니다. 만일 여러분이 더 젊은 편이라면, 내가 장담합니다. 명상하면 할수록 더 젊어 보일 것입니다. 더 젊게 느껴질 겁니다. 그것이 이 과정의 일부입니다. 알았나요? 이것이 말하자면 "젊음의 선샘(禪泉, Chan fountain of the youth)"입니다. 향상할수록 더 젊어 보입니다. 알았죠? 어떤가요? 좋습니다. 오늘은 여기서 마칩니다. 와주셔서 고맙습니다. 점심 식사하러 갑시다. 2017.7.22.

명상하는
이유

하이! 좋은 아침입니다. 금주에 꽤 많은 일이 있었습니다. 어디서부터 시작해야 할지 모르겠군요. 우리가 계속 아주 바빴습니다. 중국어 수업을 하려고 준비하는 중이기 때문입니다. 여러분이 중국어 수업을 접할 기회여서 설렙니다. 수업은 점심식사 후에 있고, 여기서 그리 멀지 않습니다. 나는 중국어 수업에 참여하라고 강력하게 권장합니다. 중국 그리고 중국 문화에 대해 더 배우기 위해서 말입니다. 한문은 지혜의 보고입니다. 지혜의 보물을 갖고 있습니다. 한문에는 심오한 가르침이 많이 담겨있습니다.

명상이란 무엇일까요? 명상이 삶의 필수 요소라고 말하고 싶습니다. 여기 있는 젊은이들을 위해서 말해주겠습니다. 명상이 여러분을 더 행복하게 해줄 겁니다. 알았나요? 명상은 정신력을 기르는 데 도움이 되는 과정이기 때문입니다. 인생에서 무엇이든 하고 싶다면, 하고 싶은 일에 마음을 두어야 합니다. 그렇죠? 성공은 어떤 일이든, 얼마나 많은 힘, 얼마나 많은 정신력을 거기 가져다 놓을 수 있는지에 달려있습니다. 예를 들어, 일반적으로 다들 육체적으로 운동하는 것이 중요하다는 점에 모두 동의합니다. 헬스장에 규칙적으로 다니면 처음에는 하기가 힘들어도, 몸도 힘들지만, 그래도 한두 달 정도 규칙적으로 하다 보면, 몸이 다른 모드에 들어가게 됩니다. 그러면 우리 몸은 육체적으로 훨씬 더 효율적으로 변합니다. 건강도 좋아집니다. 그래서 헬스장에 가서 신체적인 건강 관리를 하는 겁니다.

명상은 마음을 건강하게 만드는 마음의 운동입니다. 명상 그리고 그런 유사한 수행은 정신 건강에 필수입니다. 하지만 대부분 그걸 깨닫지 못하고 있습니다. 특히 여러분의 부모님은 그런 걸 몰랐습니다. 그래서 부모님이 여러분의 교육과 육체적 웰빙에만 투자하고, 정신 훈련에는 한 번도 투자하지 못했습니다. 그것이 인생이 벅찬 이유입니다. 우리 모두에게 인생은 너무 투쟁적입니다. 삶이 너무 벅찹니다. 하루하루가 너무 힘듭니다. 너무 많은, 너무나도 많은 투쟁, 많은 도전이 있습니다. 그렇지 않나요? 뭘 소유했든, 아무리 잘 해내든, 그런 건 상관이 없습니다. 마음속 깊은 곳에서 여전히 불행하기 때문입니다. 여전히 불만족스럽습니다. 여전히 더 많이 원합니다. 나는 수년간 수행 끝에 명상에 대해서, 해탈과 괴로움에 대해서 더 많이 알고 이해하게 되었습니다. 그리고 이 지구상의 대다수에게 인생이 얼마나 벅찬지 가까이에서 보게 되었습니다. 감당해 낼 수 없습니다. 일반적인 교육으로는 인생의 어려움을 해결할 준비가 되질 못하기 때문입니다. 또한 부모님들이 인생의 어려움을 잘 다룰 수 있도록 우리를 훈련시킨 적이 없기 때문입니다. 그들도 스스로 할 줄 모르기 때문입니다.

정신적으로 더 강해지는 방법

우리는 우리가 가진 가치관, 생활방식, 신념을 아이들에게 물려줍니다. 나는 아이들이 얼마나 쉽게 부모의 태도를 자신의 인생에 반영하는가를 보면 아직도 놀랍니다. 예를 들어 여러분이 친절한 사람이 못되면 여러분의 자녀들도 똑같이 친절하지 못한 사람이 될 겁니다. 친절하지 못하면 그게 인생을 매우 어렵게 합니다. 사람들에게 친절하지 않으면, 사람들도 여러분에게 친절하지 않을 겁니다. 알았나요? 어떻게 친절해질까요?

친절해지는 것도 역시 정신적 훈련입니다. 우선 스스로 '친절하지 않다.'는 것부터 인식해야 합니다. 누군가에게 친절할 필요가 없다고 정당화하려는 그런 생각, 인식과 믿음부터 알아차려야 합니다. 아이들은 부모가 누군가에게 친절하지 않은 것만 봐도, "알았다. 이런 게 정상이구나. 부모님이 이렇게 하니까, 뭐 완전히 괜찮은 것이네."라고 하면서 배우게 되는 겁니다. 선생님도 마찬가지입니다. 다른 사람들이나 학생들이 따라 하게 될 겁니다. 그래서 나는 부모와 선생님들 또는 사회에 기여하고, 도울만한 위치에 있는 사람들의 정신 훈련에 좀 더 중점을 둘 필요가 있다고 느낍니다.

불교 명상은 정신 훈련 그 이상입니다. 내가 왜 명상을 가르치는지 말해주겠습니다. 명상을 가르치는 나의 개인적 목표는 여러분을 더 강한 이로 만들거나 승자로 바꾸려는 게 아닙니다. 명상을 배우면 당연히 승자가 될 것이기 때문입니다. 명상 지도자로부터 명상을 배우면 대부분 정신적으로 더 강해집니다. 그렇게 할 수 있습니다. 명상을 가르치는 이유는 정신적으로 더 강해지는 방법을 여러분과 공유하기 위해서입니다. 명상은 어디서나 배울 수 있습니다. 그렇지만 명상 지도자는 자신의 수준까지만 또는 자신의 부족한 능력치까지만 학생을 이끌어 줄 수 있습니다. 학생을 데려갈 수 있는데 한계가 있습니다. 어느 정도까지만 데려가 줄 수 있습니다. 그리고 우리는 많은 명상 지도자들이 정체기에 도달하는 걸 볼 수 있고, 그런 지도자들은 학생을 오직 어느 정도까지만 데려갈 수 있는 것입니다.

중국 전통의 명상 지도자들뿐 아니라 불교식 명상 전통에 이런 면이 있습니다. 도를 이룬 명상 지도자는 각광 받길 피합니다. 알려지고 싶어 하지 않습니다. 알려지지 않는 걸 선호합니다. 자신을 드러내지 않습니다. 자신에게 관심을 끌려 하지 않습니다. 다른 스승에게 공로를 돌립니다. 옛날 중국에 아주 큰 도를 이룬 유명한 선사가 있었습니다. 그때 황제가 그의 덕을 공경했습니다. 이렇게 옛날 훌륭한 황제들은 덕을 알아봤습니다. 덕 있는 이를 알아보고, 사랑했습니다. 황제가 생각하는 삶의 우선순위를 보십시오. 황제야말로 요즘 사람들이 부러워할 만한 인물 아닌가요? 우리는 대부분 부자가 되고 싶어 합니다. 부유하고 강력한 사람이 되길 동경합니다. 황제는 모든 걸 가졌는데 정작 뭘 중하게 여기나요? 덕입니다. 덕 있는 자를 중요하게 여깁니다. 그 황제는 선사의 이야길 듣고 신하에게 말했습니다. "다들 도를 이룬 선사라 해서, 내가 그를 후원하고자 하네." 그래서 황제는 칙령을 내렸습니다. "내가 특별히 나라에서 가장 큰 사찰, 가장 유명한 사찰 중 한 곳을 정해서, 당신을 그곳의 주지로 임명하고 싶소. 해줄 수 있겠소?" 그런데 선사가 뭐라 답했는지 아나요? 선사는 단호히 거절했습니다.

선사가 이렇게 말합니다. "큰 영광입니다. 전하! 하지만 저는 그럴만한 자격이 없는 비구입니다. 황제의 관심을 받을 자격이 없습니다. 눈도 안 좋고, 귀도 안 좋습니다. 저는 여기 산속에서 그냥 채소만 먹어도 족합니다. 그러니 다른 비구에게 주십시오. 그 비구도 아주 훌륭합니다. 그는 훨씬 더 자격이 됩니다." 얼마나 아름답습니까? 선사는 선 수행자로서 큰 성취를 이룬 스님입니다. 그런데도 "아니, 나는 유명해지고 싶지 않아. 그런 일을 하고 싶지 않아. 그건 인생에서 가장 중요한 일이 아니야."라고 한 겁니다. 너무 선한 사람입니다. 그의 겸손과 겸허함을 보십시오. "저기 저 선사도 정말로 좋은 분입니다."라고 한 겁니다. 황제를 위해서 도를 이룬 다른 선사를 소개했습니다. 황제의 요구에 응하기 위해서 말입니다. 그것이 바로 "자慈"입니다. 그것이 바로 "비悲"입니다. 선사는 사람들이 원하는 것을 얻게 해주려 노력하고 있는 것입니다.

규칙적으로, 바른 방법으로

다시 요점으로 돌아가서 도를 이룬 선사는 각광 받기를 피한다는 것입니다. 유명해지기를 원치 않습니다. 그들에게 명성과 이득은 무의미합니다. 그리고 그것이 바로 내가 중국 문화 그리고 중국의 선종, 선 명상의 종파를 찬탄하는 점입니다. 왜냐하면 사람들의 이목을 피하는 선 수행자로 가득하기 때문입니다. 그리고 바로 그 점이 문제입니다. 뛰어난 명상 스승님을 찾기 매우 어렵기 때문입니다. 명상이란 단순히 마음을 더 강하게 만드는 훈련만 하는 게 아닙니다.

배우는 사람의 실력은 선을 가르치는 스승의 지식에 의해서, 스승의 성취 수준에 따라 한계가 있습니다. 왜냐하면 선은 행(行)하는 것이기 때문입니다. 누구나 신체적 운동이나 헬스장에 가는 것에 대해서 이야기는 할 수 있습니다. 그렇지만 주변에 물어보십시오. 사람들이 다 이렇게 말할 겁니다. "맞아요. 운동 중요하죠. 헬스장에 가야 한다는 건 당연히 알고 있죠." 하지만 하기로 결심하고, 진짜로 규칙적으로 한다는 게 매우 어려운 겁니다. 안 그런가요? 운동에 전념한다는 것이 어렵습니다. 일어나서 가야 한다는 건 알지만, 하는 게 어려운 겁니다. '에휴. 화장하기 귀찮다.' 또는 '오늘 머리 스타일이 너무 엉망이야!' 그렇죠? 남자의 경우에는 '오늘 올림픽 게임이 있는 날인데, 운동이라니 그게 무슨 소리야!' 이런 핑계들이 많습니다. '오늘 경기는 완전히 중요한 건데. 내가 보지 않으면 우리 팀이 질 거야!' '정신적인 응원을 해주지 않으면 이길 수 없을 거야!' 이렇게 헬스장에 가지 말아야 하는 핑계는 많습니다. 그걸 뭐라고 부를까요? "정신력 부족(lack of mental discipline)"이라고 부릅니다.

그렇습니다! 신체적으로 혜택을 얻으려면 행동으로 해야만 합니다. 안 그런가요? 그거랑 똑같습니다. 그리고 규칙적으로 실천하더라도 그다음 단계가 있습니다. 바로 바른 방법으로 해야 한다는 것입니다. 그냥 실천하는 것만으로 안 됩니다. 실천하는 데도 적절한 훈련 기술이 없다면 어떤 수준에서, 정체기에 도달하게 됩니다. 더는 진전을 이룰 수가 없습니다. 그건 시간 낭비입니다. 이런 생각이 나의 아수라 성품일 수 있습니다. 아수라(Asura)가 뭔지 알고 있나요? 아수라는 승리하고 싶어 합니다. 이기길 좋아합니다. 경쟁하길 너무나 좋아하고, 싸우길 너무나 좋아합니다. 오늘날, 현시대엔 그렇습니다. 뭔가를 하면 계속 성장하고 진보하길 원하는 그런 게 내 성품의 한 부분일 수 있습니다. 그렇지 못하면 만족하질 못합니다. 성장은 삶에 풍미를 더합니다. 나에겐 그렇습니다.

우리는 13살만 되어도 육체적 정점에 도달합니다. 모든 게 최고조에 달합니다. 그런 후 몸은 쇠퇴합니다. 그런데 선 명상을 하면, 도교에서 입증된 사실을 스스로 알아낼 수 있습니다. 도교 문헌을 보면 있습니다. 도교인은 수명을 연장할 방법을 알아냅니다. 마음을 단련해서 수명을 수천 년에서 1만 년 정도 연장합니다. 그건 어떻게 하는 걸까요? 나는 도교가 아니니, 도교인과 이야길 해봐야 합니다. 그리고 사람들이 그런 걸 하는 이유는 그게 말이 되니까 하는 겁니다. 세상에 그런 지식이 존재하기 때문입니다. 특히 나는 나의 스승님인 선화 상인께 그걸 들었습니다. 선화 상인은 도교에 1만 년 또는 그 이상 살 수 있는 그런 수련법이 있다고 말했습니다. 그리고 그런 이를

'불멸(immortal)'이라고 부릅니다. 불멸자들은 오래오래 삽니다. 어떻게 그럴까요? 마음을 단련시켜서 삶을 연장하고, 죽음을 늦추기 때문입니다.

내 요점은 우리 모두 육체적으로 죽는다는 겁니다. 10대부터 노화가 시작됩니다. 그리고 나는 그게 멋지다고 말합니다. 생명의 경이로움입니다. 이제 다들 "도교 사원에 가야겠다. 수명 연장법을 배워야겠군!" 하겠네요. 수명 연장법 배우고 싶지 않나요? 아무튼 여기서 핵심은 두 가지입니다. 첫째 마음을 정화해서 수명을 연장하는 법이 있다는 점입니다. 그게 도교인이 하는 일입니다. 마음을 정화하면, 신체 노화 속도를 늦출 수 있습니다. 마음을 정화하는 한 방법이 바로 마음을 비운 상태를 유지하는 것입니다. 정화의 궁극적인 형태는 마음을 비우는 것입니다. 그렇습니다. 명상할 때 마음을 비우면 수명이 늘어납니다. 바로 그것입니다. 죽음을 늦추는 것입니다. 명상하고 있는 그 순간 죽음과 쇠퇴를 늦추고 있는 겁니다. 그건 사실하기에 매우 어려운 일입니다. 예를 들어 여러분은 지금 중국어 수업에 대해서도 생각하고, 맛있는 점심 식사에 대해서도 생각합니다. 그리고 거기 연루된 더 많은 일들이 있습니다. 그렇게 명상도 정신 훈련을 통해서 마음을 더 강하게 만드는 것입니다. 그걸 이해해야 합니다.

그리고 두 번째 질문은 이렇습니다. 이제 수명을 연장할 수 있다는 걸 알았습니다. 더 강해질 수 있다는 것도 알았습니다. 그러면 정말 물어봐야 할 질문이 뭘까요? 마음을 더 강하게 만들고 싶은 이유가 뭔가요? 뭘 위해서 그런 걸 할까요? 왜 더 오래 살고 싶나요? 마음을 더 강하게 만들고 싶은 이유가 뭔가요? 그리고 그것이 나를 명상으로 이끈 첫 번째 이유이기도 합니다. 나는 정신적으로, 육체적으로 더 강해지는 방법을 배우고 싶었습니다. 더 건강해지고, 스트레스도 덜 받고 싶었습니다. 그것이 나를 명상에 빠지게 만든 이유입니다. 그것이 나의 유일하고 단순한 목표였습니다.

집중력을 갖고 지혜를 여는 것

나는 나 자신을 돌보는 방법, 마음을 훈련하고, 강해지는 방법, 마음을 발전시키는 방법을 배우고 싶었습니다. 그런데 운이 좋았습니다. 매우 뛰어난 선 스승님으로부터 배웠기 때문입니다. 어쩌다 보니 당시 나의 스승님은 놀랍게도 아주 유명했습니다. 그건 아주 드문 조합입니다. 그는 그만큼 자비로웠습니다. 선화 상인, 나의 선 스승님은 훌륭한 선 명상가임에도 불구하고 매우 유명했습니다. 우리가 운이 좋았기 때문입니다. 사람들이 그를 찾아와서 훈련받을 수 있으려면, 선화 상인이 그렇게 불교를 전파할 수 있으려면, 유명해져야 했던 겁니다. 그래서 우리가 운이 좋은 것입니다. 그게 그의 임무였습니다. 그가 이 세상에 온 이유는 불교를 서양으로 가져가길 원했기 때문입니다. 그래서 그는 유명해져야만 했습니다. 자신을 위해서가 아니라, 불교를 위해서였습니다. 그래서 나는 그의 가르침을 배울 수 있었고, 접할 수 있었습니다.

그리고 나중에 그야말로 내가 만나본 명상 지도자 중 가장 뛰어난 사람이란 것을, 내가 스승으로 모시고 공부한 사람 중 가장 뛰어난 분임을 깨달았습니다. 내 생각에는 그보다 조금 더 높은 한 명 있긴 합니다. 어쨌든 여기서 중요한 것은 내가 선화 상인으로부터 배웠고, 나중에 그 한 명을 제외한 다른 명상 지도자들을 만났을 때, 그의 훈련 실력과 선에 대한 지식이 다른 모든 기관의 선생님들보다 더 높다는 것을 깨닫게 되었습니다. 나는 그게 매우 흥미로웠습니다.

(청중이 질문함.) 그거 참 어려운 문제네요. 잘 모르겠습니다. 명상에 대해서 이미 알아야 할 건 다 아시는데, 명상 지도자가 뭔 쓸모가 있나요? 마음을 비우고, 마음을 멈춰야하는 게 맞나요? 네 그렇습니다. 이미 원리를 알고 있습니다. 명상도 해왔습니다. 마음을 비워야 한다는 점도 압니다. 그렇죠? 그러면 뭐 때문에 스승을 찾아야 할까요? 좋은 지적이네요. 그렇죠? 뭘 위해서죠? 가르침을 행으로 옮기게 하기 위해서요? 그건 예를 들어 학생이 매일 명상하게끔 해야 한다는 뜻이겠죠? 그러면 어떤 사람은, "네 뭐 좋아요. 매일 명상할게요. 매일 한

다고 약속합니다. 그러면 매일 꼭 명상해야 하는 건 알았는데, 그렇다면 왜 스승이 필요하죠?"라고 물어볼 수 있습니다. 그렇죠? 명상에서의 문제는 인생의 다른 문제와 마찬가지로 앞으로 직면해야 할 문제가 어떤 것인지 알 방도가 전혀 없다는 점입니다. 따라서 명상 과정의 한 부분은 이런 문제를 스스로 해결할 방법을 배우는 것입니다. 마음을 비워야 한다는 건 알 수 있습니다. 그러나 그걸 할 수 있나요? 왜 못할까요? 왜 안 되는지는 아나요? 모릅니다. 내가 여러분 모두를 둘러보니, 아무도 마음을 비울 수 없는 이유를 진정으로 이해하지 못한다는 것을 압니다. 나는 여러분 모두를 쳐다보고, "아직 이해 못 했어."라고 말할 수 있습니다. 나는 마음을 비워야 하는 거라고 말하고, 설명합니다. 보셨죠. 얼마나 간단합니까. 일몰을 즐기라고 가르치지 않습니다. 장미꽃 향기를 맡으라고 가르치지 않습니다. 그렇게 하지 않습니다. 내가 말하는 건 아주 간단합니다. 명상은 마음을 비우는 것입니다. 그러면 누군가는 "명상은 아주 간단해! 내가 이미 알아야 할 건 다 알아."라고 말할 겁니다. 오늘 당장은 그렇겠지요. 명상은, 다른 모든 것들과 마찬가지로, 좀 더 잘하는 방법을 배우는 일입니다. 그게 나의 개인적인 관점입니다. 더 잘하고 싶어서 하는 겁니다. 발전하고 싶어서 이걸 하는 겁니다. 그렇지 않다면 나에게 있어서, 그건 죽음입니다. 정체하는 겁니다.

선의 지침은 아주 단순하다

정체하면 안 됩니다. 정체하면서 정체하고 있는지 아닌지 알까요? 늘 그런 건 아닙니다. 정체하고 있다는 걸 늘 아는 건 아닙니다. 자신이 어디쯤 있는지도 모릅니다. 지금 자신이 어디에 있는지 아나요? 대부분 모릅니다. 자신이 어디에 있는지도 모릅니다. 정체하면서 자신이 정체하고 있음을 알지 못할 가능성이 큽니다. 또는 진전할 때, 진전하고 있다는 것을 알지도 못합니다. 지침은 단순하지만, 그게 성공을 보장하는 것은 아닙니다. 보장하지도 않고, 약속도 없습니다.

그래서 스승의 역할은 무엇인가요? 스승은 찾아가서 답을 얻기 위해서, 질문하기 위해서 있는 겁니다. 스승들은, 명상 지도자들은 그런 사람입니다. 좋은 스승은 여러분이 자신의 문제를 스스로 풀도록 도울 수 있는 사람입니다. 온갖 문제들을 다 말입니다. 어떻게요? 매우 지혜로운 사람이 됨으로써 말입니다. 집중력을 갖고 지혜를 여는 겁니다. 그러면 문제를 풀 방법을 이해할 수 있습니다. 그리고 그것이 바로 불교식 명상 즉 불교 명상 기법 중 최상법인 선禪이 다른 점입니다. 선이야말로 단연 으뜸입니다. 내가 아는 한 이보다 더 높은 건 없습니다. 이보다 더 뛰어난 것은 없습니다. 더 완성된 건 없습니다.

명상을 가르칠 때 우리는 여러분에게 그냥 곧바로 말합니다. 이것이 '선 테크놀로지'라고 말입니다. 그게 여러분에게는 아무런 의미가 없을지도 모릅니다. 하지만 그게 결국 우리가 하고 있는 모든 일에 대해서 다 말해줍니다. 여러분도 결국 선이 단연코 가장 발전된 명상 훈련 방식임을 깨달아야 합니다.

만일 선을 가르치는 방법을 이해한다면, 지침이 아주 단순해집니다. 음식을 먹을 때, 스물다섯 번 씹으라고 말하지 않습니다. 그건 혼란스러운 것입니다. 알았나요? 선의 지침은 아주 단순해야만 합니다. 학생 스스로 뭘 해야 하는지 머릿속에 명확해야만 합니다. 그리고 그 지침을 실행할 때, 학생은 그걸 혼자서 할 수 없다는 걸 알게 될 것입니다. 마음을 비울 수가 없는 겁니다. 그렇죠? 그런 과정을 겪으면서 훈련을 거치게 됩니다. 학생이 가르침을 받으면서, 그렇게 배우면서 마음을 비우는 방법에 대해서 이해할 수 있게 도움을 받게 됩니다.

마음을 비우는 데에는 수많은 단계가 있고, 거친 수준에서도 여러 층이 있습니다. 그리고 각 단계마다 없애야 할 상이한 생각들의 집합이 있습니다. 각 단계에 도달하면, 해결해야 하는 그 단계에 해당하는 상이한 묶음의 생각들이 있는 것입니다. 이게 아주 아주 정확합니다. 이걸 과학적 관점에서 분석해 본다면, 비워야 할 다양한 종류의 생각이 있는 것입니다. 그러므로 명상 수련이란 마음을 비울 수 있게 해주는 그런 과정을 거치는 것입니다. 왜냐하면 실제로 마음을 비울 수 있는 능력이 마음을 비우는 방법을 머리로 이해하는 능력보다 더 중요하기 때문입니다.

　지식에 두 종류가 있습니다. 정의상 어떻게 마음을 비우는지 이치를 설명할 수 있습니다. 하지만 그걸 실행할 수 없는 겁니다. 그 원리에 관해 들었지만, 그냥 할 수가 없는 것입니다. 그런 것이 책에 기록될 수 없는 실행에 관한 지식입니다. 명상을 실행에 옮기는 지식입니다. 그래서 명상에는 사실 두 종류의 지식이 있는데, 하나는 설명할 수 있는 이론적인 지식이 있습니다. 그리고 다른 하나는 실행에 대한 지식입니다.

　그건 요리할 때와 다르지 않습니다. 요리책을 통해서 읽을 수 있겠지만 여전히 뛰어난 셰프만 알고 인지할 수 있는 그런 미묘한 차이가 많습니다. 그러니 학생의 관점으로 보면, 책을 읽고 혼자 탐구해서 할 수도 있겠지만, 더 빨리 성공하기 위해서 다양한 지름길을 알려줄 수 있는 숙련된 셰프로부터 직접 배울 수 있는 겁니다. 그것이 스승의 역할입니다. 학생이 더 빨리 도달하게끔 도와줍니다. 왜냐하면 우리는 모두 인내심이 부족하기 때문입니다. 안 그런가요? 낭비할 시간이 없는 겁니다. 그게 이유입니다. 여러분은 지도가 필요하고, 도움이 필요합니다. 왜냐하면 실행에 관한 지식은 그냥 가르쳐줄 수가 없기 때문입니다. 상황에 따라 다르기 때문입니다. 각 개인에 따라 다르기 때문입니다.

명상의 이해는 실행해서 비롯된다

핵심은 이렇습니다. 스승이 어떤 종류의 문제를 해결하도록 도와줄까요? 온갖 종류의 문제들입니다. 왜냐하면 진전하려면 온갖 종류의 문제를 다 해결할 수 있어야 하기 때문입니다. 여기서 중요한 점은, 명상에 관한 한, 직접 명상해야 한다는 것입니다. 실제로 몸으로 그걸 해야만 한다는 것입니다. 실제로 몸을 써서 명상해야만 하는 겁니다. 이해할 수 있으려면 어떤 형태이든 명상의 활동을 해야만 하는 것입니다. 명상의 이해는 실행에서 비롯됩니다. 그것이 진정한 이해입니다. 명상하는 방법도 알고, 그게 얼마나 유익한지도 알고 있습니다. 헬스장에 가는 것과 비슷합니다. 어느 정도 시간이 지나서 요령을 터득하면, 명상하는 것이, 또는 헬스에 가는 것이 얼마나 유익한지 아는 겁니다.

　나는 누구에게나 이렇게 말합니다. "매일 한 시간씩 명상하세요. 하루 한 시간 명상이 여러분에게 아주 중요한 일입니다. 명상하도록 배우십시오. 명상하겠다고 마음먹고, 하루 한 시간씩 명상하십시오." 그게 바로 정신 건강이기 때문입니다. 그렇게 하는 게 정말로 정말로 아주 중요합니다. 그렇게 하면 여러분에게 아주 유익합니다. 아주 중요한 일입니다. 그렇게 하지 않으면 너무 많은 것을 놓치게 됩니다. 내 학생 중 하나가 생각납니다. 나는 지난 몇 년간 그 학생이 명상하게 해주려고 노력하고 있습니다. 최근 그 학생이 한 달 정도 명상에 전념하기 시작했습니다. 나는 즉시 그녀의 변화를 눈치챘습니다. 그렇습니다. 내가 하려는 말은 명상은 실행해야만 한다는 것입니다. 내가 여러분에게 어떤 특정한 걸 하라고 말합니다. 그러면 여러분이 반드시 그걸 해야만 하는 것입니다. 나의 지침을 믿어야 합니다. 그렇게 한다면, 나의 지침은 여러분을 위한 일입니다. 알았나요? 그건 나를 위한 것이 아닙니다. 그래서 만약 그렇게만 한다면 왜 명상을 실행하는 것이 그렇게 유익한지 알게 됩니다. 여러분 스스로 정신 건강에 신경 써야 합니다. 명상은 더 오래 사는 데 가장 중요하고 효과적인 방법 중 하나입니다. 죽음을 늦추고, 나이를 되돌립니다.

마지막으로 나는 명상이 여러분에게 더 행복해지는 방법을 이해하게 해줄 것으로 생각합니다. 행복은 마음의 경계입니다. 동의하나요? (머리를 가리키며) 행복이 여기 위쪽에 있기 때문에 행복한 것입니다. 그래서 명상은 여러분이 더 행복해지도록, 또는 더 만족할 수 있도록 해줄 것입니다. 알았나요? 좋습니다. 고맙습니다. 2012. 7. 28.

스트레스
대처법

많은 사람에게 큰 문제 중 하나가 직장 상황입니다. 그렇죠? 사람들에게 무엇이 걱정스러운지 물어보면, 지금 당장 돈을 많이 벌 수 있겠지만 언제 갑자기 직장을 잃을 수도 있다는 걱정이 있다고 말합니다. 그래서 사람들에게 가장 근심이 되는 원천은 직장 상황입니다. 어떤 사람에게는 건강에 대한 걱정이 있습니다. 예를 들어 지난주, 그게 이번 주였나요? 내가 어떤 분과 이야기를 나눴습니다. 갑자기 산호세에서 전화가 왔는데, 시누이가 많이 아프다면서, 일종의 말초성 백혈병이라고 했습니다. 그리고 그게 아주 치료가 어려운 상황이라고 말했습니다. 그래서 온 세상이 다 멈춰버렸고, 그녀는 이제 그 문제에 대처하는 법을 배워야만 했습니다.

이렇게 우리에게 해결해야 할 다양한 종류의 스트레스가 있습니다. 그리고 그것이 성장의 한 부분이며, 삶의 일부이기도 합니다. 이런 스트레스는 어디서부터 시작된 것일까요? 걱정입니다. 이게 중요합니다. 스트레스에 대처하고 싶다면, 우선 스트레스가 미치는 영향에 대해서 인식할 필요가 있습니다. 스트레스의 징후는 어떤 건가요?

첫째, 스트레스는 호흡을, 숨을 얕게 만듭니다. 평소처럼 호흡하지 못하는 것이 첫 번째 신호입니다. 스트레스를 받을 때 주의를 기울여 보십시오. 폐의 수준까지만 숨을 들여 마십니다. 그겁니다. 정상적으로 호흡하면, 호흡이 양호합니다. 그건 그렇고, 호흡의 기본으로 돌아가 봅시다. 호흡! 배꼽까지, 배까지 숨을 쉬고, 그러고 나서 위쪽으로 내쉽니다. 스트레스를 받으면 폐까지 숨을 들여 마시고, 멈춘 후 올라갑니다. 왜냐하면 스트레스가 호흡을 방해하고 있기 때문입니다. 이것이 스트레스가 하는 일입니다. 이건 실제로 숨을 더 얕게 쉬는 신체적 현상입니다. 그걸 알아차리자마자, 정신적으로 스트레스를 받거나, 호흡이 얕다는 것을 알게 되자마자, 그게 스트레스를 받고 있다는 것을 뜻합니다. 그래서 여러분이 해야 할 일은 자연스럽게 배꼽으로 내려가서, 호흡에 집중하는 것입니다. 배꼽에 집중하는 것이 우리가 가르치는 방식입니다. 그것만 하면 됩니다. 스트레스에 초점을 맞추지 말고, 그냥 배꼽에 집중하십시오. 마음을 가다듬고, 배꼽에 마음을 두십시오. 배꼽을 집중하십시오. 호흡이 자연스럽게 다시 정상으로 돌아올 것입니다. 그것만 하면 됩니다.

호흡이 얇아지고, 몸의 균형을 잃는다

호흡에 간섭하지 않습니다. 이해했나요? 호흡에 전혀 간섭하지 않습니다. 몸이 알아서 호흡을 돌보도록 그냥 두십시오. 몸이 알아서 하도록 두십시오. 알았나요? 이 부분에 대해서 질문 있는 사람? 가장 먼저 해야 하는 건 호흡입니다. 스트레스는 신체적 현상입니다. 자연스럽게 호흡을 조절함으로써 스트레스에 대처하는 방법을 배워야 합니다. 자연스럽게 하도록 두세요. 자연스럽게 알아서 돌보도록 두세요. 이해했죠? 좋습니다.

둘째, 스트레스에 대처하지 못하게 되면 몸의 균형을 잃어버립니다. 우리는 모두 그렇습니다. 그리고 나는 여러분 모두 직장에서 스트레스를 받고 있다는 걸 알고 있습니다. 나는 토요일 아침마다 여러분이 나에게 가져오는 걱정들이 보입니다. 토요일 아침마다 직장에서 받은 스트레스를 절에 가져옵니다. 나는 여러분 안에 그게 보입니다. 앉은 모습에서 그게 보입니다. 여러분이 앉아있을 때, 스트레스가 있는지 없는지 내가 어떻게 알아보는지 아나요? 아는 사람 없나요? 어떤 사람한테 스트레스가 있는지 어떻게 알 수 있을까요? 똑바로 앉지를 못합니다. 그렇게 간단합니다. 똑바로 앉을 수 없습니다. 내가 지금 말해주는 예로, 내가 알아차렸습니다. 조금 아까 앉는 시간에 내가 눈을 몇 번 뜨고, 사람들을 봤습니다. 나는 이런 스트레스 징후를 보고 바로 인식합니다. 사람들이 앉을 때, 약간 오른쪽으로 또는 약간 왼쪽으로 무너지듯 앉습니다. 전에 사람들이 명상할 때 그런 거 본 적 있나요? 그렇죠? 그게 스트레스의 징후입니다. 사람들의 균형이 맞지 않습니다. 그래서 전혀 균형을 잡을 수 없습니다. 알았나요? 사람들이 걸을 때는 그게 보이지 않아서 다행입니다. 그렇지 않았다면 보기에 웃겼을 겁니다. 세상이 전부 웃기게 보였을 겁니다. 그렇게 걸어 다니면 우리 정신 건강에 안 좋았을 거예요. 어쨌든 스트레스를 받으면 균형을 잃습니다. 그런 이유로 앉을 때 똑바로 앉을 수 없습니다. 가만히 앉을 수 없습니다. 특히 나는 대부분이 오른손잡이라는 걸 알아챘습니다. 그래서 약간 오른쪽으로 기울어집니다.

자, 스트레스가 우리 몸에 미치는 아주 아주 해로운 영향이 있습니다. 의료인들과 이야기해보면, 그걸 '싸움 또는 도피 증후군(fight or flight syndrome)'이라고 말해줄 것입니다. 들어본 사람 있나요? 그게 무슨 뜻인가요? 그 뜻은 사람들이 웰빙에 대한 위협에 직면했을 때, 싸우거나 도망치는 자연스러운 반응을 보인다는 것입니다. 알았나요? 이건 아주 잘 알려진 사실입니다. 명상가, 의학자, 심리학자와 이야기를 나누면, 그런 이야기를 해줄 겁니다. 이건 아주 상식적인 개념입니다. 어떤 위협을 받을 때, 우리에게 선택이 있습니다. 기어 변경 모드로 들어갑니다. 기어를 바꾸면 무슨 일이 생길까요? 그게 뭐죠? 아드레날린이 분비됩니다. 아드레날린을 펌프질합니다. 심장이 아드레날린을 펌프질합니다. 그렇게 아드레날린이 혈류로 들어가면, 그게 반응을 조절해주고, 위협에 효과적으로 반응할 수 있도록 해줍니다.

아드레날린의 위험성은 그게 우릴 흥분시킨다는 겁니다. 그게 우리를 흥분시키는데, 부작용도 있습니다. 극도의 불안에 빠지게 합니다. 그렇죠? 그래서 스트레스를 이겨내고 나면, 자연스럽게 잔류 효과가 좀 있어서, 그게 육체적인 손상을 입힙니다. 아드레날린이 혈류에 너무 오래 있으면 몸에 좋지 않은 부작용이 생깁니다. 그래서 아드레날린은 숨을 짧게 쉬도록 만듭니다. 호흡을 짧게 만듭니다. 그리고 근육을 긴장시켜서 권투선수가 아드레날린 상태에 있는 것처럼 반응할 준비를 합니다. 그리고 그것이 매우 빠르게 대응할 수 있도록 해줍니다. 왜냐하면 지금 소멸의 위기에 처했기 때문입니다. 죽음과 부상의 위협을 받고 있습니다. 그래서 이제 권투선수의 몸은 12라운드나 9라운드 동안 아드레날린 상태에 있습니다. 그게 매우 해롭습니다. 그런 상황에서 계속 작동하고 있는 것입니다. 그게 높은 경계 상태로 만들기 때문입니다. 그건 정상적인 운영 모드가 아닙니다. 몸은 그런 상태를 위해서 만들어지지 않았습니다. 알았죠? 그래서 그런 게 스트레스가 하는 일입니다. 무리하게 달리게 합니다. 그런 상태를 오랫동안 지속할수 없습니다.

균형이 깨졌다는 인식을 높이는 것

나는 심하게 스트레스받는 사람들을 좀 압니다. 직장에서 마치 밤새 전쟁터에서 창을 들고, 말을 타고 적군을 향해서 돌진하는 군인처럼 스트레스 상태에 놓여 있는 것입니다. 그렇죠? 이 모든 것들이 임박한 위험이 되는 경계입니다. 물론 전쟁터에서 전속력으로 질주하는 말 위에 있는 것, 적군이 해치려 돌진해 오는 것을 보는 것, 이것과 완전히 같지는 않을 겁니다. 하지만 모두 아드레날린을 뿜어냄으로써 스트레스에 대해서는 자연스럽게 똑같은 신체적 반응이 일어납니다. 이런 걸 알아차려야 합니다. 내 말에 동의한다면, 그걸 깨닫게 될 것입니다.

　스트레스를 다루는 첫 번째 경험 법칙은 우선 스트레스 상태라는 것을 인식하는 것입니다. 그것이 명상입니다. 명상이란 우리의 자각을 늘리고, 강화하는 것입니다. 무엇이 고장났다는 것, 균형이 깨졌다는 인식을 높이는 것입니다. 그것이 명상이 해야 할 일입니다. 신체적, 정신적으로 균형이 맞지 않는다는 인식을 할 수 있도록, 균형에 맞도록 돕습니다. 지금까지 괜찮나요? 좋습니다. 자각할 수 없다면, 대처할 수도 없습니다. 따라서 알아차리자마자 대응해 싸울 수 있는 여러 방법을 생각해 낼 수 있는 훨씬 더 좋은 기회가 있습니다. 그렇다면 어떻게 대처해야 할까요?

명상이 무엇을 가르쳐줍니까? 명상은, 무엇보다도 먼저, 몸을 육체적으로 훈련시키는 접근방식입니다. 몸을 써서 마음을 훈련하는 것입니다. 모든 명상의 접근법은 불교도이든, 비불교도이든, 그것이 태극권이든, 기공이든, 요가든, 모두 몸을 써서 마음으로 되돌아가고, 도달합니다. 나는 이에 대해서 빙빙 돌려서 말하지 않습니다. 명상의 훈련 과정에서 몸에 가해지는 신체적 불편함을 참는 것부터 배웁니다. 만약 명상이 의자에 앉아서 하는 즐거운 일이라고 생각한다면, 그건 명상 수련이 아닙니다. 그러면 그건 뭐라고 부르나요? 수면입니다. 잠자는 겁니다. 조금 세련되게 표현하자면, "방일(self-indulgence)"이라고 부릅니다.

명상은 힘든 일입니다. 여러분! 명상이 많은 사람에게 효과가 있는 이유는 무엇일까요? 많은 사람이 명상하러 가는 이유, 명상으로 눈을 돌리는 이유가 뭘까요? 그건 문제가 있기 때문입니다. 그리고 명상은 문제를 매우 빠르게 해결하도록 도와줍니다. 사람들이 가진 문제가 뭘까요? 기력이 모자랍니다. 여러분 일이라고요? 여러분은 매일 자기 몸을 남용하고, 늘 기력이 부족합니다. 그러면 뭘 하죠? 달콤한 음식으로 손을 뻗습니다. 뉴욕에서는 더는 구할 수 없는 그 점보 사이즈 탄산음료에 손을 뻗습니다. 그렇죠? 에너지가 낮을 때 뭘 하나요? 달달한 음식에 손을 뻗습니다. 이게 익숙한 이야기인가요?

우리 절에 남자 꼬마가 하나 있습니다. 그 아이는 10분마다 혈당을 다 소진합니다. 그러고 나서 어떻게 할까요? 아이스크림을 찾으러 갑니다. 아이가 절에 이사 오자마자 30분마다 아이스크림을 달라고 합니다. 안 보면 믿기 어려울 겁니다. 내가 지금 거짓말하고 있는 게 아닙니다. 아이스크림을 먹은 후 아이는 다시 번쩍번쩍 점프하고, 나는 아이에게 고함을 치고, 소리를 치기 시작합니다. 여러분이 알겠지만 여기는 선 수행하는 절인데 소란이 나면 절 이미지에 좋지 않겠죠? 저렇게 뛰어다니는 아이들이 있답니다. 여러분도 오늘 아침에 그 아이를 봤죠? 아이가 걸어 다니고 있는데, 매일 아침 혈당이 너무 높습니다. 우리는 그런 식으로 당분으로 손을 뻗습니다. 그런데 그걸 알아차리지 못합니다. 설탕이 과도한 에너지임을 깨닫지 못합니다. 게다가 그걸 매우 빨리 태워야 합니다. 그런 다음 설탕 중독이 되는 것입니다.

예를 들어 이번 주 내가 한 신도님과 함께 울타리를 손질했습니다. 온종일 4킬로그램짜리 기계로 손질했는데, 생각해보십시오. 울타리가 이렇게 위쪽에 있잖아요. 그리고 팀워크가 있는 겁니다. 내가 이렇게 다듬고, 그리고 그녀가 뒤로 따라와서 그걸 주워서 쓰레기통에 넣습니다. 한 시간 동안 말입니다. 그런데 55분이 되자 그녀는 땀을 흘리기 시작했습니다. 나는 아주 기분 좋게 하고 있었는데, 갑자기 나뭇가지랑 잎사귀가 계속 쌓이는 겁니다. 둘러봤더니 그녀가 없었습니다. 마스터가 불평하면 안 되겠지만, 울타리를 쓰레기통에 넣으면서 투덜댔습니다. '하나님, 이제 신뢰할만한, 날 도와줄 사람도 없는데!' 그나마 젊은이 한 명이 있었는데, 이런 육체노동을 도와줬습니다. 그는 지금 스위스에 갔습니다. 그런데 하루 세 통씩 나에게 이메일을 합니다. "오! 마스터 잘 지내세요? 도와드릴 일 없나요?", "마스터 그 책은 출판사로 보내주세요. 어쩌구 저쩌구…." 그래서 내가 "이제 그만 좀 해라."고 답했습니다. "이제 스위스에 있으니까 좀 놀아라. 거기서도 절에 대해 생각하고 있다니…."

사실 어젯밤 그녀하고 이 젊은이에 대한 이야기를 했습니다. 그녀는 나에게 하루도 빠짐없이 "토마스는 언제 돌아오나요?"하고 묻습니다. 이렇게 절에서 그 젊은이가 마스터보다 인기가 더 좋습니다. 그러니 내가 스트레스를 모른다고 생각하지 마십시오. 이렇게 사람들은 나에게 쉬지 않고 스트레스를 줍니다.

아무튼 그녀가 10분 후에 돌아와서 말했습니다. "내가 좀 이상해요. 내가 스님을 버리고 가버린 게 아니라…" 그런데 땀을 막 흘리면서 기절할 것 같다고 했습니다. 그게 뭔지 아나요? 탈수증세입니다. 날이 너무 더웠거든요. 그리고 이게 당뇨입니다. 이게 바로 당뇨 환자가 혈당이 떨어질 때 겪는 일입니다. 당뇨가 있는 사람은 땀을 흘리기 시작하면서, 미치려고 합니다. 기절하려 합니다. 그때 혈류에 당을 넣지 않으면 기절합니다. 그러다가 죽을 수도 있습니다. 그게 그녀에게 일어난 일입니다. 내 생각에는 그녀가 당뇨 환자가 되어 가고 있는 것 같습니다. 그리고 그녀에게 뇌졸중이 올까 우려됩니다. 그녀에게 당뇨 증후가 있는 겁니다. 그래서 그녀는 안으로 들어가서 치즈를 조금 먹었습니다. 아주 잘한 일입니다. 혈류에 당을 좀 넣은 겁니다. 치즈에도 탄수화물이 들었거든요. 더위 문제가 아니라 혈당이 떨어져서 그랬던 겁니다.

내가 재미있는 이야기를 하나 해줄게요. 이건 우리끼리 비밀입니다. 알았나요? 다른 사람에게 말해주지 마세요. 당뇨 환자가 그런 반응을 보일 때, 그걸 '당뇨 반응'이라고 하죠. 그래서 집안 곳곳에 사탕 같은 달콤한 걸 둡니다. 그렇죠? 여러분이 이런 이야기를 듣고 따라했다가 뇌졸중이 생길까봐 예전에는 이런 이야기를 하고 싶지 않았는데, 사실 명상하면 많은 부분에서 당뇨 문제를 해결할 수 있습니다. 명상하면 혈류에 더 이상

당이 필요치 않습니다. 명상하면서 저혈당 상태에서 몸을 작동하는 방법을 배울 수 있습니다. 그때 '생각하기'와 같은 여러 불필요한 활동을 잘라내는 방법을 배웁니다. 선칠하는 동안에 배울 겁니다. 더 적게 먹고, 당분 섭취를 줄입니다. 온종일 명상하면서 몸을 아주 아주 저혈당 상태에서 작동할 수 있는 마음의 상태로 만듭니다. 그래서 신체 활동을 중지하고, 저절로 고조된 상태에 있었다는 것을 알아차리게 됩니다. 그 상태에서 작동하면 수면과 음식을 거의 취하지 않고도 갈 수 있게 해줍니다. 그리고 불필요한 모든 활동을 잘라내야 합니다. 생존모드로 들어갑니다. 그때 더 이상 생각하지 않습니다.

생각을 줄이는 것

선을 훈련할 때 우리는 사람들이 모르는 비밀을 많이 알고 있습니다. 그 비밀은 수천 년 동안 선 명상하는 사람들에게 효과가 입증되었습니다. 이런 효과는 나의 스승님에서 스승님, 마스터에서 마스터, 스승에서 사람들에게 전해진 것입니다. 이것은 어떤 목적성이 있는 매우 전문적인 훈련입니다. 만약 저혈당으로 들어간다면, 다리를 꼬고 명상합니다. 당분을 마구 섭취하는 대신, 자신을 보호하기 위해 당분을 소량만 취합니다. 그건 잘하는 일입니다. 하지만 다리를 꼬고 명상하십시오. 그때 명상을 더 잘하게 됩니다. 훨씬 더 잘 기능하는 법을 배웁니다. 그때 정신활동이 많이 감소합니다. 그리고 바로 그때 명상 기술이 향상됩니다.

나는 명상의 이러한 모든 측면을 꺼내서, 어째서 명상이 스트레스에 대처하는 데 매우 효과적인지 설명하려고 합니다. 효과적인 이유는 이게 여러분이 계발하는 방법이고 기술이기 때문인데, 그게 무엇을 위한 방법이죠? 생각을 줄이는 겁니다. 스트레스를 받는 건 왜일까요? 걱정 때문입니다. 사람들이 경험하는 모든 스트레스와 모든 스트레스 상황에는 공통분모가 있습니다. 어떤 것에 대해서 걱정합니다. 맞나요? 예를 들어 그 사람이 떠날 것이고, 더 이상 여러분을 사랑하지 않을 거라고 걱정합니다.

내가 이 이야기를 꺼내는 이유는 불교용품을 파는 아주머니와 대화한 내용이 있어서입니다. 그녀는 나이가 좀 있습니다. 오래전에 남편이 떠났다고 합니다. 어떤 젊은 여자에게 갔는데, 집을 가져갔고, 돈을 가져갔다고 합니다. 결국 남편은 모든 재산을 그 젊은 여자에게 사기당하고 빼앗겼다고 합니다. 결국 남편이 되돌아왔는데, 그들에게 남은 것은 그 가게, 식료품, 불상, 향 그런 걸 판매하는 상점 하나만 남았다고 합니다. 아직 정식으로 이혼하지 않았기 때문에 남편은 남은 상점의 절반을 달라고 했답니다. 그녀는 그것 때문에 잠도 못 잡니다. 그게 걱정입니다. 우리는 모두 우리에게 중요한 것, 보호해야 하는 것, 위협받는다고 느끼는 것에 대한 자신만의 걱정이 있습니다. 그렇죠? 우리는 그런 것에 대해서 걱정합니다. 그래서 스트레스의 본질은 걱정입니다. 자기 스스로 멈출 수가 없습니다. 스스로 걱정을 멈출 수 없습니다. 돈에 대해 걱정합니다.

나는 지난주에 내 지인의 아들과 대화했는데, 그 사람이 나와 같은 세대이기 때문에 마음이 아팠습니다. 오늘 아침 그리고 오후에도 그에게 전화했습니다. 근데 내가 월마트에 있어서 수신이 나빴고, 연결이 안 됐습니다. 그리고 오후에 한 번 더 전화했고, 10분 정도 이야기를 나누었습니다. 그는 인테리어 업자인데, 우리 절 리모델링 때문에 그의 도움이 필요했습니다. 그가 "제가 다시 전화 걸어도 될까요? 지금 다른 고객과 있어서요."라고 말했습니다. 나는 "괜찮아요. 급한 거 아니에요. 일 마치면 나한테 전화해요."라고 했습니다. 그는 "15분만 주세요. 15분이면 끝날 거예요."라고 했습니다. 그런데 어떻게 됐을까요? 그가 저녁 8시 반에 전화를 걸었습니다. "마스터. 전화하기 너무 시간이 늦었나요?" 말했습니다. 나는 "아니, 아니에요. 절에서 우리는 밤낮으로 일하니까요. 그리고 우린 점심때 밥은 세 그릇씩 먹어 치워요." 했습니다. 이 남자분은 밤낮으로 죽도록 일하고 있습니다. 우리 세대는 가족을 부양하기 위해 자기 자신을 죽입니다. 그게 우리 세대에서는 흔한 일입니다. 가족을 부양하는 일종의 냉혹한 도덕, 명예, 훈장 같은 것입니다.

우리가 스스로 그런 스트레스 수준을 겪도록 만드는 걸 보면 놀랍기만 합니다. 그리고 그런 과도한 걱정에 대처할 기술을 가진 사람은 극소수에 불과합니다. 그렇죠? 그게 명상이 하는 일입니다. 명상은 스트레스에 대처하는 방법을 배우도록 도와주는 한 방법이고, 훈련법입니다. 걱정을 멈추는 걸 배움으로써 말입니다. 해야 할 일은 그뿐입니다. 스트레스를 해결하는 유일한 방법은 걱정을 멈추는 것입니다. 이건 논문을 쓰거나 할 일도 아닙니다. 이 문제에 대해서 3시간 동안 이야기할 필요도 없습니다. 걱정만 멈추면 됩니다. 이것이 스트레스를 해결하는 방법입니다.

멈출 수 없는 걱정을 대하는 기술

그러므로 명상은 걱정하는 것을 멈추도록 도와주는 일련의 방편 또는 방법일 뿐만 아니라, 좋은 명상 접근법은 또한 스트레스의 근원을 효과적으로 다룰 수 있게 도와줄 것입니다. 세속적인 방식으로 스트레스를 푸는 법을 가르쳐 주는데, 한 세션당 25불이라고 합니다. 그렇죠? 그런데 그건 증상을 다루는 방법을 가르쳐 주는 것입니다. 스트레스는 계속 되돌아올 것입니다. 눈에 보이는 증상만 고치고, 문제의 뿌리로 가지는 않습니다.

좋습니다. 이제 화제를 바꿔 봅시다. 내가 이 과정을 단순화해보겠습니다. 지금 나는 어째서 선이 매우, 어째서 명상이 스트레스를 해결하는 데 매우 효과적인지 그 이유를 설명하고 있습니다. 왜냐하면 명상에서 가장 먼저 습득하는 기술은 안과 밖에 대한 자각을 키우는 것이기 때문입니다. 이해됐나요? 몸 안쪽에 대한 자각을 계발합니다. 안쪽은 여러분의 몸입니다. 몸속에서 무슨 일이 생기나요? 밖은 세계의 나머지, 우주의 그 나머지입니다. 명상은 배꼽으로 돌아가고, 호흡으로 돌아가는 것입니다. 그리고 신체적 기능들을 자각하게 됩니다. 내면에서 무슨 일이 일어나고 있는지 말입니다. 그건 왜일까요? 평소 밖으로 주의를 기울이기 때문입니다. 당이 다 떨어질 때까지 몸에 전혀 주의를 기울이지 않습니다. 맞나요? 그래서 그때 뭔가 먹을 것에 손을 뻗고, 앉아서 휴식을 취합니다. 오직 그럴 때 몸에 주의를 기울입니다. 왜냐하면 몸이 신호를 크게 보내기 때문입니다. 몸이 소리를 지릅니다. '머리가 아파. 몸의 느낌이 안 좋아.' 그제야 주의를 기울입니다. 명상은 하루 중 시간을 미리 정해놓아야 합니다. 그래서 여러분에게 매일 명상하라고 요구하는 겁니다.

우리가 명상을 가르치는 방식에서는 매일 훈련하라고 말합니다. 여러분이 매일 훈련에 전념할 수 있길 바랍니다. 그래야 매일 안과 밖을 구분하는 기술을 키울 수 있습니다. 그건 개발하는 데 시간이 걸립니다. 알았나요? 처음에는 시간이 많이 걸릴지 모르지만, 내가 장담하는데 그게 상당한 보상을 해줄 것입니다. 그렇게 해볼 의향만 있다면, 실력이 늘고, 스스로 기분이 나아지기 때문에 선 명상반에 계속 오게 되는 겁니다. 더 건강하고, 강해지고, 스트레스를 덜 받는다고 느끼게 됩니다. 만약 명상반에 돌아오지 않는다면, 그건 기꺼이 그 일을 하려는 의지가 없기 때문입니다. 따라서 많은 걸 얻지 못하고 있는 겁니다. 진정으로 스트레스를 극복하는 방법을 배우고, 명상에서 더 많은 것을 얻고 싶다면, 헌신이 필요합니다. 노력이 필요합니다.

대부분은 주말에 한 번씩 와서 우리와 함께 해보는 걸로 시작합니다. 그리고 결국 명상에 매료됩니다. 명상에서 큰 혜택을 봅니다. 그래서 매일 규칙적으로 하기 시작합니다. 그러면 그때 혜택이 확대됩니다. 더 많은 걸 얻을 수 있습니다. 그건 스트레스의 감소, 스트레스의 엄청난 감소로 드러납니다. 혼자 있을 때 기분도 더 좋아집니다. 매일 명상하면 기분이 좋습니다. 그뿐만 아니라, 훨씬 더 효율적으로 느껴집니다. 나는 치과의사, 의사, 간호사와 같이 바쁜 사람에게 명상할 시간이 거의 없다는 것을 압니다. 하지만 그 점이 잘못된 겁니다. 명상할 시간을 만들어야 합니다. 그러면 남은 하루가 훨씬 더 효율적, 훨씬 많이 효율적입니다. 기력도 훨씬 더 많습니다. 에너지도 훨씬 더 많습니다. 그리고 더 중요한 점은, 훨씬 더 중요한 점은 이것입니다. 그건 그냥 날 것의 기력, 날 것의 에너지 또는 혼자 기분이 좋거나, 편두통이 전만큼 괴롭히지 않습니다. 그런데 더 중요한 것은 낮 동안 내면으로 들어가 균형을 되찾아야 하는 시점에 대한 자각을 키웁니다. 그것이 매우 중요합니다.

발레리나가 공연할 때, 얼마나 아름다운지 보십시오. 발레리나는 무대 위에서 자신의 균형을 벗어난 후, 다시 균형을 유지합니다. 알았나요? 그건 시간이 지남에 따라 발전하는 기술입니다. 그 점을 생각해보십시오. 만약 하루하루 일하고, 일하고, 계속 일만 하고, 그렇게 일만 한다면 그건 미친 짓입니다. 나는 그건 멍청하다고 곧바로 말할 겁니다. 이건 새로 오신 분들에게는 적용되지 않습니다. 알았나요? (웃음) 좋습니다. 균형이 맞지 않을 때 그 사실을 자각하고, 균형을 되찾아야 합니다. 왜냐하면 균형이 깨지면 마음이 흐려지기 때문입니다. 더는 기능을 할 수 없습니다. 더 이상 똑바로 생각할 수 없습니다. 그러면 그때 계속 생각하는 데 의존하게 됩니다. 마음이 무너지고 있습니다. 그때가 멈출 때입니다. 배꼽으로 돌아가서, 몇 분 동안 호흡합니다. 바로 그겁니다. 그게 머리를 맑게 해줍니다. 그러면 다시 생각할 수 있습니다. 다시 생산적일 수 있습니다. 그것이 명상이 하는 일입니다. 자각을 높여줍니다. 마음이 흐려지고, 바퀴만 돌리고 있을 때, 그걸 알아차려야 합니다.

당분에 손을 뻗는 대신, 앉고, 호흡하라

나는 "바퀴를 돌려대고 있다.(You are spinning your wheels)." 는 표현을 사용합니다. 그건 더는 앞으로 나아가지 못한다는 말입니다. 그때가 멈출 때입니다. 알았나요? 당분에 손을 뻗는 대신, 다리를 꼬거나, 앉은 다음, 그리고 호흡하십시오. 그런 습관을 키우세요. 온종일 훨씬 더 생산적입니다. 내가 장담합니다. 그러면 스트레스도 훨씬 덜 받습니다. 이것이 안과 밖에 대한 자각입니다. 신체적 기능에 대해서 더 많이 인지하고, 자각합니다. 호흡하고 있습니다. 그리고 한 걸음 더 나아가겠습니다. 일단 몸의 기능, 무슨 일이 일어나고 있는지, 어디가 아픈지를 좀 더 잘 알게 되면, 사실 그 자각이 이미 치유를 돕고 있습니다. 하지만 그것이 오늘의 주제가 아닙니다. 치유에 대해서는 다른 날에 이야기합시다.

여기서 요점은 이것입니다. 신체 기능에 대해서 자각하게 되면, 그건 안쪽입니다. 이건 명확하죠? 그렇게 간단합니다. 그러면 육체적으로 무언가를 해야만 합니다. 안쪽에 머물러야 합니다. 그럼 걱정은 뭔가요? 마음이 밖에서 다른 곳으로 가고 있는 겁니다. 아닌가요? 그게 밖입니다. 그래서 무방비 상태가 됩니다. 자기 내부, 자신의 본부, 바로 여기 배꼽에 주의를 기울이고 있지 않은 겁니다. 밖으로 나가고, 군대를 밖으로 내보내고 있습니다. 그리고 내부 요새는 무방비 상태입니다. 버려진 겁니다. 이해됐나요? 자각을 잃고 있습니다. 밖으로 나가고 있습니다. 밖에 대해서, 밖의 세상인 외부에 대해서 걱정합니다. 그때가 바로 취약한 때입니다. 이해했나요?

스트레스에 대처하기 위해서, 첫째 내면을 인지해야 합니다. 여러분이 뭔가 걱정하면, 그건 마음이 밖으로 나가고 있다는 것을 깨달아야 합니다. 다른 것, 다른 곳에 대해 걱정하고 있습니다. 그래서 이제는 무방비 상태입니다. 취약한 상태입니다. 매우 취약합니다. 이 취약한 상태를 인식하면, 이 문제에 대처할 빠르고 간단한 방법을 알 수 있습니다. 여러분 중 누구든 이런 문제가 있습니다. 아내가 떠나는 것을 걱정하고, 여자친구가 떠나는 것을 걱정하고, 남자친구가 여러분을 무시하는 것을 걱정한다면, 한번 이렇게 해보십시오.

일단 앉습니다. 아내가 떠나는 것을 상상합니다. 나에게 일어날 수 있는 최악의 일은 무엇일까? 그런 상황을 모른 척하거나 그걸 무시할 수 없습니다. 아마 그렇게 대응한다면 그건 미친 짓입니다. 기억하십시오. 내가 방금 마음이 밖으로 달려 나가고 있다는 것을 자각하도록 알려줬습니다. 그런데 "좋아요. 그럼 내 마음이 이제 밖으로 나가지 말아야겠네요."라고 말한다거나, "이제 내 마음은 그냥 안으로 돌아가겠어요."라고 말한다면, 그건 미친 겁니다. 그렇게 할 수 없습니다. 그런 식으로 하면 그 걱정들은 반드시 따라옵니다. 그건 그냥 마치 누군가 여러분 머리에 총을 대고 있는데, "뭐, 괜찮아! 걱정하지마!"라고 말하는 것과 같습니다. 농담하나요? 미쳤나요? 선禪을 하는 사람은 그렇지 않습니다. 사람들이 머리에 총을 겨누면, "오! 오!"라고 먼저 말합니다. 이게 우선 하는 행동입니다. 다음의 행동은 뭔가요? 가능성 있는 최악의 시나리오를 상상합니다. 그리고 '누군가가 그 방아쇠를 당긴다면 나에게 생길 최악의 일이 뭘까?'라고 생각해 봅니다.

선을 하는 사람은 "괜찮아!"라고 말하지 않는다

내가 하려는 말은 걱정이 있을 때, 그걸 그냥 무시할 수 없다는 겁니다. 걱정을 해결하는 방법은 바로 그 걱정과 직면하는 것입니다. 그리고 이렇게 말합니다. "나에게 일어날 수 있는 최악의 일은 무엇일까?" 그리고 그걸 분석하고 말합니다. "나에게 벌어진 그 최악의 일을 어떻게 대처해야 할까?" 알았죠? 앞서서 두뇌를 사용하는 겁니다. 선을 하는 사람들이 두뇌를 사용하지 않는다고 생각하지 마십시오. 필요할 때 두뇌를 사용합니다. 문제를 반드시 풀어야 할 때, 그것에 대해서 생각해야만 합니다. 두뇌를 사용해야 합니다. 그렇죠? 여기 이 문제를 어떻게 고칠 것인가? 그 문제를 분석하고, '나에게 일어날 최악의 일은 무엇일까?'라고 생각하고, 스스로 그 문제에 대처할 수 있도록 준비해야만 합니다. 알았나요? 스트레스를 없애고 해결하기 위해서는 여러분을 위협하는 스트레스가 무엇인지 정확하게 보고, 그런 다음 닥칠 최악의 시나리오가 무엇이 될 것인지 분석해야 합니다. 그리고 최악의 시나리오를 맞이할 준비를 해야 합니다. 그러면 걱정을 멈출 수 있습니다. 알겠죠? 일단 준비하면, 그때부터 스트레스를 내려놓을 수 있습니다. 다음 주면 돈이 떨어지는데… 엄마가 날 쫓아낼 텐데…. 엄마가 "내가 너 때문에 창피하다…." 그리고 남자친구는 "너보다 돈 많은 여자를 만났다…." 뭐 그런 거요.

이 문제에 대한 여러분만의 해결책을 찾는 겁니다. 최악의 경우를 말이죠. 알았죠? 그때 걱정을 내려놓을 수 있습니다. 그리고 이렇게 말합니다. "나는 이 문제에 대해서 더 이상 걱정하지 않을 거야. 이미 최악의 경우를 준비하고 있어." 바로 그것입니다. 그것이 바로 내면으로 돌아가는 때입니다. 그때 바로 "좋았어. 덤벼봐. 난 준비됐어."라고 합니다. 최악의 시나리오를 분석하지 않았기 때문에, 최악의 상황에 자기 스스로 대비해 놓지 않기 때문에, 뭐든 마음을 정말로 불편하게 하는 것이 있으면, 내려놓을 수 없는 것입니다. 내가 말하잖아요. 내려놓을 수 없습니다. 아직 최선을 다하지 않은 겁니다. 내 말 이해되나요?

스트레스를 다루려면 그 문제를 정면으로 바라볼 필요가 있습니다. 여러분이 걱정하는 것은 무엇인가요? 그게 실직 문제인가요? 다음 주에 직장을 잃는다면요? 그러면 무슨 일이 생길까요? 글쎄요. 우선 적금을 깹니다. 또는 남자친구한테 전화를 걸어서, "자기야, 나 돈 좀 많이 빌려줘. 지금까지 내가 뭘 해달라고 한 적도 없잖아. 2천만 원 정도 빌려줘." 문제에 대처하고 분석합니다. 이것이 스스로 최악의 상황에 대비하는 데 필요한 일입니다. 외부의 위협에 대처하기 위해서 말입니다. 그러면 그 문제에 대한 걱정을 멈출 수 있습니다.

그런 다음에 자기 자신에게 말하는 겁니다. '이제 나는 최악의 상황에 준비되어 있어. 더 이상 걱정할 필요가 없다.' 그런 후 균형을 되찾기 위해서 다시 원래 모습으로 돌아갑니다. 앞으로 나타날 최악의 상황에 대비하지 않으면 안 됩니다. 내가 장담합니다. 최악의 상황을 대비하지 않는다면, 내면으로 들어가는 척하지만, 여전히 밖에 대해서 걱정합니다. 그렇게 해서는 균형을 찾을 수가 없습니다. 일어날 수 있는 최악에 대처하기 위해서 최선을 다했다고 스스로 당당해야만 합니다. 그런 후 내면으로 돌아가서, 그것에 대한 걱정을 시작해볼 수 있습니다.

이해됐나요? 이게 스트레스를 해결하는 방법입니다. 약을 먹을 필요도 없고, 달콤한 간식도 필요 없습니다. 이것이 명상하는 사람들이 문제에 대처하는 방법입니다. 자, 이제는 내가 완전히 스트레스 받았습니다.(웃음) 점심 먹으러 갑시다. 외주

서서 고맙습니다. 여러분이 규칙적으로 명상하면, 다음 주에도 돌아옵니다. 그렇지 않다면, 그것도 괜찮습니다. 행복한 인생을 살길 바랍니다. (대중 웃음) 여러분도 우리 점심 식사에 환영합니다. 2012.9.15.

복 그리고
복 짓는 방법

좋은 아침입니다. 오늘은 내가 굉장히 개인적인 이야기를 해주겠습니다. 처음 선을 시작했을 때입니다. 오래된 일입니다. 내가 선에서 탁월해지고 싶었던 여러 가지 이유 중 하나는, 조사 스님들과 위대한 성인들이 말하기를 엄청나게 많은 복을 짓는 방법이 한 가지 있다고 들었기 때문입니다.

내 배경이 경영학이기 때문에, 내 관심사는 부유하고 파워풀해진다는 것이었습니다. 그래서 아주 부유하고 강력해진다는 그 개념에 매료되어 버렸습니다. 아무튼 선에서 내려오는 말 중에 선을 수행하면 복을 엄청나게 지을 수 있다는 말이 있습니다. 와우! 그게 가야 하는 길이구나! 인생의 새로운 방식이 될 수도 있겠다 싶었습니다. 그걸 어떻게 하는 걸까요? 무엇을 팔아서 되는 게 아닙니다. 훔쳐서 하는 것이 아닙니다. 사람들이 말하기를 명상해서, 한순간이라도, 마음속에 아무런 생각이 없다면, 그때 복을 짓고 있는 것입니다. 마치 갠지스강의 모래알처럼…. 모래 알죠? 갠지스강은 인도에 있는데, 인도에서 제일 크고, 길이도 가장 깁니다. 갠지스강의 모래알은 그 수를 셀 수 없습니다. 불교에서 갠지스강의 모래라고 하면, 셀 수 없이 많다는 뜻입니다. 컴퓨터로도 그 숫자를 알아낼 수 없습니다. 그 갠지스강의 모래알만큼 많은 칠보로 만들어진 사찰…. 여기서 칠보란 금, 은, 유리, 조개, 마노, 호박, 산호 등 그렇게 일곱 가지 보석을 가리키는데, 그것들을 인간 세계의 보물이라고 여겼습니다. 이 일곱 가지 보물로 만들어진 사찰을 갠지스강의 모래알 숫자만큼 많이 만들어 삼보에 기부해 복을 지어도, 그건 단 한 순간 아무런 생각 없이 명상할 수 있는 것보다 더 적습니다. 그것이 내가 선을 배우고 싶었던 이유입니다. 여러분이 믿을 수 있는지 모르겠지만요. 못 믿나요? 선의 경계는 상상을 초월합니다.

오늘 나는 복의 개념을 이야기해보고 싶었습니다. 선을 하면 복을 많이 짓습니다. 선은 복을 많이 만듭니다. 그리고 선을 수행하려면 복이 많이 필요합니다. 그뿐입니다. 그렇다면 복은 무엇일까요?

부처님에 따르면 복에는 다섯 종류가 있습니다. 첫째는 장수입니다. 그렇습니다. 그게 먼저입니다. 장수하지 못하면 물질적인 것들은 아무 소용이 없기 때문입니다. 그러니 장수는 복의 첫 양상입니다. 예를 들어 미국에서, 선진국의 경우 가난한 나라보다 수명이 깁니다. 그렇죠? 향상된 위생 환경, 의료 환경 등이 있기 때문입니다. 정말로 그래서 그게 복입니다. 여러분은 더 부유한 나라에서 살 수 있는 복이 있는 겁니다. 그래서 수명이 더 긴 것입니다.

선 수행은 많은 복을 만든다

복의 두 번째 양상은 무엇인가요? 건강하고, 이왕이면 쓸 수 있는 돈도 있어야겠죠? 살만한 좋은 집도 있어야 하고, 운전할 고급 차도 있어야죠. 빨간 페라리는 어떤가요? 누군가 나에게 묻는다면, 큰 규모 사찰이 있어야죠. 복이 있다면 말입니다. 나 같으면 빨간 페라리를 타고, 큰 절에 살겠습니다. 그러니까 복이란 삶에서 더 좋은 것을 소유하는 것도 포함합니다. 재산을 소유하는 것입니다. 부富를 갖는 것입니다. 복의 세 번째 양상은 좋은 명성입니다. 그러니까 오래 살고, 재산도 있는데, 어디에 있든 무엇을 하든, 어디에 가든 사람들이 좋아해 주지 않으면, 아주 행복하지는 못합니다. 사람들이 당신을 혐오하는데 무슨 낙으로 살겠습니까? 안 그런가요? 어느 선거에 나온 정치인이 있습니다. 그는 돈도 많고, 나이가 60대이니 장수하고 있는 편입니다. 그가 선거운동을 하려고 캘리포니아에 가는데, 사람들이 반대 시위를 합니다. 나는 그런 걸 복 받았다고 부르지 않을 겁니다. 미국 역사상 그렇게까지 사람들에게 혐오 받을 수 있다는 것이 놀랍습니다. 그런 것을 복이 있다고 부르지는 않습니다. 그렇죠? 나는 그걸 저주받았다고 부를 것입니다. 난 지금 정치적인 이야기를 하려는 것이 아닙니다.

네 번째는 안락安樂입니다. 여기서 안락은 무엇인가요? 그건 행복과 다릅니다. 예를 들어 사람들은 여기 욕계에 살고 있습니다. 안락이란 없습니다. 사람은 원래 근심 걱정이 많습니다. 그런가요? 아닌가요? 더 많은 것에 대해서 근심합니다. 더 많이 갖고 싶어서 말입니다. 예를 들어 우리 절은 매주 채소를 많이 받습니다. 그리고 이걸 사람들에게 어떻게 나눠줘야 하는지 걱정합니다. 그래야 낭비가 없습니다. 걱정이 많습니다. 그래서 안락은 전혀 없습니다. 반대로 천상에서 산다고 가정하면 매우 안락합니다. 이 인간계에서 진짜로 안락하다면, 이런 온갖 문제 속에 있으면서도 안락을 경험할 수 있는 것입니다.

다른 종교에서 행복이라 부르고, 세속 사람들이 행복이라고 말하지만, 제가 말씀드린 안락은 그런 행복과 다른 것입니다. 그런 행복은 전혀 안락이 아닙니다. 그것은 '비참함'이라고 부르며, '괴로움'이라고 부릅니다. 대부분은 동의하지 않겠지만 말입니다. 사람들이 행복으로 여기는 그 개념은 넌센스입니다. 정말로 그건 전혀 행복이 아닙니다. 만약 여러분이 빨간 페라리를 모는데, 차 문이 문콕을 당했다고 칩시다. 여러분이라면 어떻게 하나요? 빨간 페라리를 모는데, 어떤 사람이 차 문을 찌그러뜨리고 가버렸습니다. 이제 어떻게 할 건가요? 아마어떤 분은 리페어 센터로 차를 가져가서 수리를 맡겨야 한다고 할 겁니다. 다른 의견 없나요? 보세요. 이게 아직 복이 없다는 것을 증명합니다. 나 같으면 한 대 더 삽니다. 진짜 복이 있으면 한 대 더 삽니다. 알았나요? 그렇습니다. 그리고 한 대는 절에 기부하면 됩니다. (웃음) 그걸 복이라고 부릅니다. 동의하나요? (웃음) 이해했나요? 한 대 더 사는 것입니다. 오! 게다가 더 나은 걸로요. 더 좋은 차로 한 대 다시 뽑는 겁니다. 알았나요? 그것이 안락입니다. 정말로 아무런 근심 걱정이 없다는 것을 뜻합니다. 빨간 페라리를 사서 운전해서 다니고, 주차장에서 잘못해서 누가 키로 차를 그었습니다. 그런데 "에이! 한 대 더 사면 되지 뭐." 그런 게 안락입니다. 이해할 수 있나요? 아무런 걱정이 없습니다. 그걸 안락이라고 부릅니다.

진정 복이 있으면 손해 봐도 신경 안 쓴다

사람들이 행복이라 부르는 것은 사랑하는 사람과 결혼하고, 그녀를 잃을까 봐 걱정하는 것입니다. 진정으로 안락하다면 사랑하는 사람과 결혼하고, 그 사람을 잃으면 그냥 다른 사람과 다시 결혼하는 것입니다. (모두 웃음) 봤나요? 여러분은 전혀 복이 없습니다. 그래서 그런 경계가 어떤지 모릅니다. 내가 방금 여러분의 마음 상태가 그렇다는 것을 증명했습니다. 아직 복이 충분하지 못한 겁니다. 그래서 생각을 제대로 하지 못하고 있습니다. 진정으로 복이 있으면 어떤 것도 심기를 건드리지 않습니다. 손해를 봐도 신경 쓰이지 않습니다. 손해가 생겨도 신경 안 씁니다. 그것이 복입니다. 그래서 늘 안락합니다. 언제나 늘 안락합니다. 전혀 번뇌하지 않습니다.

또 한 가지 예는 브뤼셀 공항에 갔는데 ISIS로 인해서 원래 폭탄이 폭파될 예정이었던 것입니다. 그런데 어떤 이유에서인지 지연이 있었던 겁니다. 예를 들어 공항에 가는데 차가 막혀서 제시간에 도착하지 못한 겁니다. 그래서 도착하기 전에 폭탄이 폭발합니다. 여기서 안락의 "안安"은 안전하다는 의미가 포함됩니다. 그것도 '안락'이라고 부릅니다. 알았나요? 안전함입니다. 예를 들어 여러분이 오래 살긴 하는데, 팔다리 두 개가 부족합니다. 그러면 그건 아직 복이 아닙니다. 장수하고, 돈도 많은데, 팔다리 중 두 개가 부족합니다. 그러면 복이 아닌 겁니다. 보셨나요? 부처님은 매우 지혜롭습니다.

마지막으로 다섯 번째는 무엇인가요? 건강입니다. 앞서 말씀드린 네 가지 복을 다시 한번 짚어주겠습니다. 장수는 삶의 기본입니다. 인간의 삶을 가능한 오래오래 사는 것입니다. 둘째는 쓸 돈이 있는 것입니다. 셋째는 명성입니다. 넷째는 안락입니다. 처음 세 가지는 밖에서 일어나는 일이고, 네 번째는 내면의 일입니다. 내면적으로 기분 좋은 것입니다. 다섯 번째는 하고 싶은 것을 할 수 있는 건강이 있는 것입니다. 조깅하고 싶을 때 조깅하는 것입니다. 그걸 복이라고 합니다. 보시다시피 서양인은 복이 있다는 것을 돈이 있다는 것으로 여깁니다. 전혀 그렇지 않습니다. 그걸로 충분치 않습니다. 돈이 있는 걸로 충분하지 않습니다.

복을 짓는 세 가지 방법

먼저 복이 있어야 합니다. 돈과 부는 복이 발현된 것입니다. 부의 개념 즉 가진 돈에 대해서 또 다른 설명을 해주겠습니다. 부는 단지 복의 인출에 불과합니다. 은행 계좌나 지갑에 있는 돈은 복을 인출한 것입니다. 복이 없다면 돈이 있을 수 없습니다. 반대로 말해서 돈이 없다고 해서, 복이 없다는 의미는 아닙니다. 돈이 없다면 어떤 경우에는 아직 인출을 안 했다는 의미이기도 합니다.

이제 여러분은 복이 무엇인지 좀 더 이해할 수 있습니다. 그런가요? 그렇다면 복을 어떻게 짓는 걸까요? 부자가 되려면, 반드시 복이 많이 있어야 합니다. 그렇다면 복은 어떻게 짓는 걸까요? 부처님은 말씀하시길, 복을 짓는데 세 가지 방법이 있다고 했습니다.

첫째는 보시입니다. 복을 짓기 위해서 첫째로 해야 할 것은 보시입니다. 예를 들어 여러분에게 자녀가 있다면, 어린 자녀가 있다면, 아이들에게 보시를 행하도록 가르쳐야 합니다. 아이들에게 1달러 지폐를 주고, 구세군에 가서 기부하라고 가르치십시오. 기부함에 넣게 하는 겁니다. 알았나요? 가난한 이들을 돕도록 하는 겁니다. 그것이 보시행입니다. 아이들에게 보시하는 것을 가르쳐줘야만 합니다. 많은 부자들이 자녀에게 그런 식으로 훈련합니다. 아이들을 훈련하는 기본적 방식 중 하나가 보시입니다. 사람들은 도둑질로 부자가 되고, 결혼해서 부자가 된다고 합니다. 아닙니다. 도둑질하면 더 가난해지고, 나눠주면 더 부자가 됩니다. 복이 더 많아집니다. 여러분도 이런 건 몰랐겠죠? 오 마이 갓! 부모님이 그런 건 안 가르쳐줬나요? 부모 노릇 중 하나가 아이들에게 바른 지식을 가르치는 것입니다. 아이들에게 보시하도록 가르쳐야만 합니다. 인간이 되기 위한 한 부분이 바로 보시(giving)입니다. 그것이 복을 짓는 방법입니다.

보시할 때, 주는 방법을 알면, 되돌아오는 배율이란 것이 있습니다. 예를 들어 가난한 이에게 보시한다고 합시다. 그 보시보다 더 좋은 보시는 뭘까요? 어떤 보시가 가난한 이에게 보시하는 것보다 더 좋을까요? 그건 바로 오계를 수지한 사람한테

주는 것입니다. 어떤 사람에게 보시하는데, 그게 노숙자라 합시다. 그 보시는 오계를 수지한 사람에게 보시하는 것만큼 이롭지 못하다는 뜻입니다. 도덕적(moral)이라는 것은 계율을 지키는 사람을 의미합니다. 가난하든 부자든 그건 중요하지 않습니다. 그건 도덕적인 사람에게 주는 것만 못합니다. 그래서 누구에게 어떻게 보시하는지에 따라 차이가 있습니다.

그럼 도덕적인 사람에게 보시하는 것보다 더 좋은 보시가 뭘까요? (깨달은 사람이요.) 수행에서 더 높은 단계들이 있습니다. 보시하는데, 현인賢人에게 하면 어떤가요? 깨달은 분에게 보시하면 되돌아오는 복도 더 많습니다. 직관적으로 이게 이해되죠? 네. (어떤 사람이 아직 미혹해서 계율은 지키지 못하지만, 마음이 진실하고 배우고 싶은 마음이 간절하다면 그런 사람에게 보시하는 게 더 낫나요?) 아닙니다. 도덕적인 사람은 정의상 계율을 지키는 사람입니다. 훔치지 않고, 죽이지 않고, 거짓말을 하지 않는다는 뜻입니다. 때문에, 도덕적이지 못한 사람에게 기부하고 싶지 않은 겁니다. 더 도덕적인 사람을 찾는 게 좋습니다. 그것이 더 유익합니다.

가장 좋은 보시

들어 보십시오. 요점은 이렇습니다. 아마 여러분 중 다수는 이런 이야기를 들으면 안 좋아할 텐데요. 예를 들어 여러분이 자선 단체에 기부합니다. 그런 곳에 기부하는 것은 오계를 지키는 사람에게 보시하는 것만큼 이롭지 않습니다. 가난한 사람 천 명에게 기부할 수는 있습니다. 하지만 오계를 지키는 한 사람에게 기부하는 것만큼 이롭지 않습니다. 그건 부처님이 하신 말씀입니다. 그것이 비밀입니다.

(그런데 분별하면 안 된다면서요? 맞죠? 어떤 사람이 아주 진실한데 미혹합니다. 그래서 오계를 깨뜨리고 있는데, 그런 사람에게 기부하고, 그 보시가 그 사람에게 감응을 준다면, 그건 좋은 일 아닌가요?)

나는 그 복잡하고 어려운 질문에 답할 수가 없습니다. 나는 어려운 질문에 답할 수 있는, 1인당 하루 할당량을 이미 달성했답니다. (웃음) 나는 배운 대로 말해주고 있습니다. 내가 반드시 모든 걸 다 이해하는 것은 아닙니다. 기본적으로 기부를 누구에게 하냐에 따라서 차이가 있습니다. 어떻게, 누구에게 주는지에 따라서 더 큰 배수로 되돌아옵니다. 예를 들어, 심지어 불교 내에서도 소승 수행자에게 기부하는 것은 대승 수행자에 기부하는 복과는 거리가 큽니다. 근처에 가지도 못합니다. 그런데 부처님에게 기부할 수 있다면, 그렇다면 상상해볼 수 있겠지만 그건 복이 아주 높겠죠? 그런데 기부할 수 있는 최상의 대상은 누군지 아나요? 누구일까요? 아는 사람? 아는 사람 없나요? (스승님?) 답에 가깝네요! (대중 웃음) 기부할 수 있는 최고의 복은 누구일까요? 네? (보살님?) 아닙니다. (부모님?) 틀렸습니다. 누구 아는 사람 없나요? 기부했을 때, 가능한 최고 수준의 복을 줄 수 있는 건 누굴까요? 부처님들은 아닙니다. 부처님의 사리도 아닙니다. 뭘까요? 누구 아는 사람? (자기 자신이요) (대중 웃음) 하하하. 너무 미국적이네요. 빨간 페라리를 뽑아서 자신에게 기부하다니. 오 마이 갓! 참 독창적이지 못하네요. 또 누구 없나요? 나는 여러분이 모른다는 것을 알고 있습니다.

'생각이 없는 사람'에게 기부해야 합니다. 그 사람은 어떻게 찾을까요? 그건 불가능합니다. 그 사람이 누구인지 여러분은 알지 못합니다. 이것이 부처님의 가르침 중 가장 아름다운 부분입니다. 생각하지 않는 사람, 무념인 사람, 그 사람에게 기부합니다. 예를 들어 더 자세히 말하자면, 1달러를 생각이 없는 자에게 준다면, 얼마가 돼서 돌아올까요? 얼마나 많은 복을 되돌려 받을까요? 무수한 복을 되돌려 받습니다. 그런 사람을 찾아서, 그 사람에게 준다면, 그 복은 엄청납니다. 왜일까요? 어째서 부처님보다도 더 높을까요? (부처님보다 높아요?) 부처님보다 높습니다. (하지만 부처님도 생각이 없잖아요. 맞죠?) 부처님도 생각이 없습니다. 하지만···. 복은 생기겠지만, 부처님께 보시하는 것이 '생각이 없는 사람'에게 주는 것만큼 높지 않습니다. 그런데 그 사람을 찾을 수가 없습니다. 그 사람을 어떻게 찾을까요? 그 사람을 어떻게 찾나요? 내가 묻습니다. 네? 그 사람을 어떻게 알아보죠? 어떻게 할까요? 그래서 이 가르침의 의미가 무엇인가요? 무슨 뜻이죠? (그냥 줘라? 혹시 모르니까?) 아! 바로 그겁니다. 그냥 주라는 것입니다. 더는 생각하지 말고요. "오! 대승에 보시해야지."라고 하지 않습니다. "소승에는 주지 않겠어." 하지 않습니다. "남자에게 주고, 여자에겐 주지 않겠다."든가, "예쁜 사람만 주고, 못생긴 사람에게는 안 준다."든가, 하지 않습니다. 그냥 주십시오. 생각 없이 그냥 줍니다. 그냥 주고, 분별하지 않습니다. 그러다 어느 날 생각이 없는 누군가에게 주는 것입니다. 그러면 엄청난 복을 받습니다. 그래서 이것이 분별없이 그냥 보시하는 궁극적인 이유입니다. 그것이 생각이 없는 남자에게 접근할 수 있는 유일한 길입니다. 또는 생각 없는 여인에게 말입니다.

부자가 더 부자가 되는 이유

만일 여러분이 내 몇 제자들과 비슷한 사람이라면, "스승님이 지금 가르쳐줬으니까, 이제 내가 알지. 나는 오직 한 명에게만 줄 거야. 찾아봐야지! 1달러를 꼭 가지고 있다가, 생각 없는 사람을 기다려야겠어." 그렇게 하면 절대 그런 사람을 찾을 수 없습니다. 절대로 안 됩니다. 알았죠? 그래서 분별없는 보시를 실천해야 하는 것입니다. 그러면 결국 최상의 복을 얻게 될 것입니다. 명확한가요?

그러니까 앞서 했던 질문, 아까 그 질문에서, 원래 분별하면 안 되지 않냐고 했죠? 그렇습니다. 원래 하면 안 됩니다. 그렇지만 처음 시작할 때는, 가장 높은 수준에 도달하기 전에, 우선 분별하는 것부터 배워야 합니다. 그리고 그 위로 쌓아가야 합니다. 우선 똑똑해질 필요가 있습니다. 지혜로워지기 전까지는 말입니다.

여러분이 우선 해야 할 일은 보시행을 하고, 보시행을 아이들에게 가르치는 것입니다. 복을 짓는 더 나은 방법은 스스로 도덕적(moral)이 되는 겁니다. 그렇습니다. 오계를 지키는 사람이라는 단순한 사실만으로도 복을 많이 짓고 있습니다. 그런데 대부분은 그걸 모릅니다. 그리고 여러분 스스로 도덕적인 사람이 될 수 있기 전에 우선 반드시 보시행부터 해야만 합니다. 예를 들어 많은 불교인이 오계를 받습니다. 그러고는 그 계율을 지킬 수 없습니다. 그것은 보시행을 충분히 하지 못했기 때문입니다. 도덕적인 사람이 되려면 많은 복이 필요합니다. 이건 매우 중요한 개념입니다. 인생에 있어 근본적인 개념입니다.

그리고 마지막으로 여러분이 지을 수 있는 가장 높은 수준의 복은 무엇일까요? 누구 아는 사람? (수행이요) 그래요. 수행입니다. 그게 바로 선禪입니다. 또는 대비참大悲懺입니다. 알았나요? 사십이수안四十二手眼. 이런 모든 것들이 수행입니다. 명확히 이해되나요? 여러분이 수행한다면, 수행에서 아무런 생각도 일어나지 않는 지점까지 수행하는 것입니다. 그러면 가능한 한 최상의 복을 받습니다.

진정으로 복 많은 사람은 자랑하고 다니지 않습니다. 자신의 복을 드러내고 싶어 하지 않습니다. 자랑하지 않습니다. 남의 눈에 띄길 원치 않습니다. (왜요?) 나는 모르겠네요. 나는 복이 별로 없습니다. 그래서 답을 해줄 수 없네요. (대중 웃음) 누가 날 도와주세요. 왜 진정으로 복 있는 사람, 진정으로 부유한 사람은 알려지길 원치 않을까요? 네? 왜냐하면 사람들이 알면 훔쳐 갑니다. 사람들이 와서 괴롭히기 때문입니다. 돈 좀 빌려달라고 말입니다. 여러 가지 부탁을 해댑니다. 도둑질을 합니다. 그래서 정말로 진정한 부자라면 사람들이 아는 걸 원하지 않는 여러 이유가 생깁니다. 질문 있나요? 질문이 없다면, 이번엔 진짜로 제시간에 점심을 먹으러 갈 수 있겠군요.

(보시하면 빚을 갚는 건가요?) 그냥 주십시오. 복을 짓는 겁니다. 그냥 줘버리세요. 빚 갚는 문제는 걱정하지 마십시오. 빚 갚는 문제에 대해서 걱정할 필요가 없습니다. 빚을 갚는지 아닌지 그건 문제가 아닙니다. 여기서 마음가짐은 줄 기회만 있으면 그냥 보시하는 것입니다. 그래서 나는 교육 시스템이 이런 부분에서 부족하다고 생각합니다. 사실, 부자가 더 부자 되

는 이유가 바로 이것입니다. 부유한 사람들은 주는 방법을 알기 때문입니다. 내 생각에 정말 복이 있다면, 아이들을 교육하는 데 있어서 근본적 가르침 중 하나로, 보시하는 것을 가르쳐야 합니다. 그것이 기본입니다. 반드시 보시를 실천해야 합니다. 더 많이 줄수록, 더 많은 복이 생깁니다. 주면 절대 잃지 않습니다. 절대로, 절대로요. 예를 들어 주는데, 분별없이 줍니다. 가난하거나 부자거나 상관없이 분별하지 않습니다. 그러면 심지어 더 많은 복을 짓습니다. 부처님이든 뭐든 찾으러 다닐 필요도 없습니다. 그냥 주십시오. 이건 많은 연습이 필요한 일입니다. 그래서 아이들에게 주는 것을 가르쳐줘야 하는 것입니다. 보시에 대한 중요성을 말입니다. 아이들에게 가르쳐 주십시오. 사촌이나 조카에게도 가르쳐줘야 합니다. 반드시 보시를 알려줘야 합니다. 이건 중요한 일입니다. 알았나요? 다른 질문 없나요? 좋습니다. 질문이 없다면 점심 먹으러 갑시다. 2016.4.30.

신심은 우리의 가장 큰 자산입니다

누군가 부처님께 물었습니다.

"무엇이 최상의 자산입니까? 어떻게 행복을 얻나요? 무엇이 최상의 달콤함입니까? 무엇이 최상의 삶입니까?"

여러분은 최고의 자산이 뭐라고 생각하나요? 자산이란 의지할 수 있는 것이며, 축적할 수 있는 그런 것입니다. 그렇다면 여러분에게 최상의 자산은 무엇인가요? 어떤 분은 최고의 자산이 미래에 나이가 들어서 기댈 수 있는 자식이라고 말합니다. 어떤가요? 아, 저쪽 분은 복이라고 합니다. 다른 사람은 없나요? 동의하나요? 예, 또 어떤 것이 최고의 자산일까요? 여러분이 가질 수 있는 최상의 자산은 무엇일까요? 유산(legacy)이요? 여러분이 떠난 후 남기고 가는 것 말인가요? 그래요? 유산이 어떻게 도움이 될까요? 자신의 유산을 믿을만한가요? 유산에 의지할 수 있나요? 복에 기댈 수 있나요? (그럴 수도, 아닐 수도 있습니다.) 그럴 수도 아닐 수도 있다고 합니다. 그렇다면 복에 기댈 수 없는 건 언제일까요? (장애가 생기면요.) 장애가 생기면, 여러분에게 복이 얼마나 있을지 몰라도 원하는 만큼 이용할 수 없습니다. 맞죠? 그건 마치 은행에 있는 돈과 같습니다. 은행에 갈 수 없는데 어떻게 돈을 꺼낼 건가요? 그럼 남은 게 뭔가요? 최상의 자산은 그 본질이 무엇인가요? (지혜요.) 누군가 지혜라고 합니다.

부처님은 뭐라고 했는지 아나요? 무엇이 최상의 자산일까요? (선근善根이요) 저쪽 분은 선근이랍니다. 선근이라고 답한다면, 내가 설명해 보겠습니다. 선근에 의지할 수 있나요? 아주 가끔은 그럴 수 없습니다. 왜냐하면 그 선근이 자신의 기대치에 못 미치기 때문입니다. 그럼 지혜에 기댈 수 있나요? 아라한이 자신의 지혜에 의지할 수 있나요? 아라한은 성인聖人, 불교에서 성자입니다. 아라한은 자신의 지혜에 기댈 수 있나요? 절대 아닙니다. 왜냐하면 아직 지혜가 부족하기 때문입니다. 네, 성자지만, 이해와 지혜는 아직도 많은 한계가 있습니다. (타인의 도움에 의지할 수 있습니다.) 타인의 도움에 기댈 수 있다고 합니다. 마치 왕이 자신을 보좌하는 하인들을 믿고 기댈 수 있는 것처럼 말입니다. 대통령은 자신을 도와주는 시민에 의지할 수 있을까요? 절대 아닙니다.

그렇다면 최상의 자산은 무엇인가요? (불성이요.) 여러분의 불성. 불성은 무엇인가요? 여러분은 그게 어떻게 생겼는지도 모릅니다. 얼마나 큰지도 알지 못합니다. 그렇죠? 얼마나 강한지도 모릅니다. 그런데 그 불성에 의지할 수 있을까요? 여러분이 이제 막 추락하려는데, 불성에 의지해서 추락을 막을 수 있을까요? (선지식입니다.) 선지식. 오, 이런! 그건 까다로운 답변이군요. 가끔은 선지식이 너무 비합리적일 수 있습니다. 나는 자주 그런 말을 듣습니다. 선지식이 얼마나 못됐는지 그런 불평을 들었습니다. 아주 잔인하다고요. 적어도 내 선지식이 그렇다는 걸 내가 압니다. (모두 웃음) 알았나요? 선지식을 의지할 수 있나요? 항상 그런 건 아닙니다. 그러면 누구에게 의지할 수 있을까요? 무엇에 의지할 수 있을까요? 최고의 자산, 항상 믿고 기댈 수 있는 것이요. 오 마이 갓! 이렇게 오랫동안 불자였는데, 그런데도 아직 모르나요?

부처님은 최상의 자산이 '신심(faith)'이라고 했습니다. 동의하나요? 여러분의 신심입니다. 동의하지 않는 분은 손 들어주세요. 어서요. 용감하게 손을 들어보세요. 부처님이 그렇게 말했다고 해서 무조건 동의해야만 하는 것은 아닙니다. 너무 겁쟁이네요. 내가 부처님이라고 말하자 모두 부처님이 한 이야기이니 분명 진실임이 틀림없다고 합니다. 나는 몇 주 전에 신

神을 믿는 사람들을 만났습니다. 그런 신심에는 의지할 수 있나요? 물론 아닙니다. 그래서 부처님은 어떤 종류의 신심을 말하고 있는 건가요? 삼보三寶에 대한 신심입니다. 언제나 기댈수 있는 것은 삼보입니다. 삼보에 귀의하면 세세생생 늘 삼보에 의지할 수 있습니다.

불교의 신심과 다른 종교의 믿음, 그 차이

그러면 여기서 말하는 신심은 무엇인가요? 불교의 신심과 비불교에서의 믿음의 차이는 무엇인가요? 그 차이가 뭐라고 생각하나요? 누구 아는 사람 없나요? 이미 답을 알고 있는 사람은 아무런 말도 하지 맙시다. 몇몇 사람들은 내가 전에 이야기하는 것을 이미 들었거든요. 불교에서의 신심과 불교가 아닌다른 종교나 신앙에서의 차이는 뭘까요? 차이점이 뭘까요? 누구 아는 사람 없나요? 내가 말해보겠습니다. 비불교에서의 믿음. 그건 맹목적입니다. 그 뜻이 뭐냐면 전지전능한 존재가 그렇게 말했다면, 그렇다고 믿어야 한다는 말입니다. 그에 대해서 논쟁하거나 반박할 수 없는 겁니다. 맹목적인 믿음입니다. 알았나요? 마치 내가 몇 주 전 만났던 사람들처럼 말입니다. 그들은 성경이 우주에서 유일한 진리라고 합니다. 이 우주에서 최상의 진리가 성경이라고 합니다. 무턱대고 말입니다.

불교에서 신심은 뭔가요? 대조적으로 불교에서의 신심, 그건 맹목적인 믿음이 아닙니다. 부처님이 말씀하시길, "그냥 내가 말했다고 해서 반드시 믿어야 하는 것은 아니다." 이건 부처님이 하신 말씀입니다. "단지 내가 말했다고 해서 믿어서는 안 된다. 맹목적으로." 부처님이 말씀하시길 머리를 써야 한다고 했습니다. 머리와 이해를 사용해야 한다고 말입니다. 부처님께선 이렇게 말씀하십니다. "그게 말이 되면 믿어라. 말이 되지 않는다면 믿지 말아라. 내가 말했을지라도, 그냥 전통이기 때문에, 누군가 그렇게 말했다는 이유로 무작정 믿어서는 안 된다. 머리를 써야 한다." 이해했나요?

불교의 믿음은 결코 맹목적이지 않습니다. 그렇다면 그게 무슨 뜻일까요? 불교에서는 신심이 앞으로 스스로 검증할 대상이라는 뜻입니다. 예를 들어 불교에서 천신天神에 관해서 가르쳐줍니다. 귀신에 대해서도 가르쳐줍니다. 정령精靈에 대해서 가르칩니다. 알았나요? 부처님은 수많은 종류의 중생에 관해서 가르쳐줍니다. 천신을 포함해서, 인간을 포함해서, 귀신을 포함해서 말입니다. 저는 처음에는 그런 게 믿기 어려웠습니다. 비록 부처님께서 말했고, 그런 중생들에 대해서 가르쳤지만 말입니다. 하지만 여러분이 불교를 수행하면 결국 그런 것들을 보게 될 것입니다. 그리고 스스로 이런 것들이 사실임을 증명하게 됩니다. 스스로 검증하게 될 것입니다. 어떻게요? 선지식의 지침을 따라함으로써 그렇습니다. 왜냐하면 불교의 가르침은 지식에 대해서 별로 강조하지 않기 때문입니다. 알고 있었나요? 불교는 절대 이론에 관한 것이 아닙니다. 대승은 소승과 조금 다릅니다. 대승에서는 스스로 불교의 가르침을 검증하는 방법을 가르쳐줍니다. 이건 매우 중요한 구별입니다. 그러므로 불교에서는 부처님의 명호를 염불하면 미래에 천신을 보게 될 것입니다. 귀신을 봅니다. 정령을 볼 수 있습니다. 부처님께서 묘사한 온갖 것들을 봅니다.

언제나 기댈 수 있는 것은 삼보

부처님은 또한 여러분이 성자라 불리는 어떤 것에 증득할 것이라 말했습니다. 사성제를 수행하면 '아라한과'라고 불리는 성자의 지위, 과위를 증득할 것입니다. 거기 다다르면 더 이상 자아는 존재하지 않는다는 것을 봅니다. 아무도 없습니다. 자아는 진정으로 공합니다. 그걸 믿은 부처님의 제자들은 아라한과를 증득했습니다. 정말 아상我相이라는 것이 없다는 것을 자기 스스로 검증하고 발견했습니다. 그래서 부처님의 제자들은 이미 직접 불교의 가르침이 모두 맞다는 걸 검증했습니다. 낮은 단계부터 귀신을 보는 것은 그리 어렵지 않습니다. 아라한이나 벽지불 같은 성자의 단계까지 그들은 무아를 보았습니다. 열반이라 불리는 무언가를 봅니다. 개념적인 게 아닙니다. 경험하는 것입니다. 이해하나요? 그리고 보살의 경우 깨달음이 어떤 것인지 봅니다. 보살은 부처님들을 봅니다. 다른 보살들도 모두 봅니다. 대승의 가르침이 모두 맞다는 것도 봅니다.

그런 이유로 불교에서 신심이란 이렇습니다. 신심이 있다면, 신심이 있어서는 궁극적으로 말입니다. 나는 불교에서의 신심이 전혀 맹목적인 믿음이 아니라고 믿습니다. 여러분이 불교의 가르침에, 삼보에 믿음이 있다면 세세생생 그 신심에 의지할 수 있다는 걸 스스로 알게 될 것입니다.

예를 들어 여러분은 관음보살님께 기도하는 법을 배우게 될 것입니다. 여러분 중 관음에 기도하고 감응을 얻은 사람이 있나요? (물론이죠.) 보십시오. 우리는 특권을 누리고 있습니다. 약사 부처님께 기도를 올리고 감응 받은 분 있나요? 아주 간단한 일입니다. 곤경에 처했나요? 관음보살님을 부르십시오. 정말 많은 사람이 그런 걸 경험했습니다. 심지어 나의 스승님조차도 곤경에 처했을 때 관음에게 기도했습니다. 선화 상인이 타고 있던 배가 가라앉으려고 하고, 배에 있던 많은 사람이 곧 죽을 위기에 처했습니다. 그때 선화 상인은 관음에게 기도했습니다. "내가 여기서 살아남을 운명이어서, 미래에 대승을 전해야 할 운명이라면, 부디 날 구해주십시오." 이후 배는 안정되어 침몰하지 않았습니다. 그런 게 믿고 기댈만한 신심입니다. 항상 그리고 언제든지 말입니다. 지금까지 이해했나요?

그렇다면 행복은 어떻게 얻나요? 어떻게 행복할 수 있을까요? 행복하기 위해서는 무엇이 필요한가요? (많은 걸 내려놓아야 합니다.) 여러 가지를 놓아버린답니다. 어떤 것들은 놓아버리기 좀 어렵습니다. 그렇죠? 자식을 내려놓을 수 있나요? 자식들을 놓아버릴 수 있을까요? 할 수 있나요? 그게 옳은 생각이긴 합니다. 그런데 가능한가요?

부처님은 더 행복해지기 위해서 정통법(Orthodox Dharma)을 수행해야 한다고 말했습니다. 그게 놓아버리는 것의 한 부분입니다. 자식은 천천히 내려놓아야만 합니다. (모두 웃음) 동의하나요? 결국 아이들이 다 자라면 어쨌거나 우릴 떠날 것입니다. 자기들 남편이나 아내를 따라서 갈 겁니다. (모두 웃음)

최상의 라이프스타일

최상의 달콤함은 무엇인가요? 남자친구가 해주는 말인가요? 남자친구의 약속? 그런가요? 여자친구인가요? 최상의 달콤함이란 무엇일까요? 어떻게 생각하나요? 너무 달콤해서 사탕수수 주스나 벌꿀보다 더 달고 맛있습니다. 다른 어떤 것보다 달콤합니다. 그게 뭘까요? (감로수입니다.) 감로수라고 합니다. 부처님께서 법을 설하는 것이 마치 감로수와 같다고 비유하기도 합니다. 감로수도 달콤합니다. 하지만 가장 달콤할까요? 아닙니다. 음…. 최상의 달콤함은 못됩니다. 최상의 달콤함이 뭔지 알고 싶나요? 부처님은 최상의 달콤함을 "진리"라고 말했습니다. 그 무엇도 진리보다 더 달콤한 것이 없습니다. 동의하나요? 나는 진리가 쓰지 않다고는 말하지 않았습니다. 그냥 아주 아주 달콤하다고만 했습니다. 진리는 간혹 매우 쓰긴 있지만, 매우 달콤합니다. 적어도 부처님이 한 말씀입니다. 내가 아직 검증은 못했습니다. 아직 진리가 가장 달콤하다는 것을 직접 검증해볼 수는 없었습니다.

끝으로 최상의 라이프스타일은 무엇일까요? 최상의 생활방식. 텍스(백인 할아버지)가 나를 쳐다보고는 "바로 당신이지."라고 합니다. 출가가 최상의 라이프스타일이라고 텍스가 생각하는 듯, 암시하는 듯 보입니다. (웃음) 그런가요? 정말 고맙지만 그렇지 않습니다. 여러분한테 최상의 생활방식은 어떤 건가요? (락앤롤 스타요.) 락앤롤 스타라고 합니다. 또 뭐가 있나요? 그것도 가능하겠네요. 신이 되고 싶나요? 황제는 어떤가요? 최상의 라이프스타일은 무엇인가요? (가장 단순한 삶이요.) 가장 단순한 삶이라…. (웃음) 그것도 가능하겠네요. 단순한 라이프스타일을 살지만, 어쩌다 한 번씩 빨간 트럭을 운전해도 괜찮을까요? (모두 웃음) 빨간 트럭을 모는 게 뭐 그리 나쁜가요? 네. 숙녀분. (만족하는 것입니다.) 와우! 그렇게 되는 게 어렵습니다. 지금 가진 것에 만족할 줄 아는 것입니다. 누구 그것에 동의하지 않는 분? 나는 문제가 있습니다. 나는 빨간 트럭에 만족합니다. 하지만 알잖아요. 여러분도 알겠지만 내 마음 한

컨에서 빨간 페라리가 한 대만 있었다면, 아주 조금, 아주 조금이지만 (모두 웃음) 좀 더 만족할 수 있습니다. 아주 좋습니다. 맞는 방향으로 가고 있습니다. 그래서 최상의 라이프스타일이 뭔가요? 부처님이 말씀하시길, 최상의 라이프스타일은 "지혜의 라이프스타일"이라고 했습니다. 여러분에게 지혜가 있다면, 그것이 최고의 방식입니다. 삶의 가장 좋은 방법을 알게 됩니다. 이것이 궁극적인 대승입니다. 우리는 지혜를 열기 위해서 열심히 노력합니다. 그래서 가능한 한 최고의 삶을 갖는 것입니다. 그것이 삶을 사는 최고의 방식입니다. 알았나요? 그게 불교의 차이점입니다. 명성이나 이윤을 추구하지 않습니다. 하지만 지혜를 구합니다. 알았나요? 고맙습니다. 오늘은 여기서 마치겠습니다. 2017.4.16.

관세음보살 염불의
이점

좋은 아침입니다, 여러분. 작은 공지 사항이 하나 있습니다. 이번 주말은 관음보살님의 탄신을 봉축하는 법회가 있습니다. 여러분 모두를 이 봉축 법회에 초대합니다. 관음보살님은 여기 이 은하에 있는 우리와 큰 인연이 있는 보살님입니다. 사실 관음보살에 관한 흥미로운 점이 두어 가지 있습니다.

첫째는 여성으로 나타난 보살이라는 점입니다. 보통 보살들은 성별을 초월하기 때문에 남녀 구분이 없습니다. 이중성의 개념으로 인해 여전히 남성과 여성이 존재하는 것입니다. 우리의 마음은 여전히 남녀, 긍정과 부정, 강약, 득실을 분별합니다. 우리 마음이 그러면 여전히 평등한 보상과 불평등한 보상을 분별하게 됩니다. 보살의 경계에 도달하면 그걸 초월하는 겁니다. 명상해서 선을 끝까지 하면, 분별심을 없애버릴 수 있습니다. 더 이상 남성과 여성, 남녀를 분별하지 않습니다. 그러므로 더는 평등한 보상과 불평등한 보상에 대해서 불평하지 않는 것입니다. 마음이 남녀를 초월합니다. 그래서 보살은 스스로 적합하다고 느끼는 대로 남자 또는 여자로 나툴 수 있습니다. 그렇게 관음보살은 우리 세상에 여자로 나툽니다. 적어도 대승에서는 여자로 나타납니다. 중국 문화권에서는 말입니다.

티베트 문화에서는 무엇으로 나타납니까? 티베트 문화권에서 관음의 이미지를 본 적 있나요? 아발로키테쉬바라(Avalokiteshvara)입니다. 남성인가요? 나는 꽤 못생기고 게다가 사나운 모습이라고 들었습니다. 반대로 중국에서는 여성이고, 아주 예쁘고, 상당히 단아합니다. 왜냐하면 중국 문화에서 관음보살님은 불교에서 자비 수행을 의인화하기 때문입니다. 그런데 그게 왜 중요할까요? 왜냐하면 관음보살님은 누구든 곤란에 처해서 괴로움을 겪고 있을 때, 자신의 명호를 부르면 즉시 와서 구제해 주고, 즉시 해소를 제공해 줄 것이란 서원을 세웠기 때문입니다. 그것이 중요한 이유는 오늘 여기 두 명의 남자 아이가 우리와 함께 있기 때문입니다. 매우 좋은 일입니다. 아이들이 앉고 나서 그런 것인지, 아니면 이게 너무 지루해서 그런지 아까보다 좀 더 차분해졌습니다.

나는 여러분에게 아이들과 함께 관음보살님의 명호를 염불하라고 강력히 권합니다. 아이들에게 관음보살님의 명호를 염불하도록 훈련하고 가르치십시오. 왜냐하면 그게 아이들에게 평생 사용할 수 있는 지식이기 때문입니다. 아이들이 스스로 평생 사용할 수 있는 기술이고 지식입니다. 예를 들어 우리 중 곤경에 처하거나 뭔가 원하는 것이 있을 때마다 늘 관음보살님의 명호를 외우는 사람이 있습니다. 아닌가요? 그 사람이 바로 저기 있습니다. 그 사람만이 아니라 많은 사람이, 여러 비구, 비구니 스님도 그렇게 합니다. 그것이 우리가 알고 있는 방법이고, 비밀이기 때문입니다. 우리 스님들이 먹을 것, 입을 옷, 심지어 절을 갖고 싶으면, 스님들도 모두 관음보살님에게 기도합니다. 오케이?

관음보살의 염불을 강력히 권함

(청중이 말함). 저분이 말하기를 관음보살님께 기도하며 집을 원하니 집을 샀고, 아내를 청하니 아내를 얻었다고 합니다. 와우! 나도 한번 해봐야겠네요. 전에 해본 적이 없는데, 흥미롭지 않나요? 아무튼 여러분이 아이들과 함께 염불할 수 있습니다. 그렇게 애들과 함께 염불하고, 다른 사람들과 함께 염불할 때, 이런 작은 목탁을 쓰는 겁니다. 염불하면서 (목탁을 치며) "관음보살, 관음보살, 관음보살, 관음보살, 관음보살, 관음보살…" 그렇게 외웁니다. 알았나요? 한번 해보십시오. 나는 그

렇게 해보라고 조언하고 싶습니다. 큰 소리로 읊을 때, 속도 조절을 위해서, 속도 조절에 (목탁을 치면서) 작은 목탁이 유용합니다. 알았나요? 다른 질문 없나요? 질문이 있다면 우리가 도와드릴 수 있습니다. 더 자세하게 알고 싶다면, 이 특정한 수행법에 관해서 도와줄 수 있습니다. 네, 저기 뒤에 질문하실 분, 질문하세요. (청중이 질문함)

당신 아이가 천식이 있군요. 누구죠? 작은 아이인가요? 뭘 해야 할까요? 아이가 몇 살이죠? 9살? 아들이 천식이 있다고 합니다. 명상이 천식을 치유하는 데 도움이 될 것입니다. 어떻게 해야 할까요? 두 가지 방법을 취할 수 있습니다. 일단 아이에게 명상을 가르쳐주는 게 좋습니다. 그건 아주 간단한 과정입니다. 아이들에게 명상을 설명하는 것은 너무 어렵습니다. 예를 들어 여러 명상법에 관해서 설명하는 건 매우 어렵습니다. 천식을 치유하려면, 그건 관음의 명호를 염불하는 것과는 다른 과정입니다. 아이에게 천식이 있다면 이 방법을 꼭 가르쳐 주시길 바랍니다. 아이가 결가부좌로 앉을 수 있나요? 가부좌를 할 수 있나요? 나에게 보여주세요. 아주 좋습니다. 훌륭합니다. 아이가 결가부좌로 앉을 수 있다면, 완벽합니다.

아이에게 오랫동안 앉도록 가르치십시오. 아이에게 3시간, 4시간, 5시간, 6시간, 10시간 동안 앉도록 가르치십시오. 그러면 기운이 쌓이게 됩니다. 그렇게 오래 앉으면 실제로 기운이 단전에 채워집니다. 단전에 기운이 채워지면, 기운이 올라와서 천식을 치유할 겁니다. 어떤 약도 필요치 않습니다. 약에는 잔여물이 있습니다. 아이가 그냥 더 오래 앉기만 하면 됩니다. 그러니 아이가 더 오래 앉도록 해보세요. 그 과정에서 부디 우리에게 연락을 주십시오. 그래야 당신을 도와줄 수 있습니다. 아이가 곤경에 처하지 않도록 말입니다. 알았나요? 그렇게 확실하게 옳은 길로 갈 수 있도록 하는 겁니다. 우리가 그런 걸 어떻게 알고 있을까요? 이게 예전에 효과가 있었습니다. 예전에 절에 있던 한 아이에게 시도해 봤습니다. 이게 천식을 낫게 할 뿐 아니라, 다른 여러 문제를 낫게 합니다.

천식을 낫게 하는 일은 그리 어려운 일이 아닙니다. 자, 이걸 아이에게 명상을 가르칠 기회로 쓰십시오. 아셨나요? 아이가 나이가 더 들면서, 사마디(samadhi)에 들어가면, 그러면 아이는 심지어 더 빨리, 그것도 자연스럽게 치유됩니다. 지금 당장 아이가 그렇게 다리를 꽈서 앉으면, 비디오 게임을 하고, TV를 보고, 음악을 들어도 됩니다. 그건 중요치 않습니다. 그냥 아이가 다리를 꼬도록 하십시오. 아무튼 아이가 생떼를 부리거나, 피곤해서 졸거나, 잠을 잘 수 있습니다. 그래도 다리는 가부좌를 하는 겁니다. 풀지 마십시오. 심지어 자면서도 다리를 꼬는 겁니다. 이게 아주 아주 도움이 됩니다. 아이가 얼마나 빨리 나아지는지 보면 놀랄 겁니다. 얼마나 빨리 천식이 사라지는지 보면요. 알았나요? 하지만 주의하십시오. 이 과정에서 질문이 있을 때 전화하십시오. 염려되는 일이 생기면 우리에게 연락하세요. 그래야 우리가 온갖 문제들을, 잠재적인 문제를 인식할 수 있습니다. 우리가 여러분의 걱정을 해결할 수 있습니다. 내가 아는 어떤 방법보다도 이 방법이 훨씬 낫습니다. 어디에 가서 태극권이나 소림사 쿵푸를 해볼 수 있겠지만, 다리를 꼬는 것이 훨씬 빠를 것입니다. 선은 그런 수행보다 훨씬 더 빠릅니다. 또 다른 질문 없나요?

명상하는 사람은 결국 자비심이 개발된다

어쨌든 보살들은 궁극에 이르기까지 명상합니다. 그러면 보살은 초월적 힘을 가질 수 있으며, 그것은 중생을 구하기 위한 신통력이라고 부릅니다. 그것이 바로 선 수행의 궁극적인 성취입니다. 사실 그것이 선 수행의 목표입니다. 아주 작은 이익부터 궁극적으로는 가장 큰 이익을 얻을 수 있습니다. 작은 이득은 스트레스 감소와 같은 것들입니다. 그리고 여러분의 질병에도 도움이 될 것입니다. 이렇게 끝까지 쭉 같은 과정입니다. 우리는 깨달음이라 불리는 가장 높은 형태의 집중 상태, 가장 높은 형태의 사마디의 궁극적인 보상까지, 쭉 끝까지 여러분을 데려가기 위해서 가르치는 것입니다.

일단 거기 도달하면 '대자비大慈悲'라고 불리는 걸 갖게 됩니다. 사실 그때까지 대자비가 없습니다. 오직 깨달은 사람들만 대자비가 있습니다.

그러면 자비란 무엇일까요? 자비에는 두 형태가 있습니다. '자비'라고 불리는 것과 '대자비'라 불리는 것입니다. 무엇이 다를까요? 자비의 마음이란 괴로워하는 사람을 보고 견딜 수 없는 마음입니다. 견딜 수가 없습니다. 가서 돕고 싶은 겁니다. 사람들의 괴로움을 해결하거나 줄이도록 돕고 싶은 것입니다. 그것이 '자비의 마음'입니다. 알았나요? 명상하는 사람, 영적 수행자는 결국 자비심을 계발하게 되어 있습니다. 그건 자연스러운 과정입니다. 예를 들어 소승불교에서 온 명상 지도자는 자신들의 가장 높은 형태의 삼매에 도달할 것이고, 그 삼매가 자비심을 줄 것입니다. 하지만 크게 자비롭지는 않습니다. 안타깝지만 그 사람들은 그 가르침 속에 그 목표가 대자비를 키우는 게 아니란 걸 깨닫지 못합니다. 그게 정체하는 이유입니다. 하지만 명상을 계속해 나가면, 어느 순간 명상의 또 다른 경계에 도달하게 됩니다. 그것을 대자비라고 부릅니다.

그때 그것을 '대자비'라 부릅니다. 왜냐하면 대자비는 정의상 "동체同體"이기 때문입니다. 그게 무슨 뜻일까요? 그것은 우리 모두 같은 것으로 이루어졌다는 뜻입니다. 우리 모두 같은 몸으로 되어 있습니다. 우리 모두 같은 불성으로 되어 있는 겁니다. 불성은 우리 안에 있는 "실체(體, substance)"입니다. 우리 모두 속에 존재합니다. 그래서 불성을 봅니다. 선종에서 선을 하면, "성품을 보고 부처가 된다(見性成佛)"고 말하는 것과 같습니다. 불성을 봅니다. 자성을 봅니다. 불성을 본다는 것은, 이 성품을 보면, 바로 그게 자신에게도 있고, 다른 중생 모두에게도 있음을 알게 됩니다. 그것을 '대지혜'라고 부릅니다. 흥미롭지 않나요?

모두 불성이 있다는 것을 본다

아주 지혜로워지는 겁니다. 진리를 보고, "우와, 나에게 불성이 있는데, 모두 다 그렇네!"라고 하는 겁니다. 그걸 보는 것입니다. 지적인 것이 아닙니다. 책에서 읽고, "부처님이 우리 모두 불성이 있다고 가르치셨고, 나는 부처님을 믿는다. 그러므로 우리 모두에게 불성이 있다."고 하는 것과는 다릅니다. 그건 추론입니다. 여기 바로 그 순간 여러분이 진짜로 불성이 있다는 걸 보는 것입니다. 여러분이 그걸 보는 겁니다. 그리고 그때 모든 이에게도 불성이 있다는 걸 봅니다. 바로 그것을 '대자비'라고 부릅니다. 더는 분별이 없습니다. 그렇다면 어째서 이게 자비보다 더 클까요? 그 차이가 뭘까요?

그 차이는 이렇습니다. 자비롭다는 것은 아직도 자신과 다른 사람 사이에 차이가 있는 겁니다. "나는 자비롭지만, 그냥 여기까지만!"이라고 말하는 겁니다. 왜냐하면 사람들이 너무 과한 걸 요구하니까요. 알았나요? 왜냐하면 사람들이 비합리적이기 때문에, 이렇게 말하는 겁니다. "내가 당신에게 많은 걸 줄 수 있지. 하지만 내가 감당할 수 있는 것 이상으로 줄 수는 없어." 반대로 보살들은 "나는 그런 분별 따위는 없어!"라고 하는 겁니다. 분별이 없습니다. 왜일까요? 아라한은 여전히 자신과 다른 이가 다르다고 봅니다. 소승에서 지혜로운 자는 "나는 아라한이야. 깨달은 존재이지. 너는 아직 깨닫지 못했어."라고 합니다. 여전히 그렇게 봅니다. 그래서 아직도 분리가 있습니다. 이와 반대로 크게 자비로우면, 하나이며 같습니다. 그 사람의 괴로움이 자신의 괴로움도 되는 것입니다. 그러므로 동일한 사람으로 대하고, 그 사람의 괴로움을 자기의 괴로움으로 대합니다. 그건 큰 차이입니다. 더 이상 한계는 없습니다. 거기 도달하면, 그 차이를 이해합니다. 무엇보다 행동에서 드러납니다. 남자와 여자, 평등과 불평등을 분별하지 않습니다. 자기가 손해 보는 것에 대해서 걱정하지 않습니다. 지금 당장은 내가 그냥 지적으로 설명할 뿐입니다. 이 정도에서 멈춰야겠습니다. 평등한 보상과 불평등한 보상에 대해서 여러 말을 하는 남자들은, 그게 공평하지 않다는 것에 동의하지 않는 한 죄다 곤경에 처하는 듯합니다. 알았나요? 다른 질문 없나요?

(저는 척추에 만성 통증이 있어 자세가 편하지 않습니다. 약이 소화기관에 영향을 미치니까, 약을 먹는 대신 늘 어떻게든 통증을 차

단하려고 애쓰고 있습니다. 명상이 도움이 되는지요.) 이 질문자는 많은 질병이 있습니다. 그게 많은 통증을 유발하는 데 연관이 있습니다. 정신적으로 고통이 많습니다. 육체적으로, 정신적으로 괴로운 겁니다. 명상이 도움이 되냐고요? 명상이 아마도 특히 이 경우에는 매우 도움이 될 것입니다. 왜일까요? 두 가지 측면에서 그렇습니다. 첫째로 명상은 통증을 더 잘 참을 수 있게 해줄 것입니다. 육체적 통증을 견디게 도와줄 것입니다. 둘째로 명상이 결국 통증으로 인한 영향을 받지 않게 해줄 것입니다. 예를 들어 질문자님이 명상한다면, 이걸 진지하게 여긴다면, 정말로 진지하게 말입니다. 그러면 정말로 전념해야 합니다. 그래야 사마디에 들어갈 수 있습니다. 그러면 두 가지 일이 생길 것입니다. 첫째로 육체적 통증이 줄어들 것입니다. 명상이 육체적 질병을 치유할 것입니다. 또 하나는 통증에 영향받지 않게 될 것입니다.

예를 들어 우리 학생들 중 한 명이 큰 수술을 받았습니다. 아주 아주 큰 수술이었습니다. 수술 후 통증이 엄청났습니다. 그녀는 이런 통증을 예전에 겪어본 적이 없었습니다. 병원에서는 타이레놀을 줬습니다. 그게 통증을 줄이는 데 도움이 되긴 했습니다. 그때 이렇게 생각했습니다. '잠깐만, 선을 하면 통증을 감당하게 해주잖아. 나는 약 먹는 거 싫은데.' 그래서 명상하기로 결심했습니다. 왜냐하면 회복하는 중이었기 때문입니다. 그 결과, 타이레놀 한 알을 먹은 후 진통제를 더 이상 먹지 않기로 했습니다. 대신 명상했습니다. 그렇게 통증을 감당할 수 있었습니다. 이것이 명상이 해줄 수 있는 일입니다. 명상이 통증을 견딜 수 있게 도와줍니다. 그녀의 선정력은 상당히 높습니다. 무색계의 선정에 있었습니다. 그중에서도 상당히 높은 편이었습니다. 대부분 명상 지도자들과 비교해도, 상위 5%~10%보다 더 높습니다.

무색계의 선정에 들어가면 일어나는 일

이렇듯 삼매에 들어가면 몸을 치유합니다. 몸을 치유하고, 통증에 대해 내성을 키우고 있는 것입니다. 통증이 전혀 없습니다. 더는 통증이 없는 겁니다. 사마디에서 나온 후 그때는 통증을 더 견딜 수 있게 됩니다. 그래서 계속해서 발전하면서, 점점 더 나아집니다. 명상을, 선을 진지하게 하면, 질병을 치유하고, 동시에 통증에 대한 영향도 덜 받게 될 것입니다. 알았나요? 구정九定에 도달한다면, 또는 그것보다 바로 전인 8.95정定에 도달하면, 의지에 따라서 더 이상 통증이 없습니다. 내가아는 어떤 사람은 구정에 도달하기도 전에, 치과에 가서 크라운 치료를 했습니다. 그는 치과의사에게 "마취가 필요없다."고말했습니다. 그리고 치료하는 전 과정을 마취 없이 했습니다. 치과에서 치아를 갈아야 했는데, 약 30분간 갈았습니다. 그런데 그는 아예 통증을 느끼지 않았습니다. 아주 작은 통증도 없었습니다. 치료하는 동안에도 그랬고, 치료 후에도 그랬습니다. 그것이 선정의 힘입니다. 치아를 가는 것이 질문자님이 경험했던 통증보다 더 아픕니다. 맞나요? 그것이 선이 할 수 있는 일입니다. 선에 대해서 진심이라면 말입니다. 그런 일이 실제로 일어났습니다.

관음보살님에 관한 두 번째 일은 이렇습니다. 관음보살님은 우리 세상에 명상의 테크놀로지, 방법도 가져왔습니다. 이것은 대승 명상법입니다. 다른 어디에도 없는 것입니다. 이것을 '관음법문觀音法門'이라고 부릅니다. 그래서 우리 석가모니 부처님이 여기 사람들에게 가장 적합한 법의 문이라 인증한 이 법문을 사용해서 명상하는 것입니다. 그래서 나는 우리 절에서 이것도 가르칩니다.

관음보살님은 알아두기에 좋은 분입니다. 관음보살과 좋은 인연을 만들면 유익합니다. 오케이? 그런 이유로 우리 신도들은 관음보살님의 탄신일, 출가일, 성도일 이렇게 1년에 3번 봉축합니다. 또 다른 질문이 있나요? (청중이 질문함) 이 여자분이 말하기를, 그녀의 친구가, 오우! 그녀가 친구라고 했지만 사실 자신을 말한 것입니다. 너무 아파서 아주 오랫동안 앉을 수가 없다고 했습니다. 반가부좌로 앉는 건 할 수 있다고 합니다. 하지만 결가부좌는 너무 아프다고 합니다. 이렇게 아픈데 어떻게 삼매에 들어갈 수 있냐고 합니다.

　나는 이 질문에 어떻게 답해야 할지 모르겠네요. 나는 지난 11년 동안 사람들을 어떻게든 고통 속에 앉도록 했습니다. 그녀는 이렇게 오래 해봤는데도 아직도 앉지를 못해서 좌절했다고 합니다. 일본인은 때리는데, 아마도 그게 도움이 될 것 같군요. 예를 들어 우리가 좀 아까 앉았는데, 감히 다리를 풀려 하면, 누군가 가서 정말로 세게 치는 겁니다. 일본인은 아주 잔인합니다. 그렇죠? 그런데 그게 도움이 되는 듯합니다. 사실 맞아서 아픈 게 다리 통증보다 더 심해서 되는 겁니다. 고통이 더 심하다는 걸 확실히 알게 해주는 겁니다. 가끔 죽도록 패기도 합니다. 그게 사람들이 두려워하는 이유입니다. 죽음과 고통의 공포 때문입니다. 나이가 많거나 어리다는 이유만으로 봐주지 않습니다. 나는 개인적인 경험에서 그렇다고 인정합니다.

　우리가 어린 사미를 훈련시킬 때입니다. 내가 제일 아꼈던 12살짜리 아이가 기억납니다. 걔는 늘 졸고 있었습니다. 어느 날 오전 6시에 20명의 사미승과 스님들이 전부 선당에 갔습니다. 6시부터 7시까지 다 같이 잡니다. 다리를 꼬고 앉아서 잠을 잤습니다. 그러고서 일어납니다. 그래서 거기 내가 갔을 때, "안돼! 이건 용납할 수 없는 일이야."라고 했습니다. 그래서 어떻게 했을까요? 일본식 규칙을 사용한 겁니다. 이런 목검(일본식 죽비)이 있습니다. 내가 순찰하겠다고 자청했습니다.

여기 이 법당의 4분의 1정도 되었는데, 모두 면벽하고 둘러앉아 있었습니다. 나는 벽이 아니라 밖을 향해서, 죽비를 들고 앉습니다. 내가 모두를 지켜보고 있는 겁니다. 사람들이 감히 움찔거리지도 못합니다. 움찔거리면 내가 그쪽으로 갈 테니까요. 알잖아요. 잠이 들기 전 보통 약간 움찔하거든요. 내가 그 움찔거리는 걸 보면 일어나서 그쪽으로 가는 겁니다. 그래서 순서가 있습니다. 죽비를 들고 어깨부터 두드립니다. 그러면 즉시 깨어납니다. 깨어나면 뭘 할까요? 앞으로 몸을 숙입니다. 그래야 등이 평평해집니다. 그냥 앉아있는데 때리면 어깨가 부러질 수도 있잖아요. 그렇죠? 그러니 앞으로 숙이는 게 상책입니다. 우리는 아무 말도 하지 않습니다. 단 한 마디도 서로 건네지 않습니다. 영리한 사람이라면 앞으로 숙입니다. 그러면 내가 뒤에서 무릎을 꿇고 앉습니다. 그런 후 양팔을 칩니다. 상상할 수 있나요? 12살짜리 아이의 등에 온 힘을 쏟고 있는 어른을 말입니다. 그리고 아이가 웁니다.

내가 그런 걸 2주간 했습니다. 거기 있는 모든 사람을 쳤습니다. 사미승과 스님들 모두요. 2주 후 아무도 감히 졸지 못했습니다. 이것이 한 시간 동안 결가부좌로 앉을 수 있는 가장 좋은 방법이고, 아주 쉬운 방법입니다. (웃음소리)

통증을 겪는다는 것은 치유된다는 것

여러분은 이해 못 합니다. 왜 아픈 것을 참아야 하는지 말입니다. 명상하고, 고통을 견디면, 스스로 치유하고 있는 것입니다. 그래서 통증이 있는데 그냥 마구 돌아다니는 것과 다릅니다. 그런 건 육신이 죽어가고 있다는 의미입니다. 그게 차이점입니다. 기 흐름이 막힌 겁니다. 그것이 통증이 있는 이유입니다. 명상할 때 당연히 아픕니다. 그렇죠? 사실 명상하면서 통증을 겪는다는 건 자신을 치유하고 있다는 것입니다. 삼매에 들어가는 것에 대해서는 생각할 필요가 없습니다. 당연히 삼매에 들어갈 것입니다. 그리고 스스로 치유할 것입니다. 그런 후에 결국엔 고통을 정복할 것입니다. 명상할 때, 가부좌를 틀어서 아프면, 약 없이 스스로 치유하고 있는 것입니다. 알았나요? 그러니 아픔을 조금씩 더 견딜 수 있도록 자신을 훈련하는 겁니다. 그것만 하면 됩니다.

나는 타이머를 씁니다. 20초 더, 30초 더 견디도록 마음을 훈련하는 겁니다. 나도 그렇게 조금씩 더 견디는 훈련을 했습니다. 그러면 그것이 모두 여러분의 마음이라는 것을 알게 될 것입니다. 여러분이 포기하는 이유는 스스로 더는 못 참겠다고 말하기 때문입니다. 그런데 '아니! 나는 포기하지 않아.'라고 하는 겁니다. 그것과 똑같습니다. 그런데 아직도 그냥 할 만합니다. 그렇게만 하면 됩니다. 나에게는 선禪이란 불편함을 견디는 걸 익히기 전까지 시작하지 않습니다. 알았나요? 스스로 용기를 내보세요. 나는 이게 견디고 노력해야 하는 일이라고 말합니다. 그게 향상하는 방법입니다. 오늘은 여기까지만 합시다. 모두 점심 식사하러 갑시다. 와주셔서 고맙습니다.

2016.3.26.

관음문,
반문문자성 反聞聞自性

오늘 날씨가 따뜻한가요? 나는 얼어 죽겠습니다. 여러분은 아직도 추운가요? 음…. 수행할 때 약간 추운 것이 오히려 좋습니다. 왜냐하면 우리 몸이 자연스레 열을 내기 위해서 집중적으로 작동하기 때문입니다. 자기방어 시스템을 사용해서 좀 감싸는 것입니다. 그냥 조금 기다리기만 하면 되는 일입니다. 감기에 걸린다거나 그런 걱정은 할 필요가 없습니다. 조금만 더 기다리면 됩니다. 그러면 몸이 알아서 작동을 시작할 것입니다. 이해했나요? 이렇게 주의를 기울여야 하는 작은 일들이 있습니다. 수행은 매우 자연스러운 것입니다. 부자연스러운 건 아무것도 없습니다. 그저 하는 방법만 알면 그렇게 몸이 자연스럽게 알아서 할 수 있습니다.

지난주 내가 관음법문觀音法門에 대해서 이야기하기 시작했습니다. 그 법문은, 이 특정한 법문은 '관음觀音' 또는 '듣는 것을 관한다(contemplation of hearing)'라고 부릅니다. '듣기'를 이용하는 것입니다. 지난주에 있었던 여기 이 질문 하나를 읽어주겠습니다. "스님께서 듣는 법을 사용해서 무명을 타파한다고 언급했습니다. 이 말씀에 특별한 의미가 있나요?" 이것이 질문이었습니다. 좋은 질문입니다. 그런데 나는 일주일간 답을 하지 않았습니다. 왜냐하면 이게 그간 공통 관심사에서 벗어난 내용이기 때문입니다. 여기서 중요한 점이 두 가지 있습니다. 가장 우선 '듣는 법'에 대한 이야기가 있습니다. 그런 후 '무명'에 대한 이야기가 있습니다. '무명을 타파한다.' 그렇죠? 이걸 쪼개서 설명해보겠습니다.

여기서 '듣는 법(Hearing Dharma)'이란 소리를 듣기 위해 청각 기관을 사용한다는 것을 의미합니다. 그 법문은 그냥 그 의미입니다. 청각을 써서 시작하는 것입니다. 여러분에게 여섯 개의 감각기관이 있습니다. 지금까지는 부처님의 명호를 염불 수행할 때, 운이 좋았다면, 이 여섯 감각기관을 염불에 집중하도록 배웠을 것입니다. 그런 식의 지침을 받아본 사람 있나요? 사실, 적지 않은 사람들은 이것조차도 모릅니다.

내가 지난주 가르쳐준 것은 여섯 감각기관을 쓰는 대신, 단 하나의 감각기관만 사용하는 것입니다. 청각만 쓰길 바랍니다. 그것만 하면 됩니다. 알았나요? 모든 것을 귀에 집중하는 것입니다. 보십시오. 내가 여러분의 인생을 얼마나 단순하게 해줬는지 말입니다. 내가 여러분을 위해서 여섯에서 하나로 단순하게 해줬습니다.

듣는 것을 되돌려서 내면을 듣는 것

여기서 말하는 '듣는 법'의 공식 명칭은 "반문문자성反聞聞自性"입니다. 듣는 것을 되돌려서 자성을 듣는 것입니다. 그 의미는…. 그건 무슨 뜻인가요? 밖으로 나가는 대신 자성을 듣는 것입니다. 자성을 듣습니다. 내면의 소리를 듣습니다. 지금까지 됐나요? 그것이 이 기술적 이름이 의미하는 바입니다. 이 모든 지침의 배경에 있는 이치를 이해하는 데 도움이 되도록, 여러분에게 명확히 하기 위해서 기술적 정의를 짚어볼 겁니다. 알았죠? 만약 내가 여러분에게 염불 소리를 들으라고 말하면 대부분은 몇 초간 듣기 시작하다가 미친 듯 망상하기 시작할 것입니다. "스님이 내면의 소리를 들으라고, 자성의 소리를 들으라고 말하고 있는데, 도대체 그게 무슨 소리지?" 그렇죠? 그래서 내가 지금 여러분에게 이걸 설명하고 있는 것입니다. 이런 모든 지침은 여러분이 거기 도달하도록 고안되었습니다. 그리고 여러분을 위해서 많은 걸 단순하게 해줍니다. 이제 아마도 "자성을 듣는다(聞自性)."는 것이 뭔지 궁금할 것입니다. 아직 그걸 어떻게 하는 것인지 모를 겁니다. 하지만 어쨌든 시작은 해야 하는 겁니다. 맞나요? 자성을 듣는 법은 어떻게 배울 수 있을까요? 우선 자기 자신을 들음으로써 거기 도달합니다.

좋습니다. 설명해 드리겠습니다. 여러분에게 자연스럽게 일어나는 일은 이렇습니다. (마스터가 손으로 탁자를 탁 내려친다.) 지금 내가 소리를 낼 때마다, 여러분은 방금 내가 만들어낸 소리를 듣습니다. 그러면 자연스럽게 무슨 일이 생길까요? 여러분의 모든 관심이 여러분한테서 떨어져 어디로 집중되나요? 소리가 난 쪽으로 갑니다. 지금까지 맞죠? 그런 경험이 모두 있죠? 굉장한 사실이죠? 그래서 이 절에 와야 하는 겁니다! (웃음)

그러다 보니 자연스럽게 주의가 밖으로 끌려 나갑니다. 맞나요? 그 소리가 여러분을 자신으로부터 끌어내서 그 상태로 보내버립니다. 잘 들어 보십시오! 자기 자신으로부터 끌려 나옵니다. 자기 밖으로 말입니다. 동의하나요? 그건 무슨 말인가요? 그게 불교에서 무슨 의미인가요? (망상이요.) 네, 망상. 다른 또 뭐가 있나요? 아주 좋습니다. (구하기seeking요?) 구함? 네, 또 다른 건요? 이것도 아주 좋습니다. (유루有漏요?) 훌륭합니다. "유루(outflow)"입니다. 내 안에 있다가 밖으로 끌려나가는 것, 그것을 "유루(有漏, outflow)"라고 부릅니다. 알았나요? 탁! 하고 이 소리를 들을 때마다, 소리가 들리면 유루가 생깁니다. 지금 여러분 모두에게 그런 일이 생기고 있습니다. 손실을 경험하고 있는 것입니다. 그것이 유루의 의미입니다. 유루란 뭔가를 잃고 있다는 의미입니다. 새고 있는 것입니다. 뭔가 빠져나가고 있는 겁니다. 그래서 쉴 새 없이 손실을 경험하고 있습니다.

바깥으로 나가는 것을 최소화하라

여러분의 경계, 그러니까 유루의 특징은 말이죠. 그걸 어떻게 반대로 돌릴까요? 멈출 수 있나요? 이해함으로써 바깥으로 나갈 필요가 없어집니다. 내가 말해주고 있는 것은, 수행으로, 우선 소리를 듣도록 가르쳐주고 있는 것입니다. 지금 "듣는다."는 것은 듣기 위해서 자기 밖으로 반드시 나갈 필요가 없다는 것을 설명하는 겁니다. 그 좋은 예로 우리는 염불할 때 배꼽을 생각하라고 가르칩니다. 염불할 때 배꼽을 통해서 염불하라고 말입니다. 맞죠? 마음속으로 배꼽을 통해서 염불합니다. 그게 첫째입니다. 둘째로 들을 때도 여전히 배꼽으로 듣고 있습니다. 아닌가요? 그렇게 하면 주의가 배꼽으로 집중되어 있을 때도 여전히 소리를 들을 수 있다는 것을 깨닫게 됩니다. 배경 원리가 이해됐나요? 배경 이론을 알았나요? 그런 이유로 지침들이 아주 아주 단순합니다. 그저 배꼽만 생각하고 배꼽으로 들으면 됩니다. 그뿐입니다. 그렇게 유루를 최소화합니다.

외출 때는 그렇게 하지 않아도 됩니다. 보통 운전할 때라면 앞을 잘 살펴봐야 합니다. 그래야 사고가 없습니다. 하지만 수행할 때는 그 과정을 역으로 돌립니다. 보통 밖으로 내달리는데, 그 대신 내면으로 갑니다. 더 이상 밖으로 나가지 않습니다. 이해했죠? 다르마의 아름다움이 보이나요? 그래서 말을 많이 해서 해야 할 설명을 배꼽을 통해서 염불하고 배꼽을 통해 듣는다는 것으로 단순화시킬 수 있습니다. 바로 그겁니다. 그렇게 하면 제대로 가고 있는 것입니다. 반문문자성이 이런 식으로 설명된 것은 이번이 처음입니다. 이해했나요?

그래서 이 반문문자성이라는 기술적인 이름에서 그 뒤에 숨겨진 실질적인 방법을 말해주고 있습니다. 알았나요? 나는 그 명칭의 의미에 대한 설명을 시작했을 뿐입니다. 아주 아주 심오한 의미를 담고 있습니다. 이것이 바로 무명無明을 타파하기 위해서 수행해야 하는 '듣는 법'입니다. 지금 이야기하고 있는 것은 어떤 무명일까요? 이 반문문자성 법문은 관음보살님이 수행한 것입니다. 관음이 부처가 되도록, 깨닫게 해준 법의 문입니다. 그게 무슨 뜻일까요? 그건 이 법문을 실행하면 온갖 무명을 타파한다는 뜻입니다. 그러므로 이 법계에서, 이 우주에 있는 온갖 무명이 이 법문을 통해서 타파될 것입니다. 질문 있나요?

(그냥 배꼽으로 염불하고, 배꼽을 통해서 들으면, 모든 무명이 타

파되나요?) 타파(broken through)될 것입니다. 그게 무슨 뜻이냐면, 평범한 사람들의 무명, 벽지불의 무명이 타파될 것이고, 아라한의 무명도, 보살의 무명도 타파될 수 있습니다.

(소리를 들으면서, 배꼽에 집중하고, 배꼽으로 염불하라고 하셨는데, 그렇다면 소리를 들을 때, 그 소리가 좋을 수도 있고, 나쁠 수도 있습니다. 그런 망상은 좋은가요, 나쁜가요?)

좋은 질문이군요. 그건 자연스러운 일입니다. 여러분이 지금 살아있잖아요. 죽은 게 아니니 그건 자연스러운 일입니다.

(호흡을 관하고 있는데, 거기다가 소리도 들어야 하고, 배꼽에도 집중하는 방법을 익혀야 합니다. 그러니 세 가지를 한꺼번에 해야 하는가요?)

너무 경험이 많으면 이런 일이 생깁니다. 인생이 얼마나 복잡합니까? 내가 여러분을 위해서 이걸 단순화해줬습니다. 한점. 배꼽. 그뿐입니다. 호흡은 걱정하지 마십시오. 다른 건 걱정하지 마십시오. 그냥 배꼽만 집중하세요. 그러면 여러분에게 소리가 올 때, 호흡도 자연스럽게 됩니다. 질문자는 이 주제에 대해서 읽은 내용이 많고, 이해도 좀 하고 있습니다. 아무튼 요점이 뭐냐면, 배꼽에 집중하면서 배꼽을 통해서 염불합니다. 그러면 호흡이 자연스러울 겁니다. 그러니 걱정할 필요가 없습니다. 나는 이미 여러분을 위해서 한 가지를 단순하게 해줬습니다. 선禪을 한다는 것은…. 단순화하는 것입니다. 더 복잡하게 만들면 안 됩니다.

(소리가 얼마나 좋은지 자각이 있어야 하는가요? 그 소리에 대한 의미를 알아야 할 필요가 있는지, 그것이 내 지혜의 일부인가요?)

아닙니다. 그건 당신의 지혜의 한 부분이 아니고, 당신의 분별심의 일부입니다. 당신이 쫓고 있던 그 특정 정보(소리의 질)는 사실 그냥 육식六識의 발현입니다. 당신의 의식(생각하는 마음)이 활동하고자, 식별하고, 이해하려는 겁니다. 그건 필요치 않습니다. 다 망상입니다. 여러 가지 일이 여러분에게 생길 겁니다. 밖으로 나가지 마십시오. 그것이 첫 단계입니다. 그건 사실 두 번째 단계입니다. 첫 단계는 염불하는 것이죠. 사실 내가 이 질문자를 놀려주고 있는 거예요. 그의 명상 수련이 아직 수준에 못 미치는 겁니다. 그 과정을 아직 이해하지 못합니다. 왜냐하면 앉아서 그냥, '오! 내 호흡이 어떻지? 똑바로 하고 있나? 내 소리는 어떻지? 오! 저 소리 정말 좋다. 저쪽 소리는 정말 별로네. 박자가 틀렸어!'라고 하는 겁니다. 그게 다 뭐죠? 다 구하는(seeking) 것입니다. 왜 호흡에 대해서 걱정해야 하나요? 여러분 아직 살아있잖아요. 아닌가요? 그건 이미 호흡하고 있다는 증거입니다. 근데 왜 호흡을 신경써야 합니까? 아직 이해하지 못한 겁니다. 그냥 자기 삶을 복잡하게 만들 뿐입니다. 내가 지금 장난치고 있지만, 진짜 하고자 하는 말은 단순화, 단순화, 단순화, 단순화하라는 것입니다. 관觀이란 얼마나 많은 방법을 아는지가 아닙니다. 내가 가르쳐주고 있는 이 모든 것이 여러분을 한 곳, 오직 한 가지에 대한 자각으로 데려갈 것입니다. 바로 그겁니다. 알았나요?

그냥 배꼽에만 집중하세요

나는 여러분이 뭘 하든지 상관하지 않지만, 지금 이런 모든 걸 여러분에게 가르쳐주기 위해서, 여러분이 소리를 이용할 수 있도록, 그렇게 삶을 단순하게 해주려는 겁니다. 삶을 단순하게 해주고, 그런 수행과정을 가르쳐줘서 단순하게 할 수 있게 해주려는 겁니다. 알았죠?

다른 질문 없나요? 그나저나 모두 좋은 질문입니다. 네.

(저는 가끔 배꼽에 포커스를 맞추기가 어렵습니다. 몸 전체에 포커스를 맞추는 것이 더 쉬울 때가 있습니다. 그래도 될까요? 아니면 배꼽으로 좁혀서 포커스를 맞추는 게 중요한가요?)

질문자한테는 지금 당장 배꼽에 하는 게 낫습니다. 왜냐하면 나는 질문자가 그걸(단전) 찾아내길 바라기 때문입니다. 배꼽이 무게 중심이기 때문입니다. 몸에 집중하면, 다리의 아픔, 팔의 아픔, 허리의 불편함에 흐트러질 것이기 때문입니다. 코도 시려울 거예요. 그런 모든 게 너무 복잡합니다. 그냥 한 곳, 배꼽, 그것을 찾을 때까지 그냥 배꼽에만 집중하도록 하세요. 알았나요? 손으로 만지지 않고도 찾을 수 있을 때까지요. 단한 곳. 그렇게 되려면 시간이 걸립니다.

이건 매우 간단합니다. 수행은 전혀 복잡할 게 없습니다. 그러니 여러분이 이미 다 알고 있는 이런 간단한 내용을 가르치면서, 우리가 수업료를 받을 수는 없겠죠? (웃음) 질문 있나요? 그냥 한 마디 덧붙이자면, 전문적으로 수행하는 것에 대한 단점은 이걸 이해하려고 평생을 바쳤는데도 막상 알아내면, 마법같이 신비로운 것은 없습니다. 그냥 너무 단순해서 일단 이해해도 이걸로 돈을 벌 수 없습니다. 수익이 그리 높지 않습니다. 절대적으로 전혀 이익이 없습니다. 말하자면 수익성이 아예 없습니다. 생각해보십시오. 배꼽을 들여다보는데 무슨 돈을 받나요? 그렇죠? 너무 간단합니다. 다른 질문 없나요? 아직 짚어보아야 할 내용이 많은데, 시간이 다 돼갑니다.

(무게의 중심이란 게 배꼽에 있나요?) 배꼽 뒤에 있습니다. 루쓰한테 물어보면, 저기 뒤에 있는 하와이 남자분입니다. 그 사람은 아마도 다르다고 말해줄 겁니다. 그런데 그가 모르는 사실은 그의 단전도 여기 이 여자분의 것과 다르다는 것입니다. 이 여자분의 단전도 다른 사람들과 다릅니다. 모두 다릅니다. 여러분이 어느 수준에 있는지에 따라서 말입니다. 그래서 내가 이걸 설명했을 때, 배꼽에 대해서 한번 생각해 보십시오. 사실 단전이 어디에 있는지에 따라서, 그것이 바로 정체한 곳입니다. 그것이 바로 여러분의 단계입니다. 그런 이유로 선禪에

서 슬픈 일은 그냥 선에 대해서 읽어보고, 이렇게 말할 수 없다는 겁니다. "이봐! 난 선의 이치를 이해해." 진짜로 이해한다면, 단전이 무엇인지 설명하고 묘사할 수 있을 것입니다. 그건 책에 없는 내용입니다. 하하. 나는 여러분에게 단전에 관한 이야기를 해줬습니다. 하지만 아직 궁극적인 단전에 대해서는 얘기하지 않았습니다. 그것은 나만의 비밀입니다. (웃음) 그러니까 여러분이 사람들에게 "이것 봐. 마스터가 나에게 단전이 어디에 있는지 말해줬어."라고 말하지 못할 것입니다. 왜냐하면 모든 단계를 다 알려주지 않았으니까요. 만약 다 말해줘 버리면, 여러분은 오만해집니다. 그리고 사람들에게 "이것 봐, 나는 마스터만큼 다 알고 있어."라고 말할 겁니다. 그렇죠? 이제 드디어 사람들에게 아직 말해주지 않은 그 정보로 돈을 좀 받아볼 수 있겠습니다. (모두 웃음) 알았나요? 질문 있나요? 좋습니다.

두 번째 부분은 미뤄보도록 하겠습니다. 다음 것은 나중에 합시다. 다음 부분은 질문으로 남겨주겠습니다. 하지만 이 문제로 인해서 잠을 설치지는 마세요. 여기서 질문은 어째서 내가 선정쌍수禪淨雙修 즉 선과 정토의 동시 수행을 주장하느냐는 것입니다. 동시에 한다는 것은 뭘까요? 그렇죠? 그것이 당연히 여러분의 관심사일 것입니다. 내가 무슨 주장을 하든, 여러분은 이해할 때까지 나에게 물어볼 권리가 있습니다. 네. 질문입니다.

(선정 단계별 특징을 이야기해 주실 수 있는지요. 어떤 특정한 선정의 단계에 있으면, 그게 좌선할 때만 그 단계에 있는 건가요? 아니면 항상 그 단계에 있는 건가요? 아니면 때때로 그 단계에 도달하는 건가요? 또한 그런 단계들을 어떻게 설명할 수 있나요? 스님께서 단계마다 특정 유형의 생각들에 갇혀있다고 언급하셨는데, 어떤 유형의 생각에 갇혀있는지요?)

수행은 초고층 건물을 짓는 것과 같다

좋은 질문입니다. 이런 질문은 책에서 답을 찾을 수 없던 질문입니다. 여러분은 찾았나요? 난 찾을 수 없었습니다. 베트남어, 영어, 중국어를 다 뒤졌지만, 거기 없었습니다. 나의 전문 분야에서는 우리의 실상實相, 지위가 선을 가르칠 수 있는지, 없는지 그 여부에 달렸습니다. 만약에 방금 물어본 그런 류의 질문에 어떻게 답해야 하는지 모른다면, 그건 내가 선을 가르치는 방법을 모른다는 뜻입니다. 아직 선을 이해하지 못하는 것입니다. 하지만 안타깝게도 이런 질문에 대한 답은 어디에도 나오지 않습니다. 여러분의 관심을 다른 곳으로 돌리는 데에도 한계가 있습니다. 영원히 그렇게 할 수는 없습니다. 그런 이유로 조사 스님들은 이걸 의도적으로 빼놓았습니다. 왜냐하면 이런 건 경험해야 하기 때문입니다. 사람마다 다릅니다. 하지만 기본적으로 여러분의 성취는…. 내가 오늘 답을 주겠습니다. 그리고 나중에 때가 되면 다시 물어볼 수 있습니다. 너무 많은 걸 이해하면 오히려 오만해집니다.

기본적으로 이건 한 과정입니다. 수행은 초고층 건물을 짓는 것과 같습니다. 고층 건물을 지을 때 우선 그 구조물부터 지어야 합니다. 안 그런가요? 그것이 대부분 건축회사, 개발회사에서 하는 일입니다. 엘리베이터가 없이는 고층 건물을 지을 수 없습니다. 올라가고 싶다면, 오르고 싶으면 우선 건설용 엘리베이터부터 세워야 합니다. 맞죠? 건설용 엘리베이터를 타고, 10층에 도달하고 싶다면 먼저 건설용 엘리베이터를 타고 10층을 지을 수 있는 건설용 자재를 가져가야만 합니다. 그렇죠? 그래서 여러분이 매번 어떤 선정의 단계에 도달할 때마다, 그것은 건설용 엘리베이터가 그만큼 높다는 뜻입니다. 거기까지 전체 범위가 있는 겁니다. 어디에 있을 건지는 여러분의 결정에 달렸습니다. 그건 내가 아니라 여러분에게 달린 것입니다.

이것이 내가 설명하는 방식입니다. 수년간 이 문제가 날 괴롭혔습니다. 나는 너무 걱정스러웠습니다. 왜냐하면 온갖 지침들은 다 읽을 수 있고, 이치에 대해서 논할 수는 있었지만, 누군가 이런 질문을 하면 어떻게 답해야 할지 몰랐기 때문입니다. 왜냐하면 이런 경계를 몰랐기 때문입니다. 알았나요? 여기 또 다른 질문이 있네요. 질문이 엄청 많네요. 하지만 이 질문들을 모두 짚어볼 시간은 없습니다. 이후 시간을 내어 더 자세히 설명하겠습니다.

여러분이 오늘 여기서 선의 지침, 정토의 지침을 찾고 있는데, 나는 더 설명할 게 없습니다. 점심 식사 후 오후에 경전 강설에서 선정에 관한 이론을 더 설명해주겠습니다. 올해 경전 강설에서는 초선, 첫 선정 단계에서 팔정까지 더 설명할 겁니다. 그리고 그 배경에 깔린 이론도 말입니다.

나는 작년에 경전 강설을 하러 산호세에 가곤 했습니다. 그리고 내가 거기 갔던 이유는 많은 이들이 곤경에 처한 걸 봤기 때문입니다. 사람들이 많이 귀신에게 홀려 있었습니다. 여러분은 아마 알아차리지 못했겠지만요. 나는 그런 사람을 많이 봅니다. 하지만 나는 보통 내 일에만 신경씁니다. 그런데 무슨 일이 생겼는지 아나요? 사람들이 4개월 내내 나에게 진심을 보였습니다. 그래서 되돌아가서 약사 불법을 전해보려고 했습니다. 내가 이걸 전수할 만한 상황을 기다렸어요. 혹여 미래에 출가자들이 이 다르마를 이해하고, 수행해서, 쿵푸가 좀 있으면 이 다르마로 다른 이를 돕는 데 쓸 수 있으니까요. 그게 내 소망이었습니다. 하지만 그게 실현되지 못했습니다. 두 달을 더 기다렸지만요.

그런데 최근 어떤 사람이 나에게 더 가까운 지역인 볼사(Bosa)에서 가르쳐달라고 제안했습니다. 그래서 여기 법당에서는 일요일에 선 명상을 하고, 오전에는 정토법을 수행할 겁니다. 오후에는『지장경』강설을 하는 겁니다. 그리고 볼사에서는 똑같은 것을 토요일에 할 겁니다. 그리고 볼사에서 오후에『약사경』강설을 하는 겁니다. 예를 들어 여기 있는 저쪽 백인 여성분들은『약사경』강설에 초대합니다. 새로운 사람들이 오면 나는 그 사람들의 필요성에 따라서 설명하기 때문에, 같은 경전이나 내용일 거라고 걱정할 필요가 없습니다. 왜냐하면 내용이 변하기 때문입니다. 작년에 여러분에게 아직 설명해줄 수 없는 것이 있었습니다.

이『약사경』에 있는 법의 문, 약사법은 전생의 업보를 치유할 수 있습니다. 전생의 업보를 피할 수 있는 특별한 경험도 좀 있었죠. 그래서 올해 이 부분에 대한 이야기를 해주려고 합니다. 나는 나만의 공간이 생길 때까지 더 여러 사람과 인연을 짓기 위해서 여러 곳에 가보고 싶습니다. 나만의 공간이 생기면 그 외 다른 사람들을 도울 시간이 없을 겁니다. 그게 내 사고방식입니다. 여기서 목표는 이렇습니다. 2~3개월 안에 하루 전체 수행의 단계로 넘어가는 것입니다. 예를 들어 하루는 염불, 하루는 선 수행입니다. 그건 공양간에도 인원이 필요하다는 뜻입니다. 우리는 지금 그 방향을 향해서 가고 있습니다. 이것이 자연스러운 다음 과정입니다. 오전에 2시간만 하다가, 다음에 하루 전체로 늘릴 것입니다. 여러분이 질문이 있으면 꼭 다시 물어보십시오. 이건 열린 포럼입니다. 질문이 없으면 나는 설명할 것이 없습니다. 나는 그 점에 대해서 진지합니다. 나는 여러분에게 가르쳐줄 게 아무것도 없습니다. 그것이 우리의 수행방식입니다. 알았나요? 그러면 오늘은 점심을 위해서 여기서 마칩니다. 회향 공덕 합니다. 2009.3.21.

회향공덕 迴向功德

Verse for Transferring Merit and Virtues

염불공덕수승행 念佛功德殊勝行

I dedicate the merit and virtue from

무변승복개회향 邊勝福皆迴向

With all its superior, limitless blessings

보원침익제중생 普願沉溺諸衆生

With the universal vow that all living beings sunk in defilement

속왕무량광불찰 速往無量光佛刹

Will quickly go to the land of the Buddha of limitless light.

시방삼세일체불 十方三世一切佛

All Buddhas of the ten direc-tions and three periods of time

일체보살마하살 一切菩薩摩訶薩

All Boddhisttvas, Mahasattvas

마하반야바라밀 摩訶般若波羅蜜!

Maha Prajna Paramita!

관음의
출가

좋은 아침입니다. 관음 출가 법회에 와주셔서 고맙습니다. 오늘은 우리 사찰에 특별한 날입니다. 왜냐하면 관음보살님이 출가한, 여기 서양에서는 잘 알려지지 않은 다른 라이프스타일로 살기로 결심한 일을 봉축하는 날이기 때문입니다. 출가는 청정한 삶, 단순한 삶으로 이끌기 위해서 하는 것입니다. 출가는 많은 것들을 단순화합니다. 우리는 머리카락도 잘라서, 더 이상 미용실도 안 가니 절약도 좀 합니다. 그리고 옷도 다르게 입습니다. 그걸 중국어로 '화이써(壞色)'라고 부릅니다. 그래서 중국 전통이나 인도 전통에 따라서, 불교 전통에서 우리 스님들은 화려한 색의 옷을 입으면 안 됩니다. 재가자들은 색이 화려한 옷, 매력적인 옷을 입지만, 출가자는 아주 헐렁한 옷을 입습니다. 그래서 우리가 얼마나 깡말랐는지 가려집니다. 알았나요? 사실 이게 재미있습니다. 나의 스승님은 아주 아주 말랐습니다. 그 제자들도 많이, 많이 말랐습니다. 스님들의 몸을 어찌어찌 만지지 않는 한 얼마나 말랐는지 알 수 없습니다. 우리가 모두 이렇게 헐렁한 옷을 입고 있으니까요.

출가자는 돈에 직접 손을 대지 않는다

우리에게 몇 가지 규칙과 규정이 있습니다. 돈을 지니지 않습니다. 돈에 손을 대지 않습니다. 왜냐하면 돈에 손을 대지 말라는 계율이 있기 때문입니다. 그래서 우리 스님들에게 돈을 줄 때, 보통 봉투에 넣어서 합니다. 내가 왜 돈 주는 문제에 대해서 이야기하고 있는지는 모르겠는데 (모두 웃음) 어쨌든 많은 사람이 비구, 비구니에게 직접 돈을 주기 때문에 이게 떠올랐습니다.

사실 적합한 절차는 돈을 봉투에 넣는 것입니다. 왜냐하면 출가자는 물리적으로 돈을 만질 수 없는 계율이 있기 때문입니다. 우리는 원래 전문적 걸식자여야 합니다. 그래서 돈을 만지면 안 됩니다. 예를 들어 항실 스님(Rev. HengSure)은 선화상인의 제자인데, 지금까지 평생 이 계율을 지켜온 것으로 압니다. 그래서 돈을 봉투에 넣어서 출가자에게 주는 것이 여러분에게 더 좋습니다. 그래야 적합한 겁니다. 사실 출가자에게 직접 주지도 않습니다. 그걸 탁자 위에 올려놓습니다. 어딘가에 놓습니다. 그런 후 출가자가 그걸 집는 겁니다. 그래야 여러분이 출가자의 손에 닿는 걸 피할 수 있습니다. 이렇게 우리한테 괴상한 규칙이 많습니다. 그래서 그렇게 하면, 여러분의 공덕이 봉투에 넣지 않고 돈을 줬을 때보다 훨씬 더 많아집니다. 한 가지 예외가 있는데, 그건 백만 불짜리 수표를 줄 때입니다. 그때는 여러분이 주고 싶은 방식이 어떻든 다 괜찮습니다. 우리 모두 여러분을 용서할 수 있어요. 알았죠? (대중 웃음)

출가자에게 다른 또 뭐가 있을까요? 우리에게 특이한 점이 많습니다. 우리가 배우고 있는 것은 나의 돌아가신 스승님으로부터 온 다르마입니다. 나는 운 좋게도 4년 동안 그들 사이에서 살았습니다. 나는 그들 사이에 사는 게 4년 내내 싫었습니다. 중국 시스템은, 미안하지만 나한테 식상합니다. 하지만 배운 게 많았습니다. 그것이 출가자를 만들고 훈련하는 바른 방식입니다. 그때 나는 그들을 관찰할 기회가 있었습니다. 많이 배울 수 있었고, 그 훈련에서 많은 걸 얻었습니다. 내가 여기 미국에서, 현대에 더 적절하다고 생각하는 몇 가지를 바꿨습니다. 예를 들어 그들에게 좋은 점은 출가자를 돌봐 준다는 것입니다. 출가자가 돈에 대해 걱정할 필요가 없습니다. 먹고 사는 걱정이 없습니다. 그것은 출가자들로부터 많은 부담을 덜어 줍니다. 알았나요?

일반적으로 출가자는 돈에 대한 압박을 많이 받습니다. 임대료도 내야 하고, 식비도 내야 합니다. 옷도 사야 합니다. 교통비와 그 외에도 여러 가지가 있습니다. 우리가 어떻게 하냐면, 나의 스승님의 사찰들과 마찬가지로 출가자들이 필요한 모든 걸 해결해 줍니다. 이 방식은 효과가 좋습니다. 왜일까요? 출가자가 돈에 대한 압박을 느끼면 무슨 일이 생기는지 아나요? 깨달을 가능성이 매우 낮아집니다. 돈 문제가 늘 마음속에 있기 때문입니다. 재가자들과 똑같이 말입니다. 그렇죠? 맞나요? 충분하지 않습니다. 돈은 절대로 충분하지 않은 것 같습니다. 얼마나 많이 가졌는지 상관없습니다. 그런 게 출가자가 수행에 집중하는 것을 어렵게 만듭니다. 그게 이유입니다.

나의 스승님은 많은 출가자를 훈련했는데, 그들이 깨달았습니다. 나는 왜 그런지 알 수 있습니다. 나중에야 다른 절에 가서 사람들의 단계가 그리 높지 않다는 걸 봤습니다. 그 똑같은 공통분모 때문입니다. 다들 돈에 대한 걱정이 있습니다. 안타깝게도 말입니다. 나한테는 그런 걸 본다는 게 슬픕니다. 우리가 꼭 출가자들을 잘 보살피고 싶은 이유입니다.

또 뭐가 다른가요? 이 특정한 다르마에 대한 특별한 점이 뭘까요? 그건 우리가 전문적으로 수행해서 깨달음에 도달할 수 있다는 것입니다. 우리가 머리를 깎는 이유는 단 하나밖에 없습니다. 도를 이루기 위해서입니다. 다른 이유는 없습니다. 무엇 때문인가요? 그래야 우리가 정말로 지혜를 갖출 수 있고, 중생, 모든 중생을 도울 수 있는 능력과 기술을 갖출 수 있습니다. 그것이 우리 인생의 목적입니다. 우리는 출가자들에게 아무것도 요구하지 않습니다. 깨달음을 얻는 것을 목표로 한다는 사실만 빼고 말입니다.

머리를 깎는 단 하나의 이유

사실 요전 날…. 며칠 전 신문 편집자를 만나러 갔습니다. 아주 똑똑한 아가씨였어요. 나는 그런 유능한 사람을 만나게 돼서 기쁩니다. 그 아가씨는 좋은 질문을 많이 했습니다. 그녀가 물었습니다. "제자들이 주지가 되도록, 사찰을 물려받을 수 있도록 훈련하고 있다면 어떤 요건을 갖춰야 하나요?" 나는 아주 단순하게, 간단하게 요건을 말해줬습니다. 돈으로 타락될 수 없어야 합니다. 그것이 우리가 다른 점입니다. 우리는 나의 스승님의 사찰과 다릅니다. 우리 사찰을 책임지는 사람은 돈으로 부패하지 않을 것이고, 그럴 수 없습니다. 불가능합니다. 알았나요? 만약 돈으로 부패하고, 영향을 받는다면, 그러면 사찰을 운영할 이유가 없습니다. 그것이 나의 개인적인 관점입니다. 만일 여전히 돈이 탐난다면, 그러면 신도를 돕는다기보다는 자신을 돕고 있는 것입니다.

그것이 우리가 다른 점입니다. 우리가 다르마를 수행하는 것은…. 사실 우리는 관음보살님의 다르마를 많이 수행하는 편입니다. 그 장점은 우리가 준비되었을 때, 중생들을 진짜로 도울 수 있는 기술을 계발할 수 있게 해준다는 것입니다. 준비되면 중생을 도울 수 있는 기술을 갖게 됩니다. 내가 반복합니다. 이것이 내가 탐하지 말라는 점을 많이 강조하는 이유입니다.

아무튼 늘 예외가 있습니다. 나만 말입니다. 하지만 내 제자들은 돈을 만지면 안 됩니다. 알았나요?

관음 법문의 주된 장점 중 하나는 뭘까요? 그걸 수행하면 자연스레 더 자비롭워집니다. 그것이 내가 알아차린 점입니다. 그게 왜 중요한가요? 그게 중요한 이유는 더 높은 단계의 깨달음에 도달하려면 자비가 중요하기 때문입니다. 그런 이유로 이것이 나의 스승님의 제자들이 꽤나 고생하고 있는 부분입니다. 그들은 동정, 자비를 키우는 데 충분한 중점을 두고 있지 않습니다. 그런 이유로…. 그래서 나는 언젠가 내 제자들이 그들 모두를 넘어서길 바라는 이유입니다. 그것이 나의 작은 개인적 목표입니다.

그것이 내가 개인적으로…. 법이 더 풍부하고, 더 넓고 심오해질 수 있도록 내가 조금 더 기여하는 것이 중요합니다. 그래서 그 압박은 여러분들 출가 제자들에게 있습니다. 남자든, 여자든, 어린이든, 100살이던 그건 중요치 않습니다. 나는 여러분 모두 깨달음을 목표로 해보길 기대합니다.

만약 이번 생에서 성공하지 않는다면, 그때 탈출구를 주겠습니다. 다음 생에서 깨달을 수 있도록 정토에 가야 합니다. 음…. 그런 사람들이 그곳에 가길 바랍니다. 여러분 중 거기 일찍 가는 사람들은 부동산에 투자하십시오. 그리고 우리가 함께 모여서 수행할 수 있는 여산사(Lu Mountain Temple), 위산사(Wei Mountain Temple) 처소가 있으면 좋겠네요. 거기에는 궁전도 많습니다. 우리가 함께 계속 수행하는 겁니다. 그래서 여러분이…우리가 재가자용 처소에도 투자를 시작하는 겁니다. 네. 여기 질문이 있군요. (마스터, 여기 재가자도 포함하는 건가요? 아니면 재가자는….)

물론 차별하지 않습니다. 적임자라면, 그럴 마음이 있다면, 나는 누구든 훈련할 겁니다. 사실 이것이 우리를 다르게 만드는 것이기도 합니다. 나의 스승님의 제자인 비구니들의 단계는 비구들만큼 높지 않은 듯합니다. 나에겐 그건 말이 안 됩니다. 남자든, 여자든, 아이든, 어린아이도 잠재력만 있다면 상관없습니다. 나는 아이들도 훈련할 겁니다. 나는 상관하지 않습니다. 차별 없이 말입니다. 그런데 출가자의 경우에는 유리합니다. 왜냐하면 출가 프로그램은 수행 속도를 높이기 위해서 설계되었기 때문입니다. 재가자보다 훨씬 더 빨리 깨달을 수 있습니다. 재가자보다 훨씬 더 빠릅니다. 사실 몇몇 재가자는 엄청난 잠재력이 있습니다. 나는 그런 사람들을 본 적이 있습니다. 아주 아주 높은 단계입니다. 그런 사람들이 선화 상인 제자들에게는 압박입니다. 나는 적어도 재가자 두 명을 알고 있습니다. 남자 한 명, 여자 한 명. 그들의 단계는 선화 상인의 제자 중 원로 스님들보다 높습니다. 그 사람들이 그렇게 무시무시합니다. 여기 주변을 둘러볼 필요는 없습니다. 그렇게 실력이 좋은 사람이라면 여기 여산사에 오지 않을 겁니다. 날 믿으십시오.

재가자와 출가자의 차이

어쨌든 그 사람들은 꽤 뛰어납니다. 하지만 훨씬 더 높았을 수도 있었습니다. 그 사람들은 자신이 갖고 있다는 걸 깨닫지 못한 몇 가지 문제가 있는 그런 수준까지 도달합니다. 그것이 차이점입니다. 만약 여기 출가자였다면 내가 매일 이렇게 말해줄 수 있었을 겁니다. "이걸 하는 게 나을걸. 그렇지 않으면 남은 평생 정체하게 될 테니까!"

하지만 재가자에게 내가 할 수 있는 게 별로 없습니다. 왜냐하면 여러분의 말이 훨씬 더 높은 권한이 있기 때문입니다. 내가 아니라 여러분의 배우자에게 있습니다. 나는 훨씬 더 낮은 곳에 있습니다. 나는 그들의 권한에 양보해야 합니다. 여러분의 자녀들에게…. 내가 오히려 그들에게 절해야 합니다. 왜냐하면 당신이 재가자이니까요. 내가 여러분과 할 수 있는 일이 많이 없습니다. 하지만 여기 출가자들에게 우리는 요구사항이 아주 많습니다. 사람들은 나에게 "당신 하는 일도 별로 없어 보이는데?"라고 합니다. 그렇습니다. 지금 당장 하는 게 별로 없습니다. 지금 이 시간은 출가 제자들이 쉴 기회입니다. 하지만 실은 이게 힘든 일입니다. 왜일까요? 내 생각에는 이 도량의 프로그램이 나의 스승님 사찰의 프로그램보다도 더 힘듭니다. 왜냐하면 내가 위앙종 훈련을 배웠기 때문입니다. 그 사람들이 거기서 하는 것보다 여기가 훨씬 더 힘듭니다. 훨씬 더 어렵습니다. 왜일까요?

왜냐하면 우리가 시간이 많지 않기 때문입니다. 나는 출가를 늦게 했습니다. 나이가 들어서 했습니다. 내가 사람들을 훈련할 시간이 많이 남아있지 않습니다. 나에게 남은 시간이 많지 않습니다. 그래서 내가 할 수 있는 한 많이 훈련하고자 합니다.

위앙종의 훈련이 최상의 방법 중 하나이며, 사람들을 훈련할 수 있는 가장 좋은 방법 중 하나인 이유입니다. 예를 들어 수년이나 걸릴 일을 우리는 몇 달이면 합니다. 그만큼 빠릅니다. 그건 재가자한테도 그렇습니다. 만약 훈련을 거치고자, 지침을 실행하고 따를 의지가 있다면, 모두에게 기회가 있습니다. 나는 재가자와 출가자 사이를 차별하지 않습니다. 해내야 할 일이 많습니다.

우리는 이 미국에서 대승의 깊이를 키울 기회가 있습니다. 동양권의 불교는 그 전통을 잃어가고 있습니다. 깊이를 잃고 있습니다. 서양의 불교는 사실 더 강해지고 있습니다. 왜일까요? 우리가 하는 훈련 덕분입니다. 우리는 훈련 방법을 알고 있습니다. 출가자와 재가자 둘 모두를 훈련합니다. 차별하지 않습니다. 여러분이 누구든, 인종을 차별하지 않습니다. 그러니 나는 누구든 잠재력만 있다면 훈련시킬 것입니다. 동양인들 사이에 여전히 잠재력을 가진 사람들이 좀 있습니다. 나는 어쩌다 보니 한국인이 좋습니다. 한국인은 잠재력이 있습니다. 나는 한국인들이 우리의 훈련에 대해서 이해하길 바랍니다. 그들이 도를 이루면 차별하는 걸 멈출 것입니다.

사실 우리의 요구사항이 더 까다로워지고 있습니다. 왜냐하면 내가 지난 10년간 실험을 해왔기 때문입니다. 이제 내가 실패에서 배웁니다. 그런 이유로 우리는 훈련을 더 잘 할 수 있고, 누굴 훈련해야 할지 더 잘 선택할 수 있습니다. 알았나요? 오늘은 이것으로 마칩니다. 모두 와주셔서 고맙습니다. 이제 5분 쉬고, 돌아와서 불전대공(사시예불)을 하겠습니다.

2018.10.21.

어린이 선 명상,
아라한, 결가부좌

나는 아이들이 실수하도록 그냥 둬야 한다고 생각합니다. 그것이 아이들을 가르치는 최상의 방법입니다. 실수도 하기 전에 가르치려고 하면 아이들은 진지하게 받아들이지 않습니다. 나는 절에 오는 아이들이 변해가는 과정을 보아왔습니다. 절에 오는 아이들이 어떻게 변해왔는지 살펴보니 매우 신기했습니다. 우리가 선 명상을 가르치는데, 몇 달 전부터 어느 분이 딸을 데려왔습니다. 딸을 절에 데려오기로 한 건 딸이 절에 오면 집보다 더 즐거워했기 때문입니다. 그래서 그녀는 주말마다 딸을 데리고 왔습니다. 내가 그 딸을 봤더니 더 행복한 이유가 있었습니다. 그 아이가 처음으로 초선初禪에 들었기 때문입니다. 어떤 선의 훈련 과정도 받지 않고서 말입니다. 놀랍지 않습니까? 아이들은 스펀지처럼 흡수합니다. 바른 환경에 데려다 놓으면 잘 관찰합니다. 우리 절의 환경은 선禪의 환경입니다. 언뜻 보면 그렇게 보이지 않을 수 있습니다. 왜냐하면 무상선(無相禪, No Mark Chan Meditation)을 하고 있기 때문입니다.

바깥에서 보면 우리가 선을 수행하고 있는지 전혀 알 수 없습니다. 내 제자들을 보십시오. 다들 일하고 있습니다. 내 비구와 비구니 제자들은 뼈 빠지게 일하고 있습니다. 저기 뒤에 있는 한국에서 온 비구니 스님조차도 그렇습니다. 저 비구니 스님도 요즘 명상보다 일하는 시간이 더 많은 것 같습니다. 게다가 최근엔 여기 있는 시간보다 밖에 있는 다른 절에 가는 시간이 더 많습니다. 그런데도 모두 진전하고 있습니다. 놀라운 일입니다. 이게 내 즐거움입니다. 이게 나한테 엔터테인먼트입니다.

삼매에 들어간 어린이

여기서 기어 다니는 아이가 있는데, 이 아이도 삼매에 들어있습니다. 이미 삼매에 들어가며 태어났습니다. 이 아이는 태어날 때 이미 삼매에 들어갈 수 있었습니다. 그게 선 명상을 가르치는 즐거움입니다. 여러분은 우리가 명상 훈련을 하고 있는지 아닌지 알 수 없겠지만, 사실 무상선無相禪을 하고 있습니다. 우리가 선을 하고 있는데, 여러분은 우리가 하고 있는지 알 수 없는 겁니다. 그건 나의 스승님으로부터 온 것입니다. 이것이 바로 위앙종 무상선이며, 내 스승님인 선화 상인께서 미국으로 가져온 것입니다.

그게 무슨 의미일까요? 여러분이 하고 있는, 내가 여러분에게 가르쳐주고 있는 것은 유상선(有相禪, Chan with marks)입니다. 내가 여러분에게 아직 '상相이 없는 선'을 가르쳐드릴 수 없기 때문입니다. 여러분은 아직 무상선을 할 수 있을 만큼 복이 충분하지 않습니다. 그렇기에 모두 먼저 상相이 있는 선부터 시작해야 합니다. 그래서 다리를 꼬아 앉으라 하고, 제일 먼저 몸을 훈련해야 한다고 하는 겁니다. 그것이 바로 유상선有相禪 즉 상相이 있는 선입니다. 알았나요? 가장 먼저 바른 자세로 앉는 것부터 배워야 합니다.

여기 좀 더 친절한 설명을 위한 짧은 비디오가 있습니다. 저번 주에 중국 상하이로부터 방문자가 한 명 있었습니다. 그래서 뭘 했는지 아세요? 그녀에게 유상선을 소개해줬습니다. 멀리서부터 왔으니 우리가 뭘 하는지 한번 보여주자고 했죠. 화면에 보이는 이 여자분이 잠을 자는 게 아닙니다. 뭘 하고 있다고 생각하나요? 비디오를 재생해서 그 중국 여자분이 뭘 했는지 한번 봅시다. 이 비디오는 12초짜리 비디오입니다. 그러니 집중해서 보세요. 눈을 깜빡하면 영상을 놓칠 수 있습니다. 이 영상에 나온 두 사람이 사실은 엄마와 딸의 관계입니다. 엄마가 결가부좌를 하면서 엄청난 통증을 겪고 있는데, 옆에서 웃고 있는 건 바로 딸입니다. 엄마는 다리를 풀고 싶다고 말하고, 딸은 제발 풀지 말라고 말하고 있습니다. 그러니까 어머니는 너무 아파하고 울부짖는데, 딸이 풀지 말라고 하는 거죠. 풀면 안 된다고 하고 있는 겁니다. (웃음) "다리를 풀면 내가 엄마를 버릴 거야!" 라고 말하는 겁니다. (웃음) 아무튼 이 어머니가 상하이에서 여기 캘리포니아 로즈미드시까지 온 겁니다. 그런데 그녀 눈에는 여기가 별로였습니다. 로즈미드시는 정말 별로라고 생각했습니다. 건물도 다 못생겼고, 낡았으니까요. 절에 엘리베이터도 없는 겁니다. 그래서 딸은 어머니에게 어째서 우리가 여기 로즈미드시에 숨어있는지 설명해주기로 결심했습니다. 사실 이 어머니가 결가부좌로 앉을 수 있다는 게 놀랍습니다. 그건 엄청 많은 복이 필요한 일입니다.

그거 아시나요? 결가부좌로 앉으려면 엄청나게 많은 복이 필요합니다. 물론 이 어머니의 한쪽 다리가 벌써 풀리기 시작하지만요. 왼쪽 다리가 벌써 바닥으로 내려오려고 합니다. 이 어머니처럼 단지 결가부좌로 앉을 수 있다는 사실만으로도 엄청난 복입니다. 그러니까 여러분에게 결가부좌로 앉을 수 있게 권하고 훈련시키는 걸 가볍게 여기지 마십시오. 사실 그게 여러분에게 중대한 사건입니다. 가볍게 여길 일이 아닙니다.

특히 아이들, 여기에 있는 애들은, 나중엔 결국 결가부좌로 앉을 수 있게 될 것입니다. 몇 달이면 됩니다. 우리가 애들을 훈련하면 몇 달이면 됩니다. 그건 몇 달이면 아이들의 복의 수준이 늘어난다는 뜻입니다. 그냥 말만 하는 게 아닙니다. 선禪은 말만 해서 되지 않습니다. 우리가 선을 가르치는 이유는 삼매三昧에 들게 하기 위해서입니다. 누구나 원하는 대로 뭐든 다 말할 수 있겠지만, 삼매에 들어가지 못하면 수년간 또는 수십 년간 명상해도, 사마디가 늘지 못한다면, 그건 시간을 잘 활용하지 못하고 있다는 뜻입니다. 시간 낭비를 하는 겁니다.

많은 복이 필요한 결가부좌

나의 스승님에게서 배운 선에서는 향상해야 한다고 재촉합니다. 선정의 힘을 키우라고 말해줍니다. 아까 그 어머니는 55분을 그렇게 견뎠다고 합니다. 55분의 통증. 아픕니다. 그건 여러분도 알고, 나도 압니다. 내가 여러분에게 거치도록 하는 일 중 새로운 건 아무것도 없습니다. 나도 다 겪은 겁니다. 나는 여러분이 겪은 것보다 훨씬 더 많이 겪었습니다. 나는 훨씬 더 많이 견뎠습니다. 딸은 엄마를 결가부좌의 통증에서 55분 동안 견디며 앉게 했습니다. 그런데 무슨 일이 있었나요? 그 엄마가 도약했습니다. 55분의 통증 그리고 선정의 힘이 한 단계 커졌습니다. 그게 드러납니다. 그녀는 기분이 더 좋아지고 더 긴장이 풀어졌다고 말했습니다. 그게 향상했다는 걸 아는 방법입니다. 마음이 전만큼 스트레스를 받지 않습니다. 상하이 사람들은 죄다 스트레스가 있습니다. 모두 스트레스 받고 있습니다. 그 사람들이 물질적인 건 가지고 있을지 몰라도 스트레스를 다루는 방법은 모릅니다. 거기에는 훨씬 더 높은 수준의 스트레스가 있습니다. 그런데 그녀가 여기에 와서 좀 향상되었습니다. 그게 우리한테는 사실 애들 수준인 겁니다. 우리 절의 아이들은 이미 그보다 더 높은 단계에 있습니다. 그래서 여기 절 애들은 매우 무섭습니다. (웃음)

또 다른 예시를 들어줄게요. 다른 아이가 하나 있는데, 우리 절은 그 아이랑 아무런 상관이 없습니다. 그 아이는 왔을 때부터 이미 그랬습니다. 그 아이가 왔을 땐 이미 삼매의 힘을 갖고 있었습니다. 삼매란 이런저런 걸 봐도 그냥 편안할 수 있는 겁니다. 하루는 그 아이를 봤는데, "우와, 어떻게 벌써 삼선三禪이냐?" 했습니다. 그 아이 가족이 아이를 데리고 절에 왔는데, 내가 그날 할 일이 없어서 아이를 보았더니, 삼선에 이른 상태였습니다. 그러고 혼자 웃었어요. 아들이 엄마보다도 단계가 높았기 때문입니다. 엄마는 이선二禪인데, 아들이 벌써 삼선이었습니다. 그래서 내가 혼자 낄낄 웃었어요. 내가 이 이야기를 해줬던가요? 누구에게 말해준 적 있어요? 아무에게도 말해주지 않았나요? 오늘 알았네요. 몇 달이 지나서 그 아이를 다시 보니까 이제 그 엄마가 삼선이었어요. 아들은 근데 하나도 진전이 없었습니다. 아들이 엄마를 기다리고 있나 했습니다. 그런 후에 난 이 모자를 그냥 놔뒀습니다. 나는 그 아이를 매일 보는 걸로도 이미 충분하니까요.

근데 오늘 아침 그 아이를 보았습니다. 이 아이가 어디에 있는지 아세요? 삼선의 문제점은 삼선에서 사선으로 가는 게 매우 어렵다는 것입니다. 비구나 비구니 스님들이 알아차리지 못하고 있는 점입니다. 적지 않은 비구나 비구니 스님들이 삼선에 가서는 세세생생 거기 정체합니다. 이게 무서운 일입니다. 삼선에 도달하면 거기서 나오기가 매우 어렵습니다. 이걸 비구, 비구니 스님들이 알아차리지 못합니다. 나는 세상의 수많은 비구와 비구니 스님을 봤는데 모두 수년간, 수십 년간 거기 정체되어 있습니다. 모두 거기서 정체하고 있습니다. 그런 이유로 나는 혼자 웃으면서 이 엄마와 아이가 삼선에서 어떻게 빠져나올지 보자고 생각했어요. 이제 엄마와 아이는 어디에 있을까요? 나도 모릅니다. (웃음)

삼선에서 사선으로 가기는 매우 어렵다

아무튼 오늘 그 남자아이를 처다보니까 아이가 모찌와 젤라또를 먹었습니다. 아주 행복해했습니다. 막 뛰어다니면서 웃었어요. 더러운 손가락을 내 가사 자락에 닦았어요. 그 아이가 지금 어디에 있나요? 내가 잊어먹었습니다. 다시 봅시다. 사람들이 아이에게 뭘 했는지 모르겠지만, 다시 말하지만 나는 아무 것도 가르쳐주지 않았습니다. 아이가 몇 살이죠? 거의 3살입니다. 지난 3년간 나와는 아무런 관계가 없습니다. 아무것도 가르쳐주지 않았습니다. 나는 그냥 관찰하는 것만 원했습니다. 이 모자가 서로 뭘 하는지 봤습니다.

나의 즐거움은 사람들을 관찰하는 일이지 간섭하는 것이 아닙니다. 마치 '스타트렉' 보듯이 말입니다. 우리는 여러분의 사생활에 간섭하지 않습니다. 지난 3년간 나는 이 모자를 관찰해 보았습니다. 이 모자가 오늘 어디에 있는지 아시나요? 무서운 일입니다. 이 사람들이 무서워요. 지침이 없었습니다. 나는 이들이 알아서 헤엄치도록 놔뒀습니다. 무섭지 않나요? 상상해 보세요. 만약 내가 지침을 줬다면 지금쯤 깨달았을 겁니다. 엄청나지 않나요? 환경이 그렇게 중요합니다.

나는 기억합니다. MBA에 갔을 때 교수보다 주변 친구들에게 훨씬 더 많은 걸 배웠습니다. 나는 교수님들보다도 주변 학생들에게서 더 큰 인상을 받았습니다. 나는 이 모자가 그동안 뭘 했는지 모릅니다. 이 모자를 데리고 나가서 점심을 대접하면서 엄마가 아들한테 뭘 했는지 한번 물어보세요. 나는 수년 전 그 엄마에 대해선 포기했습니다. 내가 뭘 말해주든 그녀가 듣지 않는다는 걸 잘 알기 때문입니다. 그녀는 자기만의 세상이 있습니다. 누구의 말도 듣질 않습니다. 흥미롭지 않나요?

그게 내 요점입니다. 도량의 환경이 흥미로운 점입니다. 질문 있나요?

(아라한과에 도달하면 결가부좌로 앉는 것이 어떤 소용이 있나요?) 네. 결가부좌로 앉으면 깨닫는 게 훨씬 더 쉬워집니다. 훨씬 더 쉽게 깨달음에 도달할 수 있습니다. 왜 그럴까요? 여러분이 모르는 게 당연합니다. 선종에서는 이런 걸 죄다 알고 있습니다. 그래서 여러분에게 첫날부터 바른 기반을 세우게 하는 겁니다. 우리가 여러분에게 처음 가르치는 것, 바른 기반의 일부가 바로 결가부좌입니다. 아라한과에 도달하는 데 결가부좌가 꼭 필요한 것은 아닙니다. 그 증명은 소승불교의 비구와 비구니 스님들은 대부분 결가부좌로 앉지 않는다는 점입니다. 그런데 그냥 몰라서 결가부좌로 앉지 않는 것입니다.

삼매가 더 깊은 결가부좌

만약 결가부좌로 앉는 훈련을 한다면 아라한과에 훨씬 더 빨리 도달할 수 있습니다. 훨씬 더 빨리 됩니다. 일반적으로 반드시 결가부좌로 앉을 필요는 없습니다. 하지만 결가부좌로 앉으면 삼매에 들어가기 더 쉽고, 선화 상인이 말씀하신 것처럼 삼매가 훨씬 더 깊습니다. 선정의 단계가 더 깊습니다. 그러면 다른 사람들이 그런 삼매를 깨뜨리는 게, 삼매에서 나오게 하기 더 어려운 겁니다. 그건 그 삼매의 단계를 훨씬 더 오래 지속할 수 있다는 뜻입니다.

아라한과를 얻는 것과 깨달음의 차이점은 깨달은 자는 아라한보다 훨씬 더 발란스가 있다는 점입니다. 깨달은 자의 마음이 아라한의 마음보다 훨씬 더 균형있습니다. 아라한은 약점이 있습니다. 엄청난 약점이 있습니다. 결가부좌로 앉는 게 그 약점을 극복하도록 도와줄 것입니다. 결가부좌로 앉지 않은 채 아라한과에 도달한 후에 결가부좌 자세로 앉게 되면, 배우기가 훨씬 더 어려워집니다. '결가부좌로 앉지 않고서도 여기까지 왔는데 필요한 게 뭐 있겠어?'라고 하기 때문입니다. 사실 아라한이 되기 전에 결가부좌로 시작하지 않으면 훨씬 더 변하기가, 개선하기가 어렵습니다. 결가부좌로 앉지 않는 아라한은 모두 그 문제가 있습니다. 내가 만난 아라한은 다 그랬습니다. 다 그런 문제가 있습니다. 다들 "이런 거 필요 없어!"라고 말합니다. 그러니 "아니. 당신에게 이게 필요해!"라고 말해주기 어렵습니다. 그래서 결가부좌로 시작하는 게 훨씬 더 낫습니다. 결가부좌로 앉는 걸 배우는 게 훨씬 더 좋습니다. 결가부좌로 시작하지 않은 아라한은 결기부좌가 마음의 균형을 잡아주기 때문에 반드시 그렇게 앉아야 한다는 것을 모릅니다. 결가부좌 자세가 마음을 균형 잡아 줍니다. 그냥 결가부좌 자세로 앉는다는 자체만으로도 마음을 균형 잡아 줍니다. 이 자세는 자연스럽게 마음에 균형을 잡아줍니다. 자연스럽게요.

(아라한의 약점이 무엇인가요?) 내가 여러분에게 이 이야기를 해줘야 하는지 확신이 없습니다. 아라한은 아주 거대한 문제가 있습니다. 아라한은 삶에서 떨어져 있기에 삶에 다시 연관되기가 매우 어렵습니다. 여러분과 달리 아라한은 이 세상에 집착이 아주 거의 없습니다. 예를 들어 여러분은 음식에 대한 집착이 있죠? 맞죠? 그래서 아직 아라한이 아닙니다. 돈에 집착이 있죠? 아라한은 세속의 삶에 멀리 떨어졌기에 더 이상 뇌물로 꾀일 수가 없습니다. 돈에 더 이상 관심이 없습니다. 제자에게도 관심이 없습니다. 절에도 관심이 없어요. 그러니 이들을 어떻게 유혹하겠습니까. 여러분이 유혹할 수 없습니다. 그러니까 이들 아라한에게 결가부좌로 앉을 것을 권하고, 그렇게 하면 진전할 수 있다고 말해주면, "왜 진전해야 하나요?"라고 묻습니다. 그것이 첫 반응입니다. "나는 지금 이 상태로 완벽해!"라고 말합니다. 그래서 그렇습니다. 그게 아라한의 엄청나게 큰 약점입니다. 거기 도달하기 전에 미리 준비시켜놓지 않으면 다음으로 넘어가야 한다고 확신시키는 게 매우 어렵습니다. 계속 개선하라고 확신시키기 어렵습니다. 훨씬 더 어려워집니다. 훨씬 아주 많이 어렵습니다.

"너는 아직도 멍청해!"

이와 반대로 내 제자 모두가 배우는 게 하나 있습니다. 한번 물어봅시다. 뭘 배웠나요? 한국인에게도 물어봅시다. 뭘 배웠나요? 제자들이 아라한과에 도달했을 때 역으로 할 수 있는 것, 잊지 않을 그런 것입니다. 제자 중 나를 10년간 따르는 제자도 있는데, 현인! 뭘 배웠니? (우리 모두 다 멍청하다는 것을 배웠습니다.) 보셨나요? 나는 이들에게 모두 자신이 아주 멍청하다는 것을 가르쳐줬습니다. 제자들은 하루가 지나면 다음 날 다시 계속 자기가 멍청하지 않다는 것을 증명해야 합니다. 근데 아라한이 "난 이제 지혜가 있으니….'라고 말합니다. "아니! 넌 지혜가 없어! 아직도 멍청해!" 나의 제자가 아라한과에 도달하면, "마스터가 나한테 아라한과에 도달했다고 하는데, 믿을 수가 없어. 난 아직도 너무 멍청해!"라고 합니다. 제자들은 모두 아직도 멍청하다는 것을 알아차립니다. 나는 매주 제자들에게 그걸 증명해 줍니다.

너는 멍청해! 너도 멍청해! 너도 멍청해! 어떤가요? (박수) 아닙니다. 위산사에서만 이런 게 있습니다. 다른 절에 가서 여러 비구, 비구니 스님들에게 물어보세요. 그들은 모두 다 특별하고, 대단합니다. 우리 절에서는 다 멍청합니다. 그리고 난 제자들에게 시간이 지나고 지나도 모두 다 멍청하다는 걸 계속 증명해줍니다. 사실입니다. 나의 가슴으로부터 말하는 사실입니다. 제자들을 보고는, "우와! 넌 참 멍청하구나!"라고 말합니다. 오케이! 모두 오셔서 고맙습니다. 이제 공양하러 갑시다. 2019.10.19

선한 사람
악한 사람

좋은 아침입니다. 오늘 우연히 만우절이면서, 동시에 천수천
안대비참千手千眼大悲懺을 하는 날입니다. 서양인들에게, 여기
미국에 이런 전통이 있는지 모르겠지만, 내가 프랑스 문화권
에 있을 때 이날을 "4월의 물고기"라고 불렀습니다. "뿌아송 다
브릴(poisson d'avril)", 문자 그대로 "4월의 물고기"라는 뜻입
니다. 이날은 다른 사람들을 놀리는, 특히 아는 사람에게 장난
치는 날입니다. 그게 무슨 뜻이냐면 프랑스인들이 물고기 그
림을 잘라서 다른 사람의 등에 테이프로 붙이는 겁니다. 그러
면 그 사람은 그걸 모르고 물고기 그림을 등에 달고 돌아다닙
니다. 그리고 사람들은 그 사람을 보면서 계속 웃습니다. 그 사
람은 왜 자기를 보고 웃어대는지 영문을 모릅니다. 그렇게 사

람들을 바보로 만드는 겁니다.

사실 이 이야긴 오늘 우리가 하는 참회법과 좀 연관이 있습니다. 왜냐하면 참회의 개념은 뭔가 잘못하고 있음을 아는 것이기 때문입니다. 이제 우리가 참회코자 하고, 참회하기를 소망하기 때문에 이런 업보를 제거할 수 있습니다. 만약 참회에 진정 간절하다면, 지은 죄를 정말로 제거할 수 있습니다. 알았나요? 그래서 오늘 우리 모두 참회를 수행하기 위해서 여기 왔으니 겸손한 마음으로 남은 하루를 보내려고 노력해야겠습니다. 이것이 참회하는 마음과 일치하는 일입니다. 그렇게 우리가 허물이 있고, 성격의 문제가 있다는 것을 알고 있으니, 점점 더 겸손해지고, 자신에게만 너무 몰두해서는 안 됩니다. 이에 관해 질문 있나요?

겸손한 마음은 자신에 대해서 너무 확신하면 안 된다는 것을 인지하는 마음입니다. 우리가 오만해지고 지나치게 자신감이 생기는 것은 성공이 너무 쉽게 주어지기 때문입니다. 때로는 규칙적으로 참회 수행을 하는 것이 균형을 되찾는 데 중요합니다. 특히 나쁜 일이 생겼을 때, 화내거나 흥분하는 대신 겸손해야 합니다. 우리에게 나쁜 일이 일어나는 것은 자신이 했던 과거 나쁜 행위에 대한 업보임을 인식해야 합니다. 누군가에게 화내고, 다른 누군가를 탓하는 대신, 자신을 성찰해야만 합니다. 스스로 '내가 뭘 했는지', '최근 무엇을 잘못하고 있는지', '그것들이 나의 모든 장애와 어려움에게 문을 열어줬는지' 를 확인해봐야 합니다. 그것이 수행입니다. 수행은 어떤 추상 적인 그런 것이 아닙니다. 수행은 자신을 확인해보는 것입니 다. 수행은 상황을 인지하고 자신을 점검하는 것입니다.

나에게 나쁜 일이 일어났을 때

중국 속담에서 이런 말이 있습니다. "성자를 보면 그들과 똑같 이 되고자 뜻을 세운다." 이런 말 들어봤나요? 달리 말해서, 성 자와 현자를 보면, 그들과 같은 수준이 되고자 열망하려고 노 력하고, 올라가길 원하는 것입니다. 반대로 악한 것을 보면, 자 신을 성찰합니다. 자신을 보는 것입니다. 악한 이들을 비난하 지 않습니다. 평가하지 않는 것입니다. 악한 사람을 보면 평가 하지 마십시오. 그들을 내려다보지 말아야 합니다. 알았나요? 대신 자신을 봅니다. 스스로 "내가 보고 있는 그 사악함을 나도 가지고 있을까, 없을까?"라고 합니다. 알았죠? 그것이 수행입 니다. 그래서 수행은 온종일 할 수 있는 일입니다. 왜냐하면 그 것이 우리가 하는 일이기 때문입니다. 수행은 주변 환경을 알 아차리고, 자신을 살펴보는 것입니다. 사람들의 악한 성격과 결점을 볼 때 자신을 살펴야 합니다. '내가 그렇지는 않을까?', '내게 저런 결점은 없을까?' 이렇게 수행자는 자신을 살펴보는 것을 끊임없이 하는 사람들입니다. 성자들처럼, 현인들처럼,

성인과 현인처럼 되기를 열망하는 것입니다. 악한 사람, 나쁜 사람을 보고 평가하지 않습니다. 판단 내리지 않습니다. 비난하지 않습니다. 화내지 않습니다. 거부하지 않습니다. 대신 스스로 성찰합니다. 자기반성합니다. 그리고 "지금 나에게 보이는 저 성격의 결함이 나에게도 있지 않을까?"라고 합니다. 알았나요? 여기에 관한 질문 있나요? 보십시오. 이것이 석가모니 부처님이 우리 세상에 가져온 불교 정신입니다.

불교는 우리가 어떻게 행동하느냐에 달렸습니다. 우리가 어떻게 말을 하느냐, 어떻게 이해하느냐의 문제가 아닙니다. 우리가 스스로 무엇을 하느냐 입니다. 불교를 이해하는 사람들은 어떻게 행동해야 하는지 이해하는 사람들입니다. 그것이 부처님을 떠오르게 합니다. 부처님은 이렇게 했습니다. 내가 아주 오래전 처음 사미승이 되었을 때 이 이야기의 한 버전을 들었는데, 그때는 그게 맘에 별로 안 들었습니다. 이유는 잘 모르겠지만 그 버전은 별로였습니다. 최근 그 이야기를 다른 버전으로 읽었는데, 더 좋았습니다. 그게 더 말이 되기 때문에 맘에 듭니다.

옛날에 석가모니 부처님은 부처가 된 후 매우 유명해졌고, 사람들로부터 많은 존경을 받았습니다. 특히 당시 부처님을 찾아와 직접 공양을 올리고, 공경을 표하는 왕들도 많았습니다. 그러다 보니 왕들은 예전에 자신들이 존경했던 외도 스승들을 무시하고 우습게 봤습니다. 그래서 이런 외도 지도자들은 아주 아주 화가 많이 나서, 부처님에게 복수하고, 부처님의 명성을 무너뜨릴 방법을 생각했습니다. 당시 외도 사원에 예배드리러 오는 아주 예쁜 아가씨가 있었습니다. 그녀가 "제가 후원해드리기 위해서 무엇을 하면 좋을까요? 당신을 돕기 위해서 할 수 있는 일이 뭐가 있나요?"라고 물었습니다. 외도 지도자들이 말했습니다. "부처에게 복수할 수 있게 도와줄 수 있겠네요. 그러니 부처에게 나쁜 명성을 줄 방법을 생각해봐요. 그래야 우리가 왕의 은총을 회복할 수 있을 겁니다." 이 아가씨는 한동안 방법을 생각했고, 계획을 하나 떠올렸습니다. 그녀는 이른 아침 부처님의 사원에 왔습니다. 다른 사람들이 묻기 시작했습니다. "어째서 이렇게 이른 새벽부터 사원에 오시나요?" 그녀는 "내가 오든 말든 당신 일이나 하세요."라고 말했습니다. 그래서 사람들은 더 호기심이 생겼습니다. 여러분도 사람들이 어떤지 잘 아시죠? 사람들은 그녀가 숨길 것이 있다고 여겼습니다. 그래서 그녀에게 더 많은 관심을 기울였습니다.

비방을 참고 견디는 것이 참회

그녀는 그렇게 부처님 사원에 가기 시작했고, 사람들은 그녀가 부처님 사원에 오가는 것에 더 많이 관심을 가졌습니다. 그후 그녀는 부처님 사원에서 늦게까지 있을 만한 핑계를 찾아

냈습니다. 그리고 매우 늦은 시간이 되어서야 사원을 떠나곤
했습니다. 그녀가 어둠이 깔린 후에야 떠나려고 하자 사람들
이 물었습니다. "왜 여기 머물고, 어째서 이렇게 늦은 시간에
사원을 나서는 건가요? 이렇게 날이 어두운데." 그녀는 "오! 나
는 부처님의 향기 방에서 시간을 보내고 있었어요."라고 말했
습니다. 부처님의 거처가 향기 나는 방으로 알려졌는데, 들어
가면 향으로 가득했기 때문입니다. 부처님의 방이 향기로운
것은 향을 피워서가 아닙니다. 부처님의 방에는 향이 없습니
다. 아마도 천상의 정령들이 부처님께 향을 피워서 공양을 올
렸기 때문일 겁니다. 그게 방이 향으로 가득한 이유입니다.

　사람들은 그녀가 부처님과 시간을 보낸다는 걸 알게 되었
습니다. 몇 달 후 그녀는 옷 아래 옷을 더 넣어서, 배를 옷으로
채웠습니다. 그러고는 부처님의 강설 시간에 왔습니다. 그녀
가 부처님께 물었습니다. "왜 당신은 나와 쾌락만 즐기고, 날
돌봐주지도 않는 건가요? 제자들을 돌보면서, 왕들로부터 많
은 공양물을 받고 왕의 최고 후궁으로부터 공양물을 받았는
데, 어째서 나는 돌봐주지 않는 건가요? 어째서 나를 무시하
는 건가요?"

　부처님이 뭐라 했는지 아나요? 부처님은 아무런 말도 하지
않았습니다. 그래서 그런 일이 한동안 계속되었습니다. 8개월,
9개월이 지나서, 그녀는 배에 나무 재료를 채워 넣어서 배를

더 커 보이게 했습니다. 끈으로 나무 조각을 묶고 옷 밑에 넣어서, 배가 더 커 보이게 했습니다. 그리고 부처님께 말하려고, 부처님의 대법회장에 찾아왔습니다. 그녀는 말했습니다. "당신은 지금 당신 아들을 돌보고 싶지 않은 것이 확실한가요? 아이가 곧 태어날 겁니다." 부처님은 아무 말도 하지 않았습니다. 그때 그 법회에 샤크라(제석천)가 있었는데, 33천(도리천)의 왕 샤크라는 지금까지 계속해서 부처님의 강설에 참여해 이 모든 상황을 목격했습니다. 샤크라는 오랫동안 부처님이 부처님 자신을 비방하는 모든 것에 어떻게 반응하는지, 그리고 이렇게 아무런 반응도 하지 않는지 직접 봤습니다. 부처님은 그녀의 모함에 아무런 반응도 하지 않았지만, 사크라는 이 문제에 질려버렸습니다. 마침내 샤크라는 쥐로 변신해 그 여인의 옷 속으로 기어들어가 나무 조각 묶은 줄을 갉아 끊어버렸습니다. 나무 조각은 바닥에 떨어졌고, 그녀가 임신조차 하지 않았음이 들통났습니다. 그 여인은 매우 당황해서 도망갔습니다.

불의에 대응하는 인욕

이 이야기의 이 버전이 나한테는 더 정확하게 보입니다. 부처님이라면 그 상황에 어떻게 반응했을지에 대한 부분 말입니다. 부처님은 비방당할 때, 정당화하지 말라고 가르쳐주고 있다는 의미입니다. 그것이 나의 사부님인 선화 상인이 나에게,

우리에게 끊임없이 상기시켜주고 있는 점입니다. 자신을 정당화하지 말아라. 비방당했을 때, 사람들이 비방할 때, 이것저것에 대해서 비난할 때, 여러분의 탓으로 돌릴 때, 정당화하지 않는 것입니다. 그것이 바로 여러분이 해야 하는 일입니다. 견디는 겁니다. 왜일까요? 왜냐하면 참을성 있게 견디면, 그것이 참회의 한 모습을 하고 있는 것입니다. 자신을 정당화하고, 자기 입장을 설명한다면, 그건 싸우고 있는 것입니다. 참회하고 있는 것이 아닙니다. 이것이 사람들에게 명확하지 못한 부분입니다.

오해로 인해 사람들이 우릴 비난하고 있는 억울한 상황일 때, 어째서 스스로 정당화하고, 자신의 입장을 설명하려 하면 안 되는 걸까요? 그게 본래 우리가 불의에 대응하는 방식인데 말입니다. 이 이야기에서 부처님은 반복적으로 견뎠다는 것을 알았습니다. 부처님은 아무것도 하지 않는 방법으로 모욕을 견디고, 비방을 견뎌냈습니다. 그런데 더 이상 참지 못했던 것은 부처님의 제자들이었고, 그들이 반응했습니다. 샤크라 스스로가 그걸 참을 수 없었던 것입니다. 샤크라가 너무 화나고, 너무 짜증이 났습니다. 그래서 거기에 반응했습니다. 알았나요? 그것이 불교 정신을 이해하는 사람과 아직 불교 정신을 이해하지 못하는 사람의 차이입니다.

아무런 잘못이 없는데도 사람들이 계속 여러분에 대해서 욕할 때, 그것이 가장 힘든 일 중 하나입니다. 부처님은 그냥 조용히 그걸 받아들이라고 말합니다. 부처님은 인내를 갖고 참으라고 말합니다. 그걸 이용해서, 이 기회를 인욕을 연습하는 데 쓰라고 말입니다. 좋습니다. 이제 질문이나 의견이 더 이상 없으면 여기서 다르마 톡을 마치고, 점심 공양을 하겠습니다. 우리는 지금 사십구재를 하고 있습니다. 그러니 이 기회를 이용해서 불단에 올라와, 음식을 올리고 망자에게 이야기해보세요. 망자에게 모든 것을 내려놓고, 정토로 가라고 권하십시오. 그렇게 할 수 있나요? 당신이 먼저 오자고 한 거니까 그렇게 해볼 수 있겠죠? 그냥 여기 올라와서 망자에게 말해보십시오. 꼭 그렇게 해보세요. 반드시 해보세요. 그러면 망자가 거기 빨리 가야 한다는 메시지에 힘을 실어줍니다. 모든 걸 다 버리고, 거기 가면 망자는 훨씬 더 많이 행복해질 것입니다. 오케이? 여기서 마치도록 하겠습니다. 2012.4.1.

소승, 대승
그리고 화두법

안녕하세요 여러분. 이제 선칠禪七이 3주째 접어들었어요. 사람들이 이제 즐거워지기 시작했습니다. 그건 좋은 일이 아니군요! (웃음) 왜냐하면 선칠은 어려운 일이기 때문입니다. 녹초로 만드는 일이지요. 선칠은 원래 고苦의 법法입니다. 괴로워야 하는 것입니다. 괴로움 속에서 이해를 얻을 수 있는 것입니다. 오직 한 가지 방법, 내가 반복하겠습니다. 진정한 지혜를 열기 위한 오직 한 가지 방법은 '고를 견디는 것'입니다. 인내를 갖고 괴로움을 견디는 것입니다. 명확한가요? 이것이 부처님의 가르침입니다. 이것이 바로 출세간법出世間法입니다.

만약 이 세상을 벗어나고 해탈을 얻기를 원한다면, 괴로움에 끝을 내고 싶다면, 안락을 얻고 싶다면, 출세간법을 수행해야만 합니다. 그건 여러분의 선택입니다. 누구도 강요하지 않습니다. 이건 개인적 선택입니다. 이 세상을 사는 데 선택할 수 있는 것이 많습니다. 그런데 이 세상에서 벗어나고 싶다면, 괴로움을 모두 끝내고 싶다면, 여러분에게 두 가지 선택이 있습니다. 인간의 지식으로는 그렇습니다. 다른 선택은 없습니다. 만약 괴로움을 끝내고 행복해지고 싶다면, 진정으로 행복해지고 싶다면 출세간법을 수행해야만 합니다.

출세간법이 무엇인가요? 이 출세간법은 어디서 찾을 수 있을까요? 대학교에서는 찾을 수 없습니다. 미안하지만 거긴 없습니다. 왜 없을까요? 저는 어떤 대학 교수든 아무도 고(苦)에서 벗어난 사람을 보지 못했습니다. 만약 괴로움에서 아직 벗어나지 못한 사람이라면 어떻게 다른 이에게 고에서 벗어날 방법을 말해줄 수 있을까요?

예를 들면 대학교에는 경영학 교수들이 많습니다. 그런데 그중 돈을 버는 것에 관심이 없는 사람도 많이 있습니다. 어떤 교수들은 돈을 버는 데 관심이 없고 인간 지식을 더욱 높이는 데 관심이 있습니다. 돈을 좇지 않습니다. 사람들은 돈을 버는 방법을 배우러 거기 가지만, 그런 교수들이 비즈니스 세계에서 성공을 보장해줄 수 없습니다. 큰 차이가 있어요. 만약 성공적인 사업가 되는 방법을 배우길 원한다면 나 같으면 성공한 사업가에게서 배우려고 하지, 대학교에서 배우고자 하지 않을 거예요.

다시 돌아가서, 출세간법出世間法을 배우고 싶다면 그걸 어디서 찾아야 할지 알아야 합니다. 어디에 있는지 알아야 합니다. 그걸 모르면서 자기 스스로 어떻게 해야 하는지 알 수 없기 때문입니다. 다시 한번 말하지만, 출세간법은 대학교에는 없습니다. 일반적으로 세속인들에게도 없습니다. 속인은 어떻게 출세간법을 가르쳐야 하는지 알지 못합니다. 만약 세속인이 불교를 가르쳐주고 있다면 무언가가 잘못된 것입니다. 왜 그럴까요? 부처님이 말씀하시길 내가 이 세상, 사바세계에 전한 출세간법은 출가한 수행자에 의해 이어질 것이라고 하셨습니다. 그것이 부처님이 하신 말씀입니다.

찾는 것이 세간법인가, 출세간법인가

출세간법을 배우기 위해서 두 갈래가 있습니다. 하나는 소승이라고 불리고, 또 다른 하나는 대승이라 불립니다. 그것입니다. 그러므로 배우고 싶다면 먼저 물어봐야 합니다. "가르치는 게 무엇인가요?" 물어보아야 합니다. "당신은 어떤 갈래입니까?"

나는 매우 직설적입니다. 비즈니스 세계에 매우 오래 있어서, 성향이 매우 직설적이 되었습니다. 나는 내 인생, 내 시간과 여러분의 시간을 낭비하지 않습니다. 여러분 스스로 뭘 찾고 있는지 마음속에서 명확해야만 합니다. 그래서 나라면 묻겠습니다. 당신은 어느 갈래인가요? 불교에는 두 갈래만 있습니다. 소승과 대승입니다.

만약 "내가 오래오래 살 수 있는 방법을 보여줄 수 있어요."라고 말한다면, 그러면 바로 출세간법이 아님을 알아야 합니다. 그것을 배운다고 전혀 잘못된 건 없습니다. 그냥 여러분이 찾고 있는 목적과 일관성이 있는지를 보려는 겁니다. 그게 내가 해주려는 말입니다. (소승은 무엇이고, 대승은 무엇인가요?) 아주 좋습니다. 그 이야기를 할 겁니다. 이것이 바로 현재 이 세상에 존재하는 혼란입니다. 다들 불교를 안다고 말합니다. 그리고 거기 잘못된 점은 없습니다. 하지만 불교에서 사람들이 가르치고 있는 걸 우리는 '세속적 불교(Worldly Buddhism)'라고 합니다. 거기 큰 차이가 있습니다. 스님들 이야기를 잘 들어보십시오. 그리고 물어보십시오. 그건 출세간법(Transcendental Dharma)인가요? 세간법(Worldly Dharma)인가요?

출세간(出世間, transcendental)이란 윤회의 바퀴에서 탈출한다는 뜻입니다. 생사로부터 해방된다는 것입니다. 고를 끝내고, 안락을 얻는 것입니다. 더 이상 괴로움은 없습니다. 끝입니다. 예를 들어 무엇이 괴로움인가요? 머리카락이 너무 많고 길어요, 아니면 머리카락이 나처럼 너무 없어요, 그래도 마음이 거슬리지 않습니다. 그러면 고의 끝입니다. 괴로움은 여러분을 불행하게 하는 것들입니다. 어떤 것이든 여러분을 불행하게 하는 것이 고苦입니다. 그것이 남편이든, 아내이든, 자식이든 말입니다. 어떤 것이든 여러분을 슬프게 하는 것, 화나게 하는 것, 성나게 하는 것, 욕심나게 하는 것이 모두 고苦입니다. 그런데 출세간법을 수행하여 진정한 지혜를 열면 어떠한 괴로움도 없게 됩니다. 바로 불교가 그러합니다. 이 세상에서 불교만 여러분을 고의 끝으로 데려갈 수 있습니다. 정말 유감이지만 그건 불교에만 있습니다. 그 외에 아무도 그걸 어떻게 해야 하는지 알지 못합니다.

세간법世間法을 세속의 법이라 부르는 이유는 이 세상에 묶어두기 때문에 그렇습니다. 반대로 출세간의 세상이라 부르는 이유는 밖으로 벗어나서 자유롭게 돌아다닐 수 있게 해주기 때문입니다. 예를 들어 도교인들은 오래오래 살도록 가르쳐 줍니다. 맞죠? 그럼 무엇에 집착하는가요? 이를 세간이라 부르는 이유는 몸에 집착하고 있기 때문입니다. 몸은 집착의 하나입니다. 이해됐나요?

진정으로 모든 고에 끝을 내고 싶다면 출세간이어야 합니다. 이것이 지금까지 내가 말하고자 하는 전부입니다. 만약 출세간법을 찾고 있다면 물어보아야 합니다. 그리고 거기 연루된 사람들을 봐야 합니다. 무엇을 가르치고 있는지 살펴보아야 합니다. 출세간법인가 아니면 세간법인가? 소승과 대승이라는 이름에 속지 마십시오. 소승에도 세속적인 소승이 있고, 출세간 소승이 있습니다. 대승도 마찬가지입니다. 대승에도 세속적인 대승이 있고, 출세간의 대승이 있습니다. 지금까지 됐나요? 옷이 중요한 게 아닙니다. 제가 입고 있는 승복은 중국의 대승 승복이라고 합니다. 그러나 이 옷이 대승이라는 것을 말해주지는 않습니다. 옷이 사람을 대승으로 만들어주지 않습니다. 뭐라고 부르든 그건 중요하지 않습니다.

대승의 궁극적인 목표

소승, 대승, 출세간이라는 것은 여러분을 밖으로 데려가는 것, 즉 생사 그리고 고에서 해탈하는 것입니다. 소승에서는 아라한이 되거나, 연각緣覺(벽지불)이 되도록 가르쳐서 그렇게 합니다. 소승에서는 두 가지 선택이 있습니다. 아라한이 되든지 아니면 연각이 되는 것입니다. 그뿐입니다. 대승에서는 선택할 수 있는 게 몇 가지 더 있습니다. 소승에 가면, 예를 들어 베트남, 캄보디아, 태국, 미얀마, 스리랑카에 가면, 아라한이나 벽지불이 되는 방법을 배웁니다. 대승에 가면 아라한이나 벽지불도 가르쳐 줍니다. 그리고 대승은 그걸 넘어서 갑니다. 대승은 삼현인三賢人이 되는 방법도 가르쳐 줍니다. 그리고 어떻게 깨닫는지 가르쳐 줍니다. 이건 매우 전문적이고 복잡한 내용입니다. 그러니 그냥 선택할 수 있는 것이 더 많이 있다고 이해하면 됩니다. 마지막으로 대승의 궁극적인 목표는 여러분이 부처가 되도록 도와주는 것입니다. 대승에서는 성불(成佛, Buddhahood)을 이루는 것 외에는 그 어떤 것에도 만족하지 말라고 말해줍니다. 소승에 가면 어떻게 부처가 되어야 하는지 말해주지 않습니다. 소승에서는 할 수가 없습니다. 어떻게 부처님이 될 수 있는지 모릅니다. 대승에서는 "당신은 부처가 돼야 합니다."라고 말합니다. 이것이 궁극적으로 소승과 대승의 차이입니다.

대승의 가르침은 매우 간단합니다. "당신은 부처가 되어야 합니다." 명확한가요? 그것이 대승입니다. 여러분이 어느 사찰에 갔습니다. 그 사찰에서 "고를 끝내는 방법을 가르쳐 주겠다."고 말하면, "아! 좋네요. 저에게 어떻게 부처가 될 수 있는지 알려주실 수 있나요?"라고 물어보세요. 만약 "아니요. 부처가 되는 방법을 보여줄 수 없어요."라고 답한다면, "노 땡큐! 대승으로 가야겠어요."라고 하는 겁니다. 저는 그렇게 합니다.

소승은 여러분을 아라한이나 연각까지 데려가는 것이 전부입니다. 그 이상 알지 못합니다. 소승에서 사람들이 '성불'이라고 불리는 것이 있다는 것은 알고, '보살'이라 불리는 것이 있다는 것은 알지만, 어떻게 그걸 해야 하는지는 알지 못합니다. 정직한 소승의 스승들은 이렇게 말할 것입니다. "네 그래요. 그런

게 있어요. 하지만 우리는 모릅니다." 하지만 대부분은 "부처가 된다."는 말에 반감이 있습니다. 왜냐하면 소승에서는 그런 내용이 불교 문헌에 없다고 믿기 때문입니다. 대부분의 소승 사람은 팔리어 불교 문헌에 그런 설명이 없기 때문에 그건 불교가 아니라고 합니다. 그래서 그냥 무시되는 것입니다.

물론 소승의 사람들도 그런 걸 배웁니다. 부처님의 법이 팔리어로 쓰여있습니다. 그런데 팔리어 문헌 중 부처가 되는 방법이 쓰여있는 곳은 어디에도 없습니다. 그래서 사람들은 거기 결핍된 것이 하나 있다는 걸 알아차렸습니다. 하지만 그것을 무시하기로 선택합니다. 그리고 "아니, 거기 가지 마세요."라고 말합니다. 이것은 마치 천주교에서 신의 가르침에 대해서 논쟁하지 말라고 하는 것과 비슷합니다. "봐라, 논쟁하지 말아. 그냥 네가 몰라서 그러는 거야. 넌 알지 못해."라고 말하는 것이죠. 어떤 가르침을 반대하면 신성 모독이라고 하는 것이죠. 그것이 바로 무명無明의 성격입니다. 감히 자신의 무명을 쳐다보질 못하는 것입니다. 그것은 그냥 완전치 못한 겁니다. 성경에 완전하지 못한 정보가 많습니다. 알았나요? 그래서 사람들은 어떻게 하느님 가까이에 머무르면서 행복하고, 영생을 누릴 수 있는지 그런 것만 가르칩니다. 하지만 말해주지 않는 부분도 많습니다. 사실 영생이 영원하지 않습니다. 9백만 년입니다. 그건 아주 아주 긴 시간입니다. 하지만 불교에서는 그것도 아주 짧은 시간입니다. 모두 이해했나요? 소승, 대승이 어떤지 말입니다.

대승에서는 여러분에게 부처가 되어야 한다고 말해줍니다. 그것이 대승에서 주는 메시지입니다. 대승의 모든 스승은 여러분에게 부처가 되어야 한다고 말해야 합니다. 여러분이 부처가 되도록 훈련시킵니다. 예를 들어 이생에 부처가 되지 않는다 해도, 어느 방향인지 느낌을 갖는 겁니다. 조심해야 합니다. 목표를 정하지 않으면 다른 많은 이들처럼 여기저기 떠돌게 될테니까요. 그렇게 흘러 다니면서 어디로 갈지 모르는 겁니다.

소승에는 아라한과로 데려갈 수 있는 훈련이 있고, 그것은 고를 끝낼 것입니다. 그리고 대승처럼 성불로 데려갈 훈련도 있습니다. 소승으로 시작한다고 해서 잘못된 점은 없습니다. 그것도 좋은 길입니다.

대승을 수행하려면 많은 복이 있어야

대승에서 부처가 되는데, 성불로 가는 경로가 아라한을 통해서 갑니다. 이해됐나요? 부처님이 가르쳐주신 걸 소승과 대승으로 나눌 수 있습니다. 만약 어떤 분이 "나는 인내심이 없어요. 성불은 너무 멀어요. 기다리고 싶지 않아요." 하거나, 또는 "나는 결과를 볼 수 있는 그런 걸 수행하고 싶어요." 한다면, 부처님이 "당신과 같은 분은 소승을 수행해서 바로 이생에서 괴로움에 끝을 낼 수 있다."고 하는 겁니다. 그렇지만 만약 "부처가 되고 싶다." 그러면 그건 이번 한 생보다는 시간이 더 필요합니다. 이제까지 이해되셨나요? (저에게는 소승의 수행이 흥미롭게 들리는데, 대승보다 소승이 더 좋은 방법인가요?) 아! 아주 좋은 질문입니다. 미국에서 아주 흔히 물어볼 만한 질문이군요. 이분이 아주 좋은 질문을 했습니다. 아주 미국적인 질문이거든요. 이래서 미국인에게 법문하는 재미가 있습니다. 어떻게 답해야 할지 모르는 질문을 합니다. 아주 영리한 질문입니다. 내 대답은 "모른다."입니다. 너무 싫죠? 아닌가요? 내가 소승과 대승에 대한 주장을 펼치기 시작했는데, 이분은 "소승은 어떤가요? 나한테는 흥미롭게 들리는데. 대승보다 소승이 더 나은 방법인가요?"라고 묻는 겁니다. 그래서 나는 "모른다."라고 답합니다. 그건 정직한 대답입니다. 나는 모릅니다. 왜냐하면 한번도 소승의 스승 아래서 훈련받거나 수행한 적이 없으니까요. 내가 맞다 또는 아니다, 라고 대답한다면 거짓말이겠죠. 내가 할 수 있는 대답은 "모른다." 뿐입니다. 그게 사실입니다. 몰라요. 실망하게 해서 미안합니다.

미국인 양반! 어찌 됐든 당신 미국인들은 내가 뭐라 하든 상관없이 만족을 모르잖아요. 그러니까 대답은 "나는 모른다!"입니다. 그런데도 내 견해를 들어 보고 싶나요? 입증할 사실

이 없으니 난 모릅니다. 나는 내가 아는 것, 내가 믿는 것을 말해줄 수 있습니다. 그러나 입증 사실을 말해줄 수 없습니다. 그래도 괜찮나요? 나는 한 번도 태국에 가서 태국인들 지도를 받으며 수행한 적이 없습니다. 한 번도 미얀마에 가서 그 사다함 주지 아래서 수행한 적이 없습니다. 왜 안 해봤을까요? 난 여기서 선칠을 해야 합니다. 선택을 해야 합니다. 여기 있어야 해요. 그래야 목요일 밤에 어떤 미국인이 와서 재미있는 질문을 할 수 있으니까요. "여기 당신네들이 하는 대승보다 더 빨리 아라한이 될 수 있는 더 좋은 방법이 있는가요?"하고 물어봐야죠. 내가 날 쪼개서 미국, 파욱, 태국 여러 장소에 동시에 있을 수 없으니까요. 그래서 결정해야 합니다. 나의 결심은 믿음을 바탕으로 합니다. 이해되나요?

내가 믿는 내용들은 소승에서 사람들을 어떻게 수행시키는지 들었던 내용을 바탕으로 합니다. 거기서 사람들을 어떻게 수행시키는지 듣고 비교해 봅니다. 사찰은 어떻게 짓는지 관찰합니다. 어떻게 명상하는지도 관찰합니다. 어떻게 먹는지도 봅니다. 얼마나 자주 명상하는지 어떤 명상법을 사용하는지 관찰합니다. 내가 그것을 한 번도 수행해 보지는 않았지만 비교합니다.

나는 대승의 방법을 수행합니다. 그리고 소승의 이론을 대승 수행과 비교해 봅니다. 그것이 내가 아는 전부입니다. 그렇게 비교한 데서 하나는 대승이 소승보다 훨씬 더 빠르다고 느껴집니다. 이게 질문에 답이 되었나요? 그래서 내 개인적인 믿음은 "그렇게 믿지 않는다."입니다. 어느 날 소승이 더 나은 경우라면, 나는 그 즉시 거기로 가서 배울 거라고 장담합니다. 왜냐하면 나는 최대한 빨리 부처가 되고 싶기 때문입니다.

대승에는 소승을 대승으로 휙 바꿀 수 있는 법이 있습니다. 우리는 소승의 사람들을 도울 수 있는 많은 다르마가 있습니다. 아라한이나 연각(벽지불)은 거기 도착해서 정체합니다. 그래서 불보살님이 와서 말씀합니다. "당신의 성취는 훌륭하나 아직도 꽤 낮아요. 당신의 지혜는 아직 매우 한계가 있고, 신통력도 한계가 있어요. 이해에도 한계가 있어요. 당신이 해낼 수 있는 훨씬 더 좋은 게 많이 있답니다.

계속해서 수행해야 합니다. 그게 전부입니다. 시간문제예요". 사람들은 어리석지 않습니다. 불보살님이 나타나서 보여주면 눈과 마음을 열고, 인생에 있어서 아라한의 과위보다 훨씬 더 흥미로운 것들도 있구나, 라고 할 것입니다. 그건 자연스러운 일입니다. 그러니 걱정할 일이 아닙니다. 그래서 우리가 소승 수행도 권장하는 겁니다. 그것도 잘못된 게 하나도 없기 때문입니다. 그러고는 돌아서서 더 좋은 방법도 있다고 말해주는 것입니다.

화두, 돈오를 얻는 가장 강력한 방법

나는 진정으로 대승보다 여러분을 아라한이나 연각으로 데려
갈 수 있는 강력한 법은 없다고 믿습니다. 그런 것은 없다고 믿
습니다. 불가능합니다. 그런 건 없습니다. 왜일까요? 왜냐하면
대승 수행자들은 소승 수행자들보다도 훨씬 더 복이 많기 때
문입니다. 비교가 안 됩니다. 비유를 들어줄게요. 내가 누구를
모욕하고자 그러는 것은 아닙니다.

이건 마치 아프리카 어느 가난한 나라의 의료 환경과 미국
의 의료 환경을 비교하는 것과 같습니다. 비교가 안 되죠. 소승
의 복은 마치 아프리카의 가난한 나라에 사는 것과 같습니다.
대승의 복은 마치 미국에 사는 것과 같습니다. 명확한가요? 비
교가 안 돼요. 비교할 수 없습니다. 여기 우리는 채식 요리가
있습니다. 한국 김치도 있어요. 여기 이 절에요. 집에 가기 전
에 오늘 저녁에 한 번 먹어봐요. 가난한 나라에서는 이런 채식
요리를 먹을 수가 없습니다. 그렇죠? 내가 농담하고 있는 거
압니다. 하지만 복이란 사실 누군가에게는 있고, 다른 이들은
갖지 못하는 물질적인 것이라는 것을 알아야 합니다.

대승을 수행하려면 훨씬 더 많은 복이 있어야 합니다. 불행
히도 소승보다 훨씬 더 많은 복이 있어야 합니다. 복이 훨씬 더
많아야만 합니다. 그렇다고 복이 한정된 사람들이 불교를 수
행하길 원한다고, 안 된다고 말해줄 수는 없잖아요. "그러면 소

승을 수행하세요. 제가 알려줄게요."라고 말하는 것입니다. 그러는 동안 대승의 복도 좀 쌓으세요. 지금 대승을 설명하면 이해할 수 없기 때문입니다. 이해할 수가 없는데 군이 뭐하러 설명하겠어요?

대승에는 훨씬 더 빨리 고를 끝내고 안락을 얻을 수 있는 많은 법문法門이 있습니다. 예를 들어 대승에는 염불법문念佛法門이 있습니다. 다들 이것이 바로 대승의 법문임을 압니다. 이게 되니까 잘 알려져 있어요. 그게 아름답게 작동됩니다. 이게 잘 알려져 있고, 아주 많은 이들이 믿습니다. 그래서 이제는 티베트인과 소승에서도 염불을 가르칩니다. 하지만 그들은 부처님의 명호를 염불하는 방법을 모르기에 그건 출세간이 아닙니다. 대승에서 염불하는 방법을 훈련시킵니다. 소승에서는 염불할 수 있게 훈련하는 법문이 없습니다. 그러니 어떻게 염불을 가르칠 수 있겠어요.

소승의 수행자들은 삼매를 얻을 수 있지만 왕생을 얻을 수 있는 건 아닙니다. 우월한 정토법문은 다음 생에 부처가 되는 것이고, 정토에 간다면 그게 보장됩니다. 소승은 그러한 법문이 없습니다. 유감이지만 그런 법문이 소승에는 없습니다. 이 법문을 수행해서 정토에 가면 다음 생에 부처가 됩니다. 대승만 그것이 있습니다. 질문 없나요? 오늘 밤에 이 이야기뿐입니다. 질문이 더 없으면 저는 다 했습니다. 드디어 정해진 시간 안에 마쳤군요. 어젯밤은 법문이 3시간이었습니다. 매일 밤 2시간입니다. 오늘은 여느 때와 달리 1시간 안에 되는 겁니다. (대중 웃음) 질문이나 하고 싶은 말 있나요?

우리가 하는 선칠은 어떤 소승의 법보다도 훨씬 더 강력한 법입니다. 대승에 돈오(頓悟, Sudden Enlightenment)라고 불리는 것이 있습니다. 우리는 돈오에 대하여 가르칩니다. 소승에는 없습니다. 소승은 점진적 단계로 갑니다. 그런 식으로 아라한과에 도달하는 것이죠. 대승에서 아라한과는 그냥 이렇게요. (손가락 튕기는 소리) 그냥 이렇게요. (손가락 튕기는 소리) 그냥 그렇게 깨닫습니다. 그냥 이렇게 (손가락 튕기면서) 깨닫는 겁니다. 이를 돈오라 부릅니다. 그러니 어떻게 우리보다 더 빠르다고 주장할 수 있겠나요? (손가락을 튕기며) 우리는 이미 마쳤는데요.

화두는 돈오를 이룰 수 있는 아주 뛰어난 방법입니다. 그게 유일한 방법은 아니지만 유명한 방법 중 하나입니다. 반드시 대승에 노출될 필요도 없이 화두를 수행해서 깨닫는 겁니다. 아무것도 공부할 필요가 없습니다. 그런 이유로 나도 그걸 좋아했습니다. '와~ 이거 진짜 좋네! 아무것도 하지 않아도 되는구먼! 공부 안 해도 돼.' 대승에서 우리는 마음대로 삼매에 들어갈 수 있습니다. 맛있는 걸 먹으면서, 맛있는 김치 이야기를 듣고 입맛을 다시면서도 말입니다. 정定을 실행하는 데 많은 방법이 있습니다. 한계란 없습니다. 우리에게는 여러 가지 방법들이 있습니다.

여기 화두에 관한 이야기가 하나 있습니다. 그 이야기 들어보실래요? 옛날에 화두를 가르치는 아주 유명한 선승이 있었습니다. 그리고 그에게는 많은 제자가 있었습니다. 옛날에는 전통적으로 두 종류의 제자가 있었습니다. 일반 제자와 입실 제자가 있습니다. 입실 제자는 스승님의 방에 들어갈 수 있는 특별 출입권이 있고, 그 제자들은 특별한 도움이 필요합니다. 그 외에 많은 제자가 있는데, 일반 제자는 수행하는 자들이 수백 명이 있고, 큰 절에는 많게는 3천여 명에서 1만여 명의 제자가 있습니다. 때문에, 시간이 충분하지 못했습니다.

이 선승에게는 스승을 찾아올 수 있는 자격을 부여한 제자들이 있었습니다. "저는 스승님의 지도가 필요합니다. 스승님의 도움이 필요합니다." 그런 이들이 입실 제자입니다. 이 선승은 제자들에게 화두를 가르쳤습니다. "스승님, 스승님, 우리가 뭘 해야 하는지 가르쳐주세요." 선승은 제자에게 말합니다. "이리 와봐라. 내가 화두를 줄게." 스승은 여러 사람에게 여러 다른 화두를 전했습니다. 이렇게 그 선승에게는 화두를 행하는 고단계 수행자들이 있었습니다. 그리고 그 제자들은 깨달았습니다.

돈오의 법문

그 유명한 선승의 입실 제자 중 한 남자아이가 있었습니다. 내 생각에는 7살 정도 됩니다. 그 아이가 보기에 사형 스님들이 지도 사항을 위해 스승님을 찾습니다. 그 아이도 어느 날 약속을 잡고 스승님을 찾아갑니다. 그리고 방에 들어가 스승님께 삼배를 올립니다. "절 만나주셔서 고맙습니다. 스승님." 선승은 "내가 널 위해서 뭘 해주면 될까?"라고 합니다. 그 아이가 스승님에게 말합니다. "제발 절 가르쳐주십시오. 스승님. 스승님은 사형 스님들은 모두 가르쳤는데, 어째서 저는 가르치지 않나요?" 선승은 말합니다. "알았다. 널 가르치겠다. 그래. 오늘 내가 네 사형들에게 그랬듯 너에게도 화두를 주마. 여기 화두가 있다. 한 손에서 나는 박수 소리는 무엇이냐?(隻手聲)" 한 손으로 손뼉 칠 때, 그 소리는 어떤가요? 날 쳐다보지 마십시오. 여러분 스스로 생각해봐야 합니다. 한 손으로 손뼉을 치면, 그 소리는 무엇인가요? 그것이 화두입니다.

그 아이가 선승에게 절을 하고 나갔습니다. 다음 날 밤 스승에게 돌아왔어요. 스승에게 절을 하고 앉았습니다. 스승이 말하길 "어때?"라고 하니, 아이가 "불不"이라고 했습니다. 스승님은 말합니다. "아니야. 아니야." 아이가 "오호~"하고 말하고 나갔습니다. 다음 날 밤 아이는 다시 스승님에게 돌아왔습니다. 스승님을 만나서 세 번 절을 하고 앉았습니다. 스승님이 말하

209 •

길 "어때?"라고 하니 아이가 "케케케케케케"라고 했습니다. 스승님은 "아니야, 아니야."라고 했어요. 그 아이가 "알았어요"라고 말하고 나갔습니다. 세 번째 밤에도 돌아왔습니다. 아이가 절을 하고, 스승님이 "어때?"라고 물으니, 아이는 작은 종을 "뎅~"하고 쳤습니다. 스승님은 "아니야, 아니야. 틀렸어."라고 말했습니다. 아이는 매일 밤 스승님을 찾아와서 소리를 만들어냈습니다. 매일 밤 선승은 "아니야. 아니야. 틀렸어!"라고 답해줬습니다. 그 아이는 밤을 새워서 한 손으로 치는 손뼉 소리가 뭔지 생각해봤습니다.

일 년 내내 계속 그렇게 했습니다. 그렇게 1년이 지난 후 그 아이는 포기했습니다. 그리고 뭘 했는지 알아요? 스승을 떠났습니다. 그리고 중국 전역을 다녔습니다. '한 손으로 치는 손뼉 소리가 뭐지?' 바다에 가서 바다가 내는 소리를 모두 다 들어보았어요. 산을 올랐어요. 숲의 모든 소리를 들어 봤습니다. 도시도 가봤습니다. 도시의 모든 소리를 들었습니다. 한 손의 손뼉 소리를 알아낼 수 없었습니다. 그가 들어 본 소리 하나하나에 "아니야, 아니야, 아니야."라고 했습니다. 그는 돌아다니면서 밤낮으로 한 손으로 내는 손뼉 소리가 무엇인지 생각하면서 평생을 보냈습니다. 개가 짖어도 그는 쳐다보고 "아니야."라고 했죠. 그는 끊임없이 곰곰이 생각했습니다.

하루는 그 아이가 어른이 된 후 다시 스승님을 보기 위해 돌아왔습니다. 스승님에게 절을 하고 결가부좌로 다리를 꼬고 앉았습니다. 선승은 "어떤가?"라고 물었죠. 한 20년 동안 그 아이를 보지 못했습니다. 아이는 변했지만, 스승은 기억했습니다. 그리고 말했습니다. "스승님! 한 손 손뼉 소리를 들었어요." 선승은 그 아이를 쳐다보고 말했습니다. "그래, 그래, 그래." 선승은 그 아이가 깨달았음을 증명했습니다. "나는 네가 깨달았음을 증명한다." 이것이 화두입니다. (깨달았다는 것은 보살이 되었다는 것인가요?) 보살이 되었습니다. (염불도 화두가 될 수 있나요?) 그건 화두話頭가 아닙니다. 화두는 다릅니다. 화두는 수행하다가 아주 갑작스럽게, 예를 들어 20년 동안 헤매다가 거리에서, 산에서, 숲에서, 도시에서 어느 날 "와우, 그거구나!" 합니다. 이를 돈오頓悟라고 부릅니다. 이유 없이요. 거기 이유가 없습니다. 그래서 이를 '돈오의 법문法門'이라고 부릅니다. 소승에는 그런 게 없습니다. (화두를 할 때 결가부좌로 앉아야 하나요?) 도움이 될 겁니다. 결가부좌로 앉지 않으면 화두를 성취하기 어려울 겁니다. 오케이? 다른 사람 질문 있나요? 난 여러분들이 옳은 질문을 할 거란 것을 알기 때문에 먼저 물어볼 때까지 기다리고 있습니다. (선화 상인의 화두 지침은 무엇이죠?) 나는 선화 상인이 화두를 설명하는 방식을 좋아하지 않기 때문에 그 내용은 잘 다루지 않습니다. 나라면 그런 방식으로 하지 않을 겁니다. 그의 전문은 화두가 아닙니다. 그는 화두를 이해하지만, 나라면 그런 방식으로 가르치지는 않을 것입니다. 그게 너무 혼란스럽습니다. 나는 선화 상인의 화두 지침을 오래오래 읽어봤습니다. 그가 하고자 하는 말을 이해할 수가 없었습니다. 너무 혼란스러웠습니다. 만약 화두를 하고자 한다면, 나는 선화 상인의 화두 지침을 읽어보라고 권하지 않을 것입니다. 권하지 않겠습니다.

(질문자가 중국어로 물어본다.) 질문자가 중국어로 질문을 했는데, 화두에 관한 질문입니다. 화두는 정말로 잘 알려진 법의 문입니다. 높게 존경받고, 선 수행의 전설적인 한 형태입니다. 그리고 우월한 선의 법문 중 하나입니다. 그런데 대부분 성공하지 못합니다. 너무 어렵습니다. 사실 이게 매우 잘 알려진 이유는 정말 많은 이들이 깨달았다는 뒤에 깔려진 전설 때문이기도 하지만, 잘 알려진 진짜 이유는 따로 있습니다. 그건 탐심 때문입니다. 나도 그랬습니다. 수행하려면 나도 화두를 하고 싶었습니다. 왜일까요? 이생에 깨닫고 싶었기 때문입니다. 그렇게 탐심으로 수행하면 곤란에 처할 것입니다. 그런 탐하는 마음을 갖고 있다면 성공하지 못할 것입니다.

다음 세대에 지혜의 빛을 전하는 것

당시 무슨 일이 있었는지는 모르겠습니다. 나는 그냥 선화 상인이 화두를 가르치는 방식을 좋아하지 않습니다. 나에게 그게 너무 혼란스럽게 보였습니다. 처음 시작했을 때도 그랬지만, 지금도 그게 혼란스럽다고 느낍니다. 나는 그게 화두 수행하는 방법을 학생들이 이해하는 데 도움이 되지 않는다고 여깁니다. 선화 상인이 설명하는 방식으로는 안 됩니다. 그게 그가 가르치는 방식 중 내가 의견 차이를 가진 몇 가지 안 되는 것 중 하나입니다. 내가 선화 상인에게 동의하지 않는 아주 흔치 않은 것 중 하나입니다.

(화두는 반드시 깨달은 스승에게서 받아야 하나요?) 아니요. 반드시 그렇지는 않습니다. 깨닫지 않은 스승이 어떤 이에게 화두를 전하고, 그 화두를 수행해서 스스로 깨달을 수 있습니다. 스승이 필요하지 않습니다. 그래서 이게 증명이 안 됩니다. 이게 요즘 화두의 문제입니다. 어떤 스님이 대만에 가서, 뉴욕에 가서 화두를 합니다. 전통적으로 화두는 깨달은 스승이 가르칩니다. 그리고 선칠 마지막에 제자에게 들어오라고 해서 인터뷰(선문답)를 합니다. 그리고 스승님은 말합니다. "그래. 뭘 얻었나? 뭘 배웠나?" 그러면 그 제자가 "어쩌구~ 저쩌구~"라고 말하겠죠. 그럼 스승님이 "얘야, 내년에 다시 오너라."하는 겁니다. 아직 아무것도 얻지 못했으니, 다음에 또 와요. 그리고 다른 제자가 또 방에 들어가서 인터뷰하며, "어쩌구~ 저쩌구~"라는데, 스승님이 "아! 아주 좋아."하고 증명합니다. 이것이 전통적으로 화두가 수행되는 방법입니다.

요즘 화두를 하는 많은 사찰에서 아직도 그 인터뷰(선문답) 과정을 거칩니다. 그런데 알고 보니 그 법주, 주지 또는 거기 스승이 깨닫지 못한 겁니다. 그래서 참여자를 증명해줄 수 없습니다. 그런데도 그 과정을 하는 겁니다. "아 좋아요! 내년에 다시 와요.", "잘했어요, 다음 해에 또 오세요." 아무도 증명되지 않은 겁니다. 그냥 의식 절차일 뿐입니다. 아무런 의미도 없습니다. 예전에 인터뷰(선문답)는 제자를 증명받게 해주려고 고안되었습니다. 그것이 전체의식의 한 부분이었습니다. 요즘은 더 이상 증명해 줄 수 없습니다. 요즘 승려가 말하기를 "내 법을 너에게 전한다."라고 합니다. 그런데 제자는 스승이 전하려는 법이 뭔지 모르고, 그 스승도 모릅니다. 그래서 요즘 선종에서는, 베트남뿐만 아니라 중국에도 대만에도 전법 의식이 있는데, 아무 의미가 없습니다. 왜냐하면 그 전하고 있는 법주法主가 깨닫지 못했기 때문입니다.

전한다는 의미는 빛을 전하는 것이고, 다음 세대에 지혜의 빛을 전하는 것입니다. 그래서 깨달은 선승은 제자가 방으로 들어왔을 때, 제자가 선승에게 절을 했을 때, 그 제자가 깨달았다는 것을 이미 압니다. 스승이 방에 앉아서 제자가 들어오는 걸 봤을 때, 스승님이 "와우! 이거다."라고 합니다. 절을 할 필요도 없습니다. 스승은 이미 압니다. 말할 필요가 없습니다. 무상無相입니다. 깨달음은 상相이 없습니다.

사람들에게 보여주려고 그런 걸 하는 게 아닙니다. 이건 단지 선승과 제자, 두 사람 사이의 일입니다. 다른 어떤 이를 위한 게 아닙니다. 이를 심전(心傳, mind-to-mind transmission)이라고 부릅니다. 마음에서 마음으로 전합니다. 그건 누구도 볼 수 없고, 보게 되어 있지 않습니다.

　예전에 전통적으로 등燈을 전하는 것은 아무도 없는 데서 했습니다. 누구도 이걸 목격하게 되어 있지 않습니다. 오직 두 사람, 선사禪師들 사이의 일입니다. 그뿐입니다. 그건 여기 옆에 베일리 길에서도 일어날 수 있습니다. 선사가 그를 보고, "아~ 이거야!" 이렇게 델마 해물탕집에서도 일어날 수 있는 일입니다. 식당에 걸어 들어가서 누군가를 쳐다보고, "음~" 하는 그 겁니다. 그러니 요즘 하는 것은 선이 아닙니다. 그건 쇼입니다. 그래서 그 스승님이 20년 후에 제자를 보고, "와우! 아주 좋아". 그것이 화두입니다. 알았나요?

선사는 제자를 세세생생 보살핀다

(스승과 제자의 문답은…) 스승에게 물어볼 수 있는 겁니다. 묻고 싶은 방법이 뭐든 물어볼 수 있습니다. 그런데 내가 물어볼 수 있다고 했지, 스승님이 반드시 대답해 줄 거라고는 하지 않았습니다. 미국인들은 와서 묻고 싶은 건 아무거나 다 물어봅니다. 하지만 그건 내가 모든 질문에 답한다는 것은 아닙니다.

그 질문에 대한 대답은…. 제자가 가르침을 받을 자격이 있을 때 가르침을 받을 것입니다. 이해되나요? 스승이 제자를 가르친다는 것은 그 스승이 제자에게 호의를 베풀고 있음을 뜻합니다. 그러니 배울 자격이 되면 스승이 언제가 그 제자를 가르칠 것입니다. 제자가 아직 배울 자격이 안 되면 스승은 무시할 것입니다. 예를 들어 내가 어떤 분에게 내 스승님께 뭘 물어봐 달라고 했습니다. "내 빨간색 사리는 무슨 뜻인가요?" 그랬더니 스승님은 "흥!" 했습니다. 하하하. 그럼 어떻게 할까요? 내가 배울 자격이 없는 것입니다. 그래서 나는 입을 다물었습니다. 그럼 내가 가서 알아내야 하는 것입니다. 그리고 그것도 스승님의 가르침의 한 부분입니다.

어떤 때에는 스승님이 답해 주지 않는 것도 가르침입니다. 그러니 울지 마세요. "마스터가 날 안 좋아해. 흑흑. 어떤 제자에게는 답하면서 나에게 한 번도 답하지 않으서. 마스터는 나한테 불공평해!", "남학생은 좋아하고, 여학생은 안 좋아해!" 그런 건 없습니다. 가르침을 받아야 할 때가 되면 가르쳐 줄 겁니다. 그 전도 후도 아닙니다. 그럼 뭘 해야 할까요? 스스로 배울 자격이 되도록 만드세요. 맞나요? "나 가르쳐 주세요."라고 말하지 않습니다. 그렇게 묻는 건 매우 미국적인 겁니다. 아주 미국적이에요. 대학교에 가서, 발을 책상 위에 올리고, 나를 좀 가르쳐 봐. 그리고 머리를 흔들고 다리를 떨고, 선생님이 설명을 시작하면, 흔들면서 "와우, 이거 지루하네."라고 합니다. 여러분이 동네 선생님에게 가서 그렇게 한다면, 아마 패줄 겁니다. (대중 웃음) 나는 베트남인이라서 매우 부드럽습니다. 난 절대로 그렇게 하지 않습니다. 나는 겁쟁이라서 고소당할까 무섭습니다. 이게 헛소리가 아닙니다. 선사와 제자의 관계는 매우 개인적이고, 아주 친밀한 관계라는 걸 이해해야 합니다. 남편과 아내, 아버지와 아들의 관계보다도 훨씬 더 깊습니다. 훨씬 더 깊습니다. 왜 그런지 아나요? 왜냐하면 선사는 제자들을 세세생생世世生生 보살피기 때문입니다. 그게 나의 스승님 선화 상인께서 하신 말씀입니다. "나에게 귀의하면 네가 먼저 부처가 될 때까지 나는 부처가 되지 않겠다." 그게 그런 의미입니다. 그것이 바로 선禪입니다.

사람들은 이렇게 생각합니다. 불쌍한 미국인은, 미국인이 그래서 불쌍합니다. 미국인이 이렇게 묻습니다. "마스터! 가르쳐줘요." 그런데 마스터가 말하길 "너는 멍청해(you stupid)!"라고 합니다. 그러면 미국인들은 "마스터가 날 안 좋아해. 마스터가 날 좋아하지 않아, 다른 데로 갈 거야!"라고 합니다. 그 미국인은 이해하지 못한 겁니다. 가르쳐 주지 않는 그게 바로 가르침입니다. 내가 답하지 않는 걸로 다른 어떤 걸 답해 준 것입니다. 이해했나요? "그것이 중요한 게 아니고, 다른 어떤 게 더 중요하다."는 말입니다. 그런 가르침입니다.

나는 해결해야 할 더 긴급한 문제가 있습니다. 사리의 빨간색이 무슨 뜻인지 고민할 필요가 뭐가 있습니까. 이제 이해되나요? 선 공부하는 학생 여러분, 이해됐나요? 지금 당장 필요성과 상관도 없는 일을 걱정하면서 뭘 하는 건가요? 바로 그런 가르침입니다. 아직 필요불가결한 일이 아니라면 걱정하지 않는 겁니다. 그런 뜻입니다.

여러분과 같은 미국인이 날 찾아와서 "마스터! 이걸 알고 싶어요"라고 말합니다. 내가 "뭐 하려고?"라고 말하며, "그게 당장 너한테 어떻게 도움이 되니?"라고 합니다. 그러면 "왜냐하면, 내가 알고 싶으니까요. 말해주지 않으면, 스님은 좋은 스승이 아닙니다." 이렇게 말합니다. "사실은 네가 좋은 학생이 아니다. 내가 매우 좋은 스승이다." 그게 가르침인 겁니다.

선禪은 아름답습니다. 가르침이 매우 아름답고, 흥미진진합니다. 선과 관련된 온갖 일화와 선사禪師의 가르침을 읽어보면 이런 온갖 종류의 다양성이 있습니다. 때가 되면 가르쳐줄 것입니다. 시간을 낭비하지 마십시오. 알았나요? 이제 시간이 다 되었네요. 질문은 그만하고, 잠깐 쉬고 명상하겠습니다.

2014.1.12.

참회법 懺悔法

굿모닝 여러분. 오늘 아침은 월말 대비참 大悲懺● 이 있었습니다. 우리는 참회할 때 주로 이 대비참법을 사용합니다만, 여러분에게 말씀드렸듯이 다른 참회법도 하게 될 겁니다. 예를 들어 약사참법, 그리고 다른 여러 참회법을요. 왜 여러 참회법을 할까요? 왜냐하면 참회법이 우리 모두에게 매우 중요하기 때문입니다. 우리가 참회해야 하는 이유는 탐진치로 인해 많은 실수를 저지르기 때문입니다. 그리고 탐진치의 본질로 인해서 우리는 죄를 많이 지었습니다. 이런 죄를 참회하지 않으면, 죄

● 대비참은 '천수천안대비참법'의 짧은 이름이며, 우리나라 『천수경』과 내용이 아주 유사하다.

가 우리를 덮칠 것이고, 우린 추락할 것입니다. 비유하자면, 마치 죄의 수위가 높아져서 물에 잠기게 되는 것과 같은 것입니다. 그래서 그걸 이해한다면 규칙적으로 참회하는 것이 매우 중대한 일이라는 것을 믿게 됩니다. 월말까지 기다리지 마십시오. 한 달의 끝은 참회하기에 매우 효과적인 시간입니다. 하지만 매일매일 참회하는 것이 좋습니다. 가능하다면요. 알았나요?

실수를 저질렀다는 것을 인지했을 때, 참회하는 것이 좋습니다. 월말에 절에 와서 참여하는 이 다르마, 이 특정한 다르마는 모든 업죄業罪를 소재하는 데 매우 효과적입니다. 그래야 이런 죄로 인한 업보를 겪지 않게 됩니다. 계속 규칙적으로 참회하다 보면, 얼마나 진심인지에 따라서 죄가 사라질 때까지 점점 줄어들게 될 것입니다. 특히 절에 올 때, 참회에 더 진심일수록 더 많은 업죄業罪가 지워질 것입니다. 여러분의 병, 질병이 줄어들 것입니다. 특히 눈치챘는지 모르겠지만 여기 절에 요즘 훨씬 기氣가 강합니다. 그렇죠? 한번 좀 폭넓게 생각해 보면 결국 그 이유를 이해하게 될 것입니다. 기운이 전보다 훨씬 더 강해졌습니다. 그래서 여기 오면, 특히 이 참회법은 여러분이 와서 익명으로 참회할 수 있게 해줍니다. 여기 절에 오는 사람들만 여러분을 알아보고, 아무도 여러분의 이름을 모릅니다. 그래서 내가 이걸 "익명의 참회"라고 부릅니다. 예를 들어 오늘 열두 명이 참회하고 있는데, 이름은 비밀로 남을 겁니다. 그러니 질문할 때, 이름은 말하지 말아 주세요. (웃음) 특히 오늘은요. 알았죠? 이게 우리의 비밀로 남는 겁니다. 온라인에 있는 사람들도 포함해서요. 아무것도 말하지 맙시다.

진심으로 참회하면 모든 업죄 비워진다

일반적으로 참회가 더 공개적일수록 더 진실인 게 보입니다. 그렇죠? 더 많은 사람이 알수록, 여러분은 더 진심이겠죠. 참회하러 오는데, 모두 쳐다보면서, "아내 몰래 바람피운 사람이네."라고 한다고 상상해보십시오. 아무도 감히 공개적으로 참회하려고 하지 않습니다. 그래서 이런 익명의 대중 참회를 생각해내야만 했던 겁니다. 불보살님들은 우리가 모두 자신들 (불보살님들)에게 참회할 수 있는 이런 다르마를 만들어냈습니다. 나한테 와서 참회하는 게 아니라요. 알았나요? 나한테 하는 게 아닙니다. 그건 효과 없습니다. 불보살님들에게 참회하면 효과가 아주 좋습니다. 여기에 대해서 질문 있나요?

이게 대승 수행의 아름다운 점입니다. 이 방식이 매우, 매우 균형이 잡혀 있습니다. 참회법은 대승의 특별한, 아주 특별한 다르마로, 제대로 실행하면 여러분 스스로 업을 지울 수 있는 그 궁극적인 지점까지 가게 됩니다. 알았나요? 여러분이 진심이라면, 진정으로 진심이라면, 절 한 번만으로도 모든 업죄를 지울 수 있습니다. 어떤 종류의 업죄라도, 쿵푸(수행의 힘)만 있다면 말입니다. 이것이 바로 대승에서 말하는 마음을 비우면 그때 모든 업죄도 비워진다, 지워진다는 뜻입니다. 알았나요? 이걸 이해하려고 노력하지 마십시오. 여러분 중 누구도 그런 단계는 안 됩니다. 날 믿으십시오. 거기 도달하면, 내가 지금 말하고 있듯, 절 한 번만으로 모든 업죄가 지워집니다. 어떤 종류의 업죄이든 말입니다. 알겠죠? 이에 대해서 질문 있나요?

그리고 나는 다음부터 우리가 이걸 좀 더 준비해봤으면 합니다. 앞으로 점점 더 많은 사람이 올 거로 생각합니다. 더 많은 사람이 함께 수행하려고 올 거라서 더 잘 준비해야 합니다.

사람들은 나는 마스터니까 참회할 필요가 없다고 생각하는 듯 보입니다. 나도 여러분처럼 참회해야 합니다. 왜냐하면 나도 여러분과 똑같이 여전히 미혹하기 때문입니다. 아직도 업을 많이 짓습니다. 예를 들어 보겠습니다. 내가 법상에 있고, 여러분이 알다시피 규칙적으로 절에 오는 사람들이 앞줄에 있습니다. 그분들이 꽃을 모으고, 향을 모아서 넣는 걸 배우면 좋겠습니다. 그러면 저기 서 있는 스님은 하지 않아도 됩니다. 스님 다음 줄에 있는 사람이 그걸 하는 겁니다. 돌아가면서 해서도 됩니다. 저 스님은 도와줄 사람이 있으면 하지 않는 겁니다. 알았나요? 준비를 조금 더 해서, 제대로 되도록 말입니다. 아직도 여러 가지가 완전히 맞지 않지만, 나는 인내심이 있습니다. 그러니 괜찮습니다. 이게 부드럽게 진행될수록, 스님들이 하는 일에 더 집중할 수 있습니다. 몇 분은 방송 준비를 도와주면 어떨까 합니다. 방송 장비가 잘 작동하는지, 제자리에 있는지 확인할 수 있습니다.

　지난 주말은 긴 주말이었습니다. 아주 바쁜 주말이었습니다. 일요일에…. 현계! 오늘 여기 있을 텐데…. 그가 명상에 대해서 이야기를 하러 나갔습니다. 우리도 이제 지역사회를 위해 더 많이 참여하고 있습니다. 그는 거기서 우선 선禪이라고 불리는 명상 브랜드를 설명했습니다. 정확히는 조사선입니다. 그리고 아주 잘 마쳤습니다. 그렇죠? 피곤하고, 새로운 경험이었죠? 그런 혼돈 속에서 반듯한 얼굴을 유지한다는 것이 그렇습니다. 사실 우리가 그걸 페북에 올렸습니다. 그 즉시 현계에게 팔로워가 한 명 생겼습니다. 그리고 그 사람이 바로 질문을 하나 올렸죠. 현계, 그 질문 봤나요? (아니요.) 그 사람이 말하길, 그게 좀 이상한 질문이었습니다. 그 정확한 문장은 모르겠지만, 길고 긴 질문이었습니다. 그 질문의 요지는 도를 가르치는 지도자가 대부분은 아니더라도, 많은 수의 지도자가 추종자들을 향한 큰 성욕이 있다는 이야기였습니다. 그게 남자든, 여자든, 동성애자든 관계없이 말입니다. 그런 질문이었습니다.

그건 전혀 불교가 아니다

나는 현계가 직접 답하기를 며칠 기다렸는데, 답을 하지 않더 군요. (웃음) 3일 동안 생각을 해봤습니다. 내가 뭐라고 답할지에 대해서 생각한 게 아니라, 제자가 뭐라고 말할 것인지에 대해서요. 그런데 그는 끝까지 침묵으로 일관했는데, 나중에 들으니 그 질문에 대해서 몰랐다고 했습니다. 그래서 내가 어제 대신 답했습니다. 질문에 답하기를, 그건 그냥 도를 가르치는 그런 선생님들이 아직 도를 이루지 못했기 때문이라고 했습니다. 그래서 여전히 성적 관계, 성적 욕망에 갇혀있는 것입니다. 솔직히 말해서 나는 출가 후 명상 지도자들을 보고 크게 실망했었습니다.

구족계를 받은 후, 나는 법을 가르쳐줄 스승을 찾아다녔습니다. 그리고 산호세 교외에서 있었던 3일 동안의 특별수련에 보내졌습니다. 그건 내가 구족계를 받은 바로 다음 주였습니다. 나는 매우 행복했습니다. 그래서 그 산속 집중 수행에 참여하기 위해서 산호세까지 운전해서 갔습니다. 그리고 나는 오전을 버티지 못했고, 거기서 도망쳐야 했습니다. 정말 역겹게 느껴졌습니다. 그곳은 성욕이 너무 많았습니다. 그건 도가 아닙니다. 남자들과 여자들이 서로 바라보면서, 노래를 부르고 그랬습니다. 나한테는 그게 완전히 역겨웠습니다. 그래서 많은 일반인에게, 이런 사람들이 매우 인기가 있습니다. 그리고 많은 사람이 그런 것을 불교의 평균적인 스님이라고 믿습니다. 그건 그렇지 않습니다. 전혀 불교가 아닙니다. 그래서 나에겐, 그런 종류의 도량은, 그곳의 지도자는 아직 도를 이루지 못했다는 것이 분명합니다. 아직 도를 이루지 못했습니다. 그래서 아직도 사랑과 욕망의 그물에 걸려있습니다. 알았나요? 좋습니다. 다른 질문이나 하고 싶은 말 있나요? 그 사람들은 불교가 사람들의 입맛에 더 잘 맞도록 만드는 역할을 합니다. 하지만 내가 느끼기에는 그런 행위를, 특히 스님들 사이에서, 독려할 필요가 없다고 봅니다. 그건 불교를 파괴하는 일입니다. 그런 행위로 인해 재가인이 신심을 잃게 만들기 때문입니다.

몇 년 전 나에게 믿음을 잃은 한 젊은이가 있습니다. 그는 내가 욕심이 많고, 너무 욕심이 많다고 느꼈기 때문입니다. 출가자들은 비난을 피할 수 없는 매우 어려운 위치에 있습니다. 비난을 감당하지 않으려고 하면, 사람들은 출가자에 대한 믿음, 스님들이 전하는 법에 대한 믿음을 잃게 될 것입니다. 사람들이 그렇게 하는 건 당연합니다. 비난받을 여지조차 없어야 하는 것이 우리 출가자입니다. 그것이 출가자의 한 측면입니다.

자기 자신에게 진실한 것이 중요하다

이런 이야기를 하는 까닭은 내가 출가자이기 때문입니다. 그리고 출가자로서 이렇게 내 생각을 말하는 이유는 젊은 세대를 돕기 위해서입니다. 스승을 찾고 있는데, 그 스승이 제자들과 성적인 관계가 있다면, 그런 스승은 따르지 마십시오. 그 스승은 혼란 상태에 있습니다. 그것이 내가 하고 싶은 말입니다. 그것은 젊은 비구와 비구니들을 위한 나의 조언이기도 합니다. 주의를 기울여야 합니다. 알았나요? 내가 지금 이렇게 말해서, 몇몇 어른 스님들이 불쾌하게 생각할 수 있습니다. 하지만 나는 다음 세대를 도우려고 하는 겁니다. 우리가 목소리를 내지 않으면 다음 세대는 어떤 사람이 유명하고, 돈이 많다는 이유로, 그 사람을 따르는 것이 적절하다고 생각할 것입니다. 그건 우리가 출가하는 이유가 아닙니다.

처음 시작했을 때 나도 큰 절과 많은 신도가 있어야 한다고 생각했습니다. 후에 그건 그리 중요치 않다는 걸 깨달았습니다. 자기 자신에게 진실한 것이 중요합니다. 그것이 도道이며, 바르게 수행하는 것입니다. 여러분이 스님이라면, 그리고 여전히 큰 절을 원한다면, 아직도 탐심이 있는 것입니다. 승려가 유명해지기를 원한다면, 유명해지고 싶다면, 아직도 욕심이 있는 것입니다. 제자가 많았으면 한다면, 그건 아직도 탐심입니다. 그건 필요하지 않습니다. 예를 들어 인도에 한 외도자가 있습니다. 그는 육정六塵입니다. 헌신적인 백인 여성과 남성 제자들에게 둘러싸여 TV에서 자신을 떠벌렸습니다. 자기가 백만 명의 제자가 있다고 말합니다. 그는 육정인데, 백만 명의 제자가 있습니다. 내가 말해줄 수 있는 건, 나의 사부, 선화 상인은 백만 명의 제자가 없습니다. 내 생각엔 없습니다. 아마도 몇십만 명은 될 수 있습니다. 하지만 백만 명은 아닙니다. 선화 상인은 자기 제자들에 대해서 절대 자랑하지도 않습니다. 그리고 선화 상인의 제자들은 그 인도인 선생, 인도인 그루보다도 단계가 훨씬 높습니다. 이건 지혜에 대한 이야기입니다. 불교는 지혜에 관한 것입니다. 지혜가 있으면 더는 탐하지 않습니다. 명성과 이윤에 더는 관심이 없습니다. 그것이 불교입니다.

많은 신도가 있고, 돈이 많고, 큰 절을 갖는 것은, 그것은 불교가 아닙니다. 그것은 잘못된 것입니다. 나는 왜 요즘 사람들이 큰 사찰 짓는 걸 재촉하는지 모르겠습니다. 이해가 안 됩니다. 특히 젊은 비구, 비구니 스님들 말입니다. 내가 아는 30대 베트남인 비구 스님이 있습니다. 벌써 절이 3개나 있습니다. 뭘 위해서인가요? 내가 보기에는 그 사람은 애욕에 갇혀있습니다. 나는 제자들이 애욕을 감당할 수 있을 때까지 절을 갖길 원하지 않습니다. 제자들이 사랑과 욕망을 감당할 수 있다? 나는 그에게 절을 줄 겁니다. 내가 돈이 있다면요. 아마 절대 그런 일은 없겠지만요. 사랑과 욕망을 정복하지 못했는데, 절을 갖게 되면, 추락하기 아주 쉽습니다. 질문이나 의견 있나요? 없다면 그럼, 여기까지만 하겠습니다.

(오! 방송 장비를 완전히 준비해놓지 못한 일에 대해서 참회하려고 했습니다. 저번에 프로젝터도 제시간에 세팅하지 못했습니다. 사람들도 제대로 정리하지 못하고 있습니다. 이런 임무들을 통해서 사람들이 주는 도움을 잘 조율해야 하는데요.) 오! 이건 오래오래 있었던 일입니다. 오늘만의 일이 아닙니다. 현계! 괜찮습니다. 완전히 괜찮습니다. 일손이 부족하기 때문입니다. 특히 작년에 더 중요한 걱정거리가 많았습니다. 그래서 나는 이게 전혀 문제가 아니라는 것을 이해합니다. 그런데 여러 일들이 변하고 있고, 우리에게 시간도 더 생깁니다. 그리고 더 많은 사람이 오고 있습니다. 그래서 더 잘 준비하자고 제안한 것입니다. 그뿐입니다.

다르마에 기여하는 것을 주저하지 마세요

나는 사람들이 자신이 참여하고 있고, 변화를 함께 만들고 있다고 느낄 기회를 주는 게 매우 중요하다고 여깁니다. 사람들이 더 많은 경험이 있고, 더 많이 아는 위치에 있어서, 기회가 있을 때, 기여하고 도움을 줘야 한다고 느껴야 합니다. 원래 그래야 하는 것입니다. 나는 참을성이 많습니다. 물어볼 적절한 때를 기다리는 겁니다. 이제 우리가 더 잘 체계를 잡을 때가 왔습니다.

이제 마무리 짓도록 하겠습니다. 작은 팁을 드리자면, 이건 내 개인적인 경험입니다. 여러분이 다르마에서 얻을 수 있는 건, 다르마를 위해서 기여하는 것에 비례합니다. 다르마에 더 많이 투자할수록, 더 많이 기여할수록, 더 많이 얻을 수 있습니다. 더 많이 이룰 수 있습니다. 그래서 나의 조언은 여러분이 투자하길 원하는 다르마를 골라서 투자하는 것입니다. 투자입니다. 그러면 그 결과를 보게 됩니다. 그래서 대승에서는 법회에 오는 사람들을 위해서 제일 먼저 가르치는 것이 보시행입니다. 알았나요? 내 개인적인 경험은 늘 그래왔습니다. 선화 상인의 법을 접하기 전, 나는 자선 단체에 적지 않은 금액을 기부했습니다. 자선사업에 중요한 일을 한 것은 그것이 처음이었습니다.

나는 그게 자랑스러웠습니다. 큰 공덕이었습니다. 그 덕분에 선화 상인의 법을 접하게 되었습니다. 나는 단지 자선사업만 하고 싶었습니다. 그런데 그것이 내 인생을 바꿨습니다. 그 후 나는 실수를 했습니다. 나는 단지 선화 상인의 다르마를 수행하고 싶었을 뿐이었습니다. 그리고 생각했습니다. '이 스님은 굉장하네. 그 정도면 우리를 정토까지도 데려다줄 수 있는데, 왜 절 주변에서 일하면서, 바닥을 쓸고, 법당 청소하는 데 시간 낭비하는 걸까. 그럴 시간이면 명상하는 게 훨씬 더 유용할 텐데.' 그런데 그것이 큰 실수입니다. 나는 여러분이 그와 같은 실수를 하지 않길 바랍니다. 법을 배우고, 법에 기여할 때, 바로 그 법을 닦을 수 있는 공덕을 짓습니다. 그러니까 절에서 요리하고, 절에서 할 수 있는 모든 방법을 동원해서 주변을 돕는 겁니다. 알았나요? 여러분이 절을 돌봄으로써 다른 이들이 먼저 수행할 수 있도록 돕습니다. 여러분 각자 여러 가지 일을 함으로써, 사람들이 절에서 수행할 수 있도록 돕는다는 말입니다. 그래서 수행할 때가 되면, 다른 이들이 여러분을 돌봐줄 것입니다.

내가 지금 선칠을 개최할 수 있는 이유는 예전에 기여했기 때문입니다. 그것이 내가 지금 여기 앉아 있을 수 있는 이유입니다. 내가 여기 하루 24시간 앉아서 아무것도 하지 않고 있는데, 절이 괜찮습니다. 다른 사람들이 절을 위해서 일하고 있기 때문입니다. 기여하는 것을 주저하지 마십시오. 돕는 걸 두려워하지 마십시오. 최선을 다하세요. 최선을 다해서 도움을 보태 보십시오. 그러면 그것이 다르마를 이루는 방법입니다. 좋습니다. 오늘은 여기까지 하겠습니다. 2013.1.27.

약사
부처님

굿모닝. 우리 약사 불법 법회에 오신 것을 환영하고, 감사드립니다. 아직 비가 오지 않아서 다행입니다. 비가 왔으면 불편했을 겁니다. 약사불은 석가모니 부처님이 우리 세상에 가져온 중요한 부처님들 중 하나이고, 다르마입니다. 다른 부처님들과 마찬가지로 약사 부처님도 대승을 행함으로써 부처가 되었습니다. 약사 부처님은 보살도에 있을 때 서원을 많이 세웠습니다. 그것이 대승의 한 부분입니다. 대승과 소승불교의 엄청난 차이점은 대승에서는 세세생생 서원을 많이 세우는 습관이 있다는 점입니다. 그리고 서원은 크면 클수록 더 좋습니다. 여러분의 서원이 더 클수록 더 빨리 부처가 됩니다. 알았나요? 그것이 비밀입니다. 만약 여러분이 겁나서, 예를 들어, "음….

내가 할 수 있는 서원 몇 개만 세워야겠다."라고 한다면, 아마도 소승에서처럼 아라한이 될 것입니다. 대승에서 우리는 매우 비합리적입니다. 실현 가능성이 없는 서원을 세웁니다. 알겠죠? 그것이 무슨 뜻이냐면 세세생생 그 서원에 따라서 더 멀리 가려고 노력한다는 것입니다.

그와 마찬가지로 우리는 그냥 모든 부처님들이 앞서 했던 것처럼 똑같은 걸 하고 있을 뿐입니다. 특히 약사 부처님은 12가지 대서원을 세웠기 때문에 부처가 되었습니다. 십이대원十二大願입니다. 그리고 각각 서원에서 말하길, "나는 이 서원이 이뤄질 때까지 부처가 되지 않을 것이다!"라고 원을 세웠습니다. 그래서 약사 부처님은 불도를 이루기 위해서 이런 12가지 큰 서원을 갖고 있다고 했습니다. 그런데 그의 이런 12가지 큰 서원은 우리와 연관이 있습니다. 왜냐하면 이런 대서원들은 중생을 구할 수 있는 인연을 만드는 데 도움이 될 서원이기 때문입니다. 특히 이러한 서원 대부분은 약사 부처님이 보살도를 수행할 때 필요성으로 인해 생겼습니다. 약사 부처님은 수행하는 동안 그를 후원하려고 찾아온 사람들이 있었다는 걸 깨달았습니다. 중생의 후원과 도움 없이 그가 불도를 이루는 것은 불가능했을 것입니다. 알았나요? 그는 그걸 기억합니다. 그래서 약사 부처님이 말하길, "이런 중생들 덕분이니, 다시 돌아와서, 이런 중생을 모두 구할 것이다."라고 서원했습니다. 그래서 그의 서원에 따라서, 그는 사바세계와 매우 친밀한 관계가 있는 부처님으로 알려져 있습니다. 우리 중 많은 수가, 우리 조상 중 많은 분이 이미 와서 그를 도왔기 때문입니다. 알았나요? 그리고 만약 약사 부처님을 도왔다면, 그게 많지 않더라도, 조금, 그냥 조금만이라도 말입니다. 그래서 약사 부처님이 말하길, "그 덕분에, 내가 부처가 된 후, 이 열두 개의 큰 서원이 중생들을 돕기 위해서 거기 있을 것"이라고 한 것입니다.

온갖 질병을 이유하는 약사 부처님

무엇보다도 이런 열두 가지의 큰 서원은 우리에게 주로 두 가지 기능을 해줍니다. 그건 바로 재앙을 진압하고, 수명을 연장하는 것입니다. 그건 약사 부처님의 다르마를 행하면, 그때 여러분의 재앙이 제거될 것이라는 뜻입니다. 만약 중대한 재앙이 여러분의 길을 가로막으면, 그게 줄어들 것이란 뜻입니다. 좀 더 작은 재앙, 재난이 찾아오면, 사라질 것입니다. 여기까지 이해했나요? 예를 들어 여러분이 겪을 만한 재앙 중 지진, 쓰나미 또는 자연재해가 될 수도 있습니다. 또는 우리 중 많은 사람에게 일어날 수 있는 재앙이고, 어떤 자연재해가 될 수도 있는데, 횡사橫死, 또는 사고사事故死라고 부르는 것이 있습니다. 보통 우리는 세상에, 이 세계에 기대 수명을 갖고 옵니다. 요즘 같은 시대에는 평균적으로 대략 70세 정도의 기대 수명이 있습니다. 선진국에서는 70년, 80년 정도 살 것이고, 후진국이나 전쟁이 있는 곳이라면 훨씬 더 짧을 겁니다. 그렇죠? 그래서 평균적으로 전 세계, 사바세계에서 오늘날 기대 수명은 약 70세입니다.

여러분이 70세 넘어 산다면 복이 많습니다. 그렇죠? 그리고 그 일부는 아마도 약사 부처님의 복일 것입니다. 각종 사고로 인한 죽음에서 벗어난다는 뜻입니다. 항공기 사고, 기차 탈선, 또는 이 모든 사고사에서 면제된다는 뜻입니다. 그것도 또 다른 형태의 재앙이니까요. 게다가 수명 연장이 있습니다. 약사 부처님은 온갖 질병을 치유합니다. 약사 부처님과 만나면, 그에게 온갖 질병을 치유해달라고 청하면, 그냥 그렇게 질병이 사라질 것입니다. 멋지지 않나요? 즉시 말입니다. 그것이 부처님들이 하는 일입니다. 우리는 그걸 할 수 없으니까 반드시 의사한테 가야 하는데 말입니다.

나는 우리가 약사 부처님의 불법을 행하는 이유를 지금도 기억하고 있습니다. 11년 전 처음 이 다르마를 시작했을 때, 나는 이런 일에 관여하고 싶지 않았습니다. 왜냐하면 잘 이해하지 못했기 때문입니다. 그때 나는 중국 절에 훈련받기 위해서 갔습니다. 그리고 거기 사람들은 많은 걸 설명해주지 않았습니다. 나의 사부, 선화 상인은 책 한 권에서 한 번의 설명으로 이 다르마에 대해서 설명했습니다. 많은 내용이 없었습니다.

사실 나는 별로 이해하지도 못했습니다. 다른 제자들도 마찬가지였습니다. 하지만 중국 전통에 따르면 누군가 곤경에 처했을 때, 절에 가서 약사불패를 청합니다. 그러니까 사람들이 하는 건 그것밖에 없습니다. 아무도 약사 부처님의 다르마가 무엇인지 제대로 이해하지 못했습니다. 이 다르마는 사실 사라지고 있습니다. 극소수의 사람들만, 심지어 중국 절에서도 극소수만 이걸 이해하거나 실행합니다.

내가 태어난 베트남에서도 약사 부처님의 다르마는 없습니다. 베트남인들에게는 "안온을 구하다."라고 불리는 것이 있습니다. 약사 불법을 하는 사찰이 몇 군데 있긴 있습니다. 사람들은 진언을 외우고, 등불을 들고 약사 부처님의 둘레를 돕니다. 그리고 감응을 좀 받습니다. 하지만 내가 그중 몇 명과 이야기를 해보니, 이 다르마에 대해서 제대로 이해하지는 못하고 있었습니다. 아무튼 나는 11년 전에 나의 사부님인 선화 상인의 지침에 따라서 사람들을 가르치고 있었습니다.

어느 하루는 캘리포니아 산마테오(San Mateo)에 사는 나의 제자 한 명이 찾아왔습니다. 나는 그때 롱비치에서 사람들을 가르치고 있었습니다. 그는 재빨리 달려왔습니다. 그러고는 나에게 와서 뉴욕에 사는 사촌이 심각하게 우울하다고 말했습니다. 그 사촌의 모친은 스스로 목숨을 끊었습니다. 그만큼 우울증이 너무 심해서 자살한 겁니다. 우울증이 그의 온 가족을 지배하고 있었습니다. 이 제자의 사촌은 프로그래머입니다. 그는 우울증이 너무 심해서 병원에 입원해야 했습니다. 우울증이 너무 심해 전기 경련 치료까지 받아야만 했습니다. 그걸 짧게 ECT라고 부릅니다. 그는 12번 정도의 치료를 받았습니다. 이게 매우 고통스럽습니다. 극도로 아픕니다. 제자가 나에게 말했습니다. "그 소식을 듣고, 가만히 있을 수가 없었습니다. 우리 대승에는 사촌을 도울 수 있는 뭔가가 없나요?" 내가 답했습니다. "물론 있어요. 약사 불법입니다." 그는 물었습니다. "그게 뭐죠?" 나는 많이 알지는 못한다고 말했습니다. 그러고는 법계불교총회(DRBA)에 찾아가서 사촌을 위한 약사 위패를 올려보라고 했습니다. 그는 그렇게 했습니다.

그런데 어찌된 영문인지 거기 사람들이 이걸 망쳤습니다. 내 생각에는 거기 사람들이 뭔가 다른 것을 올린 것 같습니다. 나는 그 제자에게 말했습니다. "이건 아닌데, 돌아가서 다시 청해보세요. 왜냐하면 그 약사 위패만 사촌을 도와줄 수 있으니까." 그런데 무슨 일인지 거기 사람들이 이번에도 망쳤습니다. 보셨나요? 그게 요즘 벌어지고 있는 일입니다. 심지어 중국 사찰조차도 위패 비용만 받았지, 정말로 무슨 일이 돌아가고 있는지 모릅니다. 그러자 그 제자가 나에게 돌아와서 말했습니다. "스님, 시간이 없어요. 스님이 직접 도와줄 수는 없나요?" 나는 제자가 원한다면 돕는다고 했습니다. 그래서 시작했습니다. 그게 내가 처음으로 약사 불법을 했던 때입니다.

약사 부처님이 우리를 위해 서원한 것

며칠 후 제자에게서 전화가 왔습니다. "내 사촌이 갑작스럽게 ECT치료를 하러 갈 필요가 없어졌다고 하던데요?" 그는 약사 위패를 몇 달에서 일 년으로 연장했습니다. 그리고 그 사촌은 퇴원했습니다. 돌아가서 다시 일할 수 있게 되었습니다. 그게 내가 약사 부처님을 알게 된 때이고, 약사 불법에 대한 내 첫 경험입니다. 그다음 훨씬 더 많은 사람이 찾아왔습니다. 나는 약사 부처님이 수많은 질병을 정말로 치유한다는 것을 알게 되었습니다. 암부터 온갖 질병을 모두 말입니다. 알았나요? 그래서 이게 정말로, 정말로 효과가 있습니다.

약사 불법에서 정말로 마음에 드는 한 가지가 있습니다. 이 건 다른 대승법에는 가능하지 않은 것입니다. 만약 여러분이 약사 부처님을 믿는다면, 필요한 것이 무엇이든, 부족하지 않도록, 약사 부처님이 제공하겠다고 서원을 하셨다고 합니다. 여러분이 필요한 것은 절대로 부족하지 않을 것입니다. 이건 아주 아주 중요합니다. 왜냐하면 이 서원이 어떤 사람에겐 직장을 얻는 것으로 나타나기 때문입니다. 어떤 다른 사람에게는 자신이 원하고 필요로 하는 것을 갖게 됩니다. 특히 내 출가 제자들은 나에게 약사 불법을 하도록 만들었습니다. 어느 제자가 계속해서 수행할 복을 짓고 싶다고 했습니다. 계속해서 향상하기 위해서는 많은 복이 필요합니다. 그들 중 몇은 약사 부처님의 복을 얻어서, 내가 그 제자들을 내쫓아버리는 게 매우 어려운 지경까지 됐습니다. (대중 웃음) 내가 노력하고, 노력하고, 노력했는데, 내보낼 수가 없었습니다. 아직도 주변에서 내 출가 제자들을 많이 보는 겁니다.

사람들이 나에게 자주 묻는 말이 하나 있습니다. 몇 년 전에는 그걸 어떻게 답해야 할지 몰랐습니다. 나 자신에게도 똑같은 질문을 해봤습니다. 나는 답을 찾을 수 없었습니다. 나는 나 자신에게 물었습니다. 어째서일까. 관음이 이미 있는데, 왜 약사 부처님이 필요할까? 우리는 사십이수안四十二手眼을 수행합니다. 그리고 명상도 합니다. 그런데 왜 약사 부처님이 필요할까요? 예를 들어 지난달에 관세음보살보문품 법회를 했을 때, 아! 이번 달이었네요. 무엇이든 필요하다면, 관음보살님이 이미 와서 돕는다고 했습니다. 그런데 왜 약사 부처님이 조금이라도 필요한 걸까요? 왜 약사 부처님이 필요하죠?

저기 있는 베트남 여자분 말로는 어려움에 처었을 때, 고통스러울 때, 관음보살님을 청하면 관음보살님은 와서 도와줄 거라고 합니다. 그게 관음보살님의 자비에서 나온 큰 서원이라고 합니다. 하지만 약사 부처님의 경우 관음보살님이 도와주지 못하는 것을 도와줄 수 있다고 합니다. 그녀에 따르면 남자아이나 여자아이를 원한다고 말하면, 아이를 얻을 수 있다고 합니다. 그런데 관음보살님은 그렇게는 해줄 수 없다고 합니다. 음…. 사실 그렇지 않습니다. 관음보살님에게도 아이를 청할 수 있습니다. 사실 저 여자분이 말하길, 예를 들어 승진을 원하면 약사 부처님께 기도해서 승진할 수 있다고 합니다. 그런 일이 자기 딸에게 일어났다고 합니다. 맞습니다. 그런 걸 얻을 수 있습니다. 사실은 관음보살님도 그런 기도에 응할 수 있습니다. 완전히 똑같습니다. 관음보살님하고도 역시 승진이나 물질적인 것을 얻을 수 있는 게 사실입니다. 그래서 내가 그녀에게 물었습니다. "왕생은 어떤지요?" 이 여자분은 자기 나이에 관심이 있는 건 오직 왕생뿐이라고 합니다. 아미타 부처님께 가야 한다고 합니다. 내가 물었습니다. 약사 부처님은 어떤지, 약사 부처님도 그녀의 왕생을 도와줄 수 있는지 물었습니다. 그녀는 아니라고 하면서, 이미 자기에게 아미타 부처님이 있어서, 약사 부처님은 필요 없다고 했습니다. 그것도 역시 틀렸습니다. 여러분이 약사법을 행하면, 원하는 모든, 어떤 부처님의 땅에도 갈 수 있는 복을 얻을 것입니다. 여러분 모두가 갈 수 있습니다. 알았나요? 원하는 어느 정토이든 말입니다.

이 세상에는 많은 정토가 있습니다. 그래서 어떤 정토든 갈 수 있습니다. 여러분이 더 잘 살 수 있는 곳 말입니다. 다시는 고통을 모르게 됩니다. 하지만 정토에 가는 건 매우 어렵습니다. 사실 사바세계 사람들에게 있어서 가능한 모든 정토 중 가장 가기 쉬운 곳은 아미타 부처님의 정토입니다. 그런 이유로 우리 모두 서방 극락정토에 가는 것을 소망하고, 권장 받는 것입니다. 사실 약사 불법을 수행하면 아미타 부처님의 정토 또는 약사 부처님의 정토에서도 태어날 수 있습니다. 그래서 이게 매우 매우 좋습니다. 알았나요?

왜 약사 부처님이 필요한가

사실 다르마를 자세히 들여다보면, 약사 부처님이나 관음 법문, 심지어 석가모니 부처님도 별로 큰 차이가 없어서 헷갈립니다. 우리는 이런 모든 복이 있습니다. 그런데 왜 석가모니 부처님은 약사 부처님에 대해서 가르쳤을까요? 혼란스럽습니다. 그래서 약사 부처님의 법이 사라져가고 있습니다. 왜냐하면 사람들 생각에 '이게 무슨 쓸모가 있어?'라고 합니다. 우리는 매일 관음을 외웁니다. 매일 사십이수안을 합니다. 관음법을, 많은 관음의 법을 매일 합니다. 그런데 왜, 어째서 약사 부처님이 조금이라도 필요할까요? 사실 놀라운 일도 아닙니다. 약사 불법은 이 시대에서 사라지고 있습니다. 왜냐하면 사람들이 약사 불법을 이해하지 못하기 때문입니다. (약사 진언을 외우는 것 외에 다른 다르마가 뭐가 있나요? 나는 약사경 강설을 네 번인가 다섯 번 읽었습니다.) 네, 약사 참법이라는 것도 있습니다. 그런데 그것도 요즘 찾기 어렵습니다. 약사 참법도 아주 좋습니다. (베트남 여성이 말한다) 아! 그녀가 말하기를, 약사 부처님은 우리와 같은 탐욕스러운 사람들에게 완벽하다고 합니다. (모두 웃음) 이 여자분에 따르면 약사 부처님은 우리가 욕심이 많다는 걸 알고 있다고 합니다. 그래서 우리가 원래 그러니까, 부처님은 "그래, 그대들은 탐욕스럽다. 나는 그대들을 그냥 그렇게 두겠다. 그대들이 욕심을 내도록 해주겠다." 이게 알고 보면 어느 정도는 사실입니다. 관음보살님도 우리가 매우 탐욕스럽다는 것을 이해합니다. 따라서 관음보살님도 우리가 직장에서 승진할 수 있게 해줍니다. 또한 부자도 될 수 있습니다. 승진도 할 수 있습니다. 사실 나는 관음법을 써서 더 많은 돈을 벌 수 있었습니다. 그게 실제로 효과가 있었습니다. 관음법을 하고, 돈을 원하면, 돈을 얻습니다. 욕심을 내고 있다는 것을 다 알고 있지만, 그런데도 여전히 효과가 있습니다. 알았나요? 좋습니다. 다른 질문 없나요?

(베트남 남성의 질문) 음…. 이 신사분은 동의하지 않는다고 합니다. 그가 말하길, 불교에서 탐심을 줄이고, 탐심을 없애도록 가르치지, 욕심을 내라고 가르치진 않는다고 합니다. 그래서 약사 부처님이 우리에게 더 탐내라고 권한다고 한다면, 그건 정법과 반대되는 것이 아닌가? 이런 질문입니다. 그런가요? (베트남 여성의 답변) 그녀는 이것이 기본적으로 아이에게

사탕을 주는 것처럼 방편이라 말합니다. 그래야 아이가 마음을 차분히 하고 더 잘 따를 테니까요. 그건 맞습니다. 약사 불법이 중생을 돕기 위한 방편으로 사용될 수 있다는 것은 사실입니다. 그녀가 하는 말은 이렇습니다. 욕심이 있다면, 옳은 것에 대해서 욕심이 있다는 겁니다. 예를 들어 내가 돈에 욕심이 있다고 한다면, 사람들을 돕고 싶어서 돈을 얻는 것이라고 합니다. 내 생각에 그게 완전히 진실은 아닙니다. 어떤가요? 나는 수행을 시작하면서 큰 사찰을 원했습니다. 돈을 많이 원했습니다. 왜냐하면 돈은 힘이니까요. 큰 절은 명성이니까요. 그렇죠? 그래서 이제 내가 인정합니다. 이건 좀 창피한 일이지만요. 내가 돈이나 명성을 많이 얻지 못해서 다행입니다. 그랬다면 큰일 났을 것 같습니다. 어쨌든 그런 점에서 신사분의 지적도 잘 받아들여졌습니다. 그도 옳습니다. 이 다르마는 기본적으로 방편입니다.

더 많은 믿음은 더 많은 이익을 준다

가장 중요한 것은 신심을 일으키는 것입니다. 알겠나요? 무엇에 대한 신심일까요? 무엇에 대한 믿음일까요? 돈에 대한 믿음인가요? 신심을 일으키는 여러 다양한 도구, 다양한 다르마가 있는 이유는 이 다르마들이 모두 근본적으로 여러분에게 이득을 얻게 해주기 위해서 설계되었기 때문입니다. 그런가요? 아닌가요? 신심을 일으키는 온갖 것을 수행하는 것은 그런 것들이 여러분에게 이롭기 때문입니다. 여러분이 명상하는 이유는 명상이 여러분에게 좋기 때문입니다. 여러분이 오늘 여기 온 이유도 명상이 여러분에게 매우 좋기 때문입니다. 그렇죠? 그건 단순한 사실입니다. 우리가 명상하는 이유는 명상이 아주 유익하기 때문입니다. 명상을 더 많이 이해할수록 여러분은 더 많은 혜택을 얻고 싶어 합니다. 그건 자연스러운 것입니다. 하지만 조심하지 않으면, 이 탐심이 매우 나쁠 수 있습니다. 제대로 수행하지 않고, 그냥 이 탐심만 따라가면, 곤경에 빠지게 될 것입니다. 그래서 신심의 역할이 중요합니다. 무엇에 대한 믿음인가요?

스승님의 지도에 대한 신심입니다. 나는 나의 스승님의 지도에 대한 완전한 믿음이 있습니다. 지난 20년간 100%였습니다. 선화 상인께서 나에게 가르쳐준 것이 무엇이든, 모든 것이 옳다는 것을 알게 되었습니다. 나에게 모두 좋은 것이었습니다. 모두 나에게 이로운 일이었습니다. 그래서 스승님의 조언을 계속 듣고, 믿는 것이 나에게 이익입니다. 더 많은 믿음을 가질수록, 더 많은 이익이 됩니다. 그래서 대승은 여러분에게 다양한 종류의 이익을 가져다주는 수많은 다르마를 갖고 있습니다. 알았나요? 그래서, 그렇습니다.

맞습니다. 그건 탐심입니다. 하지만 스승으로부터 더 많은 도움을 얻으려는 탐심은 괜찮습니다. 그건 아주 좋은 것입니다. 그건 수행에서 필수적인 부분입니다. 수행에 탐심을 이용해야 합니다. 그건 아주 중요한 것입니다. 부처가 되려면 탐심이 결정적입니다. 그게 어떤 탐심인지 알고 있나요? 보살들조차도 이것에 탐심이 있습니다. 그게 뭘까요? (정직함이요) 정직함? 아닙니다. 정직함에 욕심낼 필요는 없습니다. 정직함에 욕심내지 않는 편이 좋습니다. 날 믿으십시오. 보살들이 무엇에 욕심을 낼까요? 보살들은 욕심이 아주 아주 많습니다. 이게 좀 부끄러운 일이네요.

필요한 것을 해결해 주는 분

보살들은 모든 중생을 구하는 것에 욕심냅니다. 모든 중생입니다! 그들은 많은 중생을 구합니다. 그러고는 그것이 충분치 않다고 말합니다. 더 많이, 많이 구하고 싶다고 합니다. 피를 빨아먹는 그런 모기도 반드시 구해야만 합니다. 그래서 보살들은 정말로 욕심이 많습니다.

또 무엇에 욕심을 낼까요? 그들이 욕심내는 것이 또 뭘까요? 배우는 것입니다. 보살들은 지성인보다도 더 욕심이 많습니다. 보살들은 배울 수 있는 모든 것을 배우고 싶어 합니다. 그것이 의학이든, 엔지니어링이든 말입니다. 천문학자도 되고 싶어 합니다. 모든 종류의 법문法門을 배우고 싶어 합니다.

정말이지, 참 탐욕스럽습니다. 그래서 보살들은 사실 욕심이 많습니다. 알았나요? 그리고 그것이 필수입니다. 내가 말했듯이 그것이 여러분을 더 발전할 수 있게 해주고, 부처님께 더 가까이 다가갈 수 있도록 해주기 때문입니다. 이것이 결정적인 요소입니다. 더 가까이 도달하면 무슨 일이 생기는지 아나요? 이건 그냥 이론입니다. 나는 모릅니다. 내가 부처는 아니니까요. 내 이야기를 들어보고, 두뇌를 쓰십시오. 나는 과장하고, 거짓말하는 것으로 유명합니다. 알았나요?

내 제자들에게 한번 물어보십시오. 내 제자들이 나를 너무 잘 압니다. 나는 부처가 아닙니다. 하지만 내 상상으로 보살들은 매우 욕심이 많을 수 있지만, 한편으론 자연스럽게 어떤 일이 일어납니다. 무슨 일이 일어나는지 아시나요? (더 이상 욕심 내지 않습니다.) 어떻게요? 왜 탐심이 사라지나요? 왜일까요? 네 신사분. (복이 너무 많아서요.) 그것도 하나의 이유입니다. 복이 너무 많으면, 그러면 자연스럽게 욕심이 사라집니다. 이미 가진 게 너무 많습니다. 그러면 더 이상 욕심을 낼 필요가 없습니다. 이해했나요? 여러분 중 누구도 그 정도로 부유하지는 않습니다. 그래서 내가 무슨 말을 하고 있는지 알지 못하는 것입니다. (모두 웃음) "나에게 돈 주지 마세요! 나는 돈이 너무 많아요. 그러니 제발 더 주지 말아주세요." 그런 거예요. 그러니까 그게 사실입니다. 한 가지 자연스러운 일은 복이 너무 많아서 탐심이 사라지는 것입니다. 자연스럽게 저절로요. 그리고 또 다른 이유는 뭘까요? (지혜입니다.) 네. 그것이 또 다른 이유입니다. 또 다른 이유는 무엇일까요? 봤죠? 나도 모릅니다. 나는 지금 이야기하면서 동시에 궁리 중입니다.

날 믿지 마십시오. 내가 지금 말해주고 있잖아요. 그러니까 여러분의 두뇌를 사용하십시오. 좋아요. 또 다른 방법은 뭘까요? 네. (타인을 돕는 거요.) 타인을 돕는 것. 아닙니다. (웃음) 이 한 가지 방법은 여러분이 모릅니다. 너무 욕심이 많아서, 막 부처가 되려고 하는데, 무슨 일이 생기는 줄 아나요? 부처님이 나타납니다. 그러고는 부처님이 "멈춰! 이 바보야. 너무 욕심 내지 마!" 하는 겁니다. (모두 웃음) 부처님이 말할 때, 그때 자연스레 탐심을 떨어뜨립니다. 그래서 부처님으로부터 도움을 받습니다. 부처님이 말하길, "이제 중생은 충분히 구했다. 알았냐?" (모두 웃음) 말이 되나요? 나는 그렇게 될 것으로 생각합니다. 좋습니다.

아주 경이로운 다르마

아직 할 이야기가 남았습니다. 하지만 오늘은 시간이 다 되었습니다. 그래서 이제 마무리해야 합니다. 매우 활기찬 토론이었습니다. 아무튼 이건 사실입니다. 약사 부처님에게는 다른 다르마에 없는 것들이 몇 가지 있습니다. 예를 들어 가장 중요한 것 중 하나는 계체(戒體, precept substance)를 회복하게 해 주는 것입니다. 그래서 계율을 어겼을 때, 약사 불법을 사용하면, 계체를 회복할 수 있습니다. 아무튼 이건 여러분에게 너무 과한 이야기입니다. 이건 여러분이 알고자 하는 것보다 너무 세부적이고 복잡한 내용입니다.

내가 여러분과 나눌 수 있는 이야기는 이런 겁니다. 최근에 어떤 필요성이 있어서 이걸 이해하게 되었습니다. 비교하다가 말이죠. 여러분이 곤경에 처했을 때 관음보살님을 부릅니다. 그렇죠? 여러분이 이렇게 말합니다. "저는 괴롭습니다. 관음보살님 제발 도와주세요." 그런데 알고 보니 관음보살님뿐만 아니라, 지장보살님도 부를 수 있습니다. 지장보살님께도 물어볼 수 있습니다. 대세지보살님께도 물어볼 수 있습니다. 그런데 중요한 것은 어려움에 처했을 때, 쉽게 떠오르는 분이 누구든지 진심이라면 도움을 받을 수 있다는 것입니다. 알았나요? 모든 보살님이 여러분을 도와줄 것입니다. 모든 부처님도 여러분을 도와줄 것입니다. 알겠죠? 분별할 필요가 없습니다.

그런데 약사 불법과 다른 다르마의 차이는 이렇습니다. 약사 부처님은 여러분이 인지하든 못하든 여러분의 필요한 것을 해결해 줍니다. 그게 여러분을 위해서 자동으로 처리됩니다. 예를 들어 여러분이 아프면, 증상이 발생하기 훨씬 전에, 의사의 진단이 있기 훨씬 전, 약사 부처님은 여러분을 위해서 그 중상을 없앨 것입니다. 그것이 무엇인지 알 필요조차 없습니다. 멋지지 않나요? 그렇죠?

예를 들어 특히 우리 몸에는 질병이 많습니다. 그리고 약사 부처님은 우리가 알아차리기도 전에 그 문제를 차례차례 해결할 것입니다. 그게 다른 다르마와의 차이점입니다. 그는 자동으로 우리를 돕습니다. 그것이 차이입니다. 제일 큰 차이점입니다. 알았나요? 소승은 그게 없습니다. 장담하건대 내가 약사 불법을 이런 방식으로 설명한 걸 어디에서도 읽은 적이 없습니다. 지난 11년간 여러분의 경험 덕분에 이런 걸 알게 되었습니다. 이런 여러 일들이 일어나는 것을 보았습니다. 멋지지 않나요? 그렇죠? 그런 이유로 우리가 이것을 수행하고 있습니다. 나는 더 많은 사람이 이 다르마를 이용할 수 있길 바랍니다. 아주 훌륭하고 경이로운 다르마입니다. 왜냐하면 이 다르마가 여러분을 위해서 불가사의한 일을 하기 때문입니다. 여러분에게 막대하게, 엄청나게 유익합니다.

그리고 이게 희망 사항입니다. 나는 이 다르마가 되살아나서 점점 더 많은 사람이 혜택을 누리길 바라고 있습니다. 불행히도 이 다르마가 중국인에게서 사라지고 있고, 베트남 불교에서는 사실상 사라졌기 때문입니다. 알았나요? 좋습니다. 모두 고맙습니다. 이제 잠깐 쉬고, 점심 공양을 하겠습니다.

2016.10.30.

유루 공양
무루 공양

좋은 아침입니다. 오늘은 무더운 날입니다. 젊은 아가씨가 저번 사리 전시회에서 쓰러진 기억이 납니다. 내 생각에 15살, 16살입니다. 가장 무더운 어느 오후 그 아가씨가 기절했습니다. 그런데 놀랍게도 방문자 중 한 분이 의사였습니다. 그 의사 선생님이 재빨리 아이를 보살펴주었고, 아무런 문제가 없다고 모두를 안심시켰습니다. 그렇게 부처님 사리에 호법자들이 있어서 모두가 무사한지 확인할 수 있었습니다. 그래서 기쁩니다. 그 후 나는 그 젊은 아가씨와 그 부모님과 30분간 대화를 나눴습니다. 알고 보니 그 젊은 아가씨는 고등학교에 다니고 있었고, 천식이 있습니다. 천식을 앓은 병력이 있습니다. 숨을 쉴 수 없어서 기절한 것입니다. 집안 내력이었습니다. 형제자매들이 의대와 약대를 다니고 있는데, 또한 천식이 있습니다. 그래서 내가 물었습니다. "그 아이들은 어떻게 지내요?" 놀랍게도 아이들은 지금도 천식이 있습니다. 평생 천식을 앓고 있으면서 아무런 조치도 취하지 않는다는 게 놀라웠습니다.

나는 그녀에게 말해줬습니다. "따님은 명상을 배워야 해요. 그렇게 해야 해요. 어떤 종류의 수행이라도 배워야 합니다. 그래야 천식을 억제하고, 잘하면 천식이 더 빨리 나을 수 있을 거예요. 예를 들어 태극권, 요가 또는 기공 그런 걸 배울 수 있을 겁니다. 특히 명상하면, 천식이 사라질 겁니다. 명상이 천식을 치유할 거예요. 선 명상으로 일어날 가장 쉬운 일 중 하나니까요." 그리자 그 딸은 호기심이 일어났습니다. "그래요. 배우고 싶어요." 사실, 그 엄마는 오래전부터 산타아나(Santa Ana)에서 베트남인 스님에게서 배워왔습니다. 특히 그 엄마는 명상을 합니다. 그래서 내가 물었습니다. "10년 넘게 명상을 해왔는데, 어째서 가르쳐주고 있지 않나요? 어째서 딸하고 아이들에게 명상하도록 가르치고 있지 않은 거죠?" 이건 명백하게 거기서 배운 명상 테크닉이 정말로 천식을 치유할 수 있다는 것을 모르고, 믿지 않는 모양입니다. 아무튼 그래서 딸은 명상을 배우러 오고 싶어 했습니다. 절에서는 차로 45분 거리였습니다. 그런데 지금까지 절에 오질 못했습니다. 이만큼 절에 와서 참여하고, 다르마를 배운다는 것 자체가 무척 어렵습니다. 특히 요즘 사람은 인생이 너무 바쁩니다.

부처님께 드리는 인사법

부처님 시대에 임신한 여인이 있었습니다. 이제 출산할 때가 다가오는데, 여전히 힘든 시간을 보내고 있었습니다. 분만을 할 수 없는 상태였습니다. 끊임없는 통증과 문제를 겪었습니다. 이 임신한 여인은 오랫동안 고통스러워했습니다. 그런데 그 여인에게 이런 게시가 있었습니다. 어느 날 고통 속에서 깨어나 문득 깨달았습니다. '오! 부처님은 깨달은 분이니 참으로 훌륭한 분이다. 부처님은 모든 괴로움에서 자유롭고, 다르마를 가르치고 계신다. 그리고 부처님의 제자들, 특히 비구들은 단순하고 집착이 없는 삶을 살고 있구나. 모든 괴로움에서도 자유롭구나. 그러니 집착에서 벗어나서, 그런 안락을 경험한다는 건 분명히 좋은 것이구나.' 그래서 뭘 했을까요? 그녀는 젊은 여인이었는데, 젊은 남편에게 말했습니다. 그 젊은 아내가 깨달았습니다. 벌써 이런 깨달음이 있었던 것입니다. 그리고 말하길, "여보. 부처님께 찾아가서, 날 위해서 부처님께 공경을 표하세요. 나는 갈 수 없으니까요". 남편은 아내를 기쁘게 해주고 싶었습니다. 그래서 부처님을 만나러 갔습니다.

봤나요? 대부분 커플이 이렇습니다. 대부분 가족이 그렇습니다. 보통 여자는 믿고, 남자는 믿지 않습니다. 알았죠? 그리고 남자를 개종시키는 것은 여자들의 몫입니다. 분명히 합시다. 이건 부처님 시대 이후로 변하지 않았습니다. 오늘날에도 변함이 없습니다. 자발적으로 절에 오는 남자는 거의 찾기 힘듭니다. 남자 쪽 방향을 보면 알겠지만, 저기 4명이 있습니다. 그리고 절에 오는 건 거의 다 여자입니다. 남자들은 미식축구 게임을 즐깁니다. 여자는 다르마를 즐깁니다.

젊은 남편이 부처님께 가서 절을 올렸습니다. "부처님. 세존이시여. 제 아내를 대신해서 당신의 발 앞에 절을 올립니다." 아주 교양 있는 남자입니다. 그러고 나서 옆쪽에 섰습니다. 그것이 당시의 관습입니다. 알았나요? 부처님의 정면에 앉지 않습니다. 부처님을 만난 후, 옆쪽에 앉습니다. 옆에 앉습니다. 그런 다음 그 젊은이는 부처님께 말했습니다. "제 아내가 부처님께 이 메시지를 전해달라고 청했습니다. 부처님께서는 질병과 번뇌로부터 자유로운가요?" 이것이 당시 인도의 예법입니다. 그게 먼저입니다. "당신은 병으로부터 자유로운가요? 번뇌로부터 자유로운가요?" 알았나요? "걱정은 없으신가요?", "행복하고 편안한가요?" 이것이 부처님께 드리는 전형적인 인사법입니다. 이제 다음에 여러분도 부처님을 만나면 어떻게 말씀드려야 하는지 압니다. 내가 9년간 다르마를 가르친 후에야 드디어 부처님께 말을 건네는 방법, 인사하는 법을 가르칩니다.

젊은 남편은 말합니다. "불행히도 제 아내가 안 좋습니다. 우리 첫 아이, 새로 태어날 아이 때문에 힘들어하고 있습니다."
부처님께서 이렇게 말했습니다. "나는 당신의 아내가 좋아지
고, 질병으로부터 자유롭기를 원한다. 그리고 병 없는 아이를
낳을 것이다." 알았나요? 그겁니다. 이게 부처님께서 말씀하신
전부입니다. 아! 그리고 그 젊은이가 모르는 사이에, 부처님께
서 그 말씀을 하자마자 집에 있는 아내의 모든 통증이 멈췄습
니다. 아내는 질병으로부터 자유로워졌습니다. 그리고 뿅! 태
어날 아이도 질병으로부터 자유로워졌습니다. (대중 웃음)

신심은 누구도 대신할 수 없다

그렇게 남편은 해야 할 일을 마치고 집으로 돌아갔습니다. 놀
랍게도 아내의 상태는 좋았고, 통증도 없었습니다. 갓 태어난
아기도 있었습니다. 젊은이가 말했습니다. "와우! 이게 얼마
나 놀라운 일인가. 부처님이 얼마나 파워풀한가. 부처님이 얼
마나 훌륭하신가!" 그런 이유로 이 젊은 남편은 이제 부처님을
정말로 믿었습니다. 아! 보셨죠? 그래서 가끔 우리 남자들에
게는 믿기 전 우선 기적이 필요합니다. 맞죠? 여자분들이 훨씬
더 복이 많습니다. 보십시오. 여자들은 부처님을 보면 바로 믿
습니다. 대부분 그렇습니다. 우리 남자들은 설득이 좀 더 필요
합니다. 이제 진실을 알아버렸군요.

일마 후 그 젊은 아내는 완전히 회복했습니다. 그녀가 말했습

니다. "여보. 부처님을 집에 초대해서 잔치하고 싶어요. 그러니 가서 물어보세요." 그래서 그 남편은 부처님께 찾아가서 절을 올리고, 옆에 앉았습니다. 그리고 부처님께 그의 목적을 알렸습니다. "제 아내가 세존과 비구 스님들께 7일 동안 우리의 초라한 거처에 오셔서 식사할 것을 존경스레 청하고자 합니다." 그래서 부처님께서 "네, 알았습니다." 말했습니다. 그 남편이 돌아간 후, 부처님께서 제자에게 말했습니다. "대목건련아. 사실 그녀보다 먼저 우릴 초대한 남자가 있다. 그 사람이 우리를 내일 점심에 초대했단다. 그러니 네가 그 집에 가서…. 그 사람이 네 제자니까, 그의 집에 가서 7일만 연기해달라고 물어보면 어떨까?" 우리 서로 솔직해 봅시다. 그러면 8일 연속으로 점심을 먹을 수 있잖아요. 고작 7일이 아니라 8일이 되는 겁니다. 그러니 대목건련도 좋아라 하면서, 그 남자한테 찾아갔습니다.

"사정이 그러니 일주일만 연기해 주시겠어요?" 그 남자가 말했습니다. "물론 할 수 있죠. 당연하죠. 좋습니다. 대신 날 위해서 작은 일 몇 가지만 해주셨으면 좋겠습니다." 대목건련이 말했습니다. "원하는 게 무엇인가요?" 그 남자가 말했습니다. "대목건련께서 내 건강, 내 재산, 그리고 내 신심을 지켜주는 겁니다." 대목건련이 말했습니다. "내가 당신의 부와 건강을 보장할 수 있습니다. 하지만 신심은 스스로 발전시켜야 하고, 그건 당신 자신이 그 책임이 있는 겁니다. 누구도 당신을 위해서 대신해 줄 수가 없어요." 왜일까요? 누구 아는 사람 없나요? 신심은 자기 자신의 것입니다. 그 누구도 줄 수 없습니다. 부처님도 그걸 줄 수 없습니다. 보살도 줄 수 없습니다. 왜죠? 왜일까요?

신심은 자신의 복에 달렸기 때문입니다. 정확히 합시다. 어떻게 복을 짓죠? 공양을 올려서입니다. 공양을 올리지 않고서, 신심을 키우지 못할 것입니다. 공양은 뭔가요? 부처님께 절을 올립니다. 염송합니다. 부처님을 찬탄합니다. 우리가 오늘 아침 8시부터 9시 반까지…. 대략 8시에서 9시 반까지 부처님께 공양을 올렸습니다. 그렇죠? 비용은 전혀 들지 않습니다. 알았나요? 공양을 올립니다. 그렇게 공양을 올릴 때, 공양을 더 많이 올릴수록, 더 많이 올릴수록, 더 진실합니다. 그래서 부처님께서 물리적으로 여기 계시지는 않지만, 부처님의 불상에 절을 올리고, 사리에 절을 올리면, 그건 부처님께 직접 공양을 올리는 것과 동일합니다.

공양을 올릴 때, 이 부분이 여러분에게 중요합니다. 부처님께 절을 하고 있을 때, 그때 뭘 짓고 있나요? 유루有漏의 복인가요? 무루無漏의 복인가요? 여러분에게 지금 묻고 있는 겁니다. 예전에 우리가 이 부분에 관해서 이야기를 나눴습니다. 오랫동안 이걸 연구해 온 분들도 아직 이걸 이해하지 못하고 있습니다. 그래서 내가 여러분이 이해하고 있는지 확인해 보려고 묻는 겁니다. 어떤 종류의 복일까요? 부처님께 절을 하면,

그건 유루일까요, 무루일까요? 유루와 무루, 그 차이가 뭔가요? 유루, 그것은 복이 물질적인 것, 부와 사랑, 집, 자동차, 직장 등을 줄 것이라는 뜻입니다. 사랑도요. 그것이 유루입니다. 유루복은 편안함, 즐거움의 원천이기도 하지만, 또한 괴로움도 줍니다. 괴로움의 원천이기도 합니다. 알겠죠? 반대로 무루복은 모든 고통을 끝내는 데 도움이 될 것들을 가져다줄 것입니다. 예를 들어 보살과 부처님을 만나서 도움을 받는다는 뜻입니다. 또는 선화 상인의 다르마를 만납니다. 그리고 결국 그의 도움을 받습니다. 열반에 들어갈 수 있을 정도까지 말입니다. 그리고 해탈과 자유를 경험합니다. 윤회의 바퀴에서 탈출합니다. 알았나요? 좋습니다.

유루와 무루의 차이는 무엇인가

여러분에게 묻습니다. 우리가 매주 오전 8시부터 9시 반까지 아미타경을 독송하고 염불하면, 그것은 유루일까요? 무루일까요? (어떤 대가를 원하지 않기에 무루입니다.) 정말로 아무것도 대가로 돌려받고자 하지 않나요? 내가 묻고 있습니다. 오전 8시에서 9시 반까지 하는데, 정말로 그걸 하면서 아무것도 대가로 청하지 않나요? 정말인가요? 그런가요? 아무런 보상도 바라지 않나요? (뭔가는 청합니다.) 이 남자분은 늘 뭔가를 청한다고 생각한답니다. 그러니까 적어도 남자 쪽 생각은 그렇습니다. 여자 쪽은 어떤가요? 뭔가 늘 청하고 있나요? 뭔가를 청하고 있다면, 그건 유루입니다. 알겠죠? 뭔가를 구하는 게 있다면, 뭔가를 하는 것입니다. "그래, 부처님께 과일 좀 올려보자. 그리고 나 자신을 위해 복을 좀 지었으면 좋겠네." 그러면 그 복은 뭔가요? 유루입니다. 왜냐하면 구하고 있기 때문입니다. 맞나요? 그건 명확하죠? 동의하죠? (그러면 마스터. 부처님께 감사하다고, 그냥 절만 올리기를 원하면 그건 무루인가요?) 부처님께 절을 올리고, 부처님께 고마워하는 것이요? 그건 무루입니다. 알겠죠?

한번 들어보십시오. 이게 이렇습니다. 우리는 욕망으로 가득 차 있습니다. 맞죠? 뭔가를 구하고 있습니다. 욕망에서 자유로워지는 것은 불가능합니다. 그래서 어떻게 하냐면, 해야할 일은, 우선 절에 갑니다. 그리고 공양 올리는 방법을 알아야합니다. 물론 뭔가 구하는 것이 있습니다. 직장을 구하고, 돈을 더 많이 원합니다. 우리는 인생에서 좋은 것들을 추구하고 있습니다. 왜냐하면 그게 우리한테 좋으니까요. 그렇죠? 그래서절에 갑니다. 그리고 그 마음가짐 때문에 유루복을 짓고 있습니다. 이 부분에 대해서 우리가 바꿀 수 있는 건 아무것도 없습니다. 하지만 그게 뭐 그리 나쁜가요? 수행하려면, 집이 필요합니다. 머물 곳이 필요합니다. 먹을 음식도 필요합니다. 그런것은 필수입니다. 그것이 유루복에서 나오든, 무루복에서 나오든 괜찮습니다.

내가 지적하고 싶은 점은 우리가 우선 유루복을 짓고 있습니다. 우리 스스로 짓는 것은 유루복을 짓는 겁니다. 그게 좋든 싫든 그렇습니다. 알았나요? 이미 유루와 무루를 초월한 존재에게 공양을 올리고 있는 겁니다. 우리 스스로 유루복을 짓고 있지만, 부처님께 공양을 올리는 겁니다. 그래서 동시에 무루복도 짓고 있습니다. 왜냐하면 공양을 올리고 있는 그 대상 덕분입니다. 이해했나요? 공양을 올리는 그 다르마 덕분입니다. 예를 들어 오전 8시부터 9시 반까지 우리는 부처님과 다르마 양쪽 모두에게 공양을 올리고 있습니다. 어떤 부처님일까요? 석가모니 부처님과 아미타 부처님입니다. 맞죠? 그러니까 이 두 부처님에 해당하는 복을 짓고 있는 겁니다. 두 부처님에 대한 무루복입니다. 게다가 다르마에도 공양을 올리고 있습니다. 여기서 수행하는 다르마는 석가모니 부처님으로부터 온 정토법이기 때문입니다. 이해했나요? 아미타 부처님으로부터 온 다르마도 수행하는 중입니다. 왜냐하면 그의 명호를 열 번 외우려고 노력 중이기 때문입니다. 저 너머로 가기 위해서 말입니다.

그렇게 그 다르마 또는 그 특정 다르마에 공양을 올리고 있습니다. 그 복은 무루입니다. 마지막으로 우리가 짓고 있는 복은 뭘까요? 선화 상인이 이 미국에 가져온 다르마를 수행하고 있고, 수행하는 이 다르마는 선화 상인에게서 왔습니다. 그래서 그에게 공양을 올리고 있습니다. 선화 상인이 여기 미국으로 다르마를 가져왔을 때 원했던 것은 그저 우리가 그걸 수행하는 것뿐이었습니다. 선화 상인이 우리에게서 원하는 건 그뿐입니다. 알았나요? 이제 선화 상인은 우리에게 빚을 졌습니다. 우리가 그에게 공양을 올리고 있잖아요. 이제 선화 상인은 우리를 찾아서 구해줘야만 합니다. 그리고 여러분이 구제되면, 돌아와서 나를 구해줘야 합니다. 기억하세요. (웃음)

결론은 이렇습니다. 우리가 짓는 복, 우리 스스로 짓는 건 유루입니다. 좋든 싫든 그렇습니다. 그래서 공양 올릴 대상을 영리하게 선택해야 합니다. 예를 들어 소승 사찰에 가거나 힌두교 사원에 갑니다. 그러면 공양받는 대상이 다르다는 것을 알 수 있습니다. 기억하십시오. 그게 무루복에 영향을 줍니다. 알았나요? 이해했죠? 다른 질문 없나요? 네. 이 이야기가 끝난 게 아닙니다. 하지만 나에게 주어진 시간이 다 되어 갑니다. 집에서도 똑같이 할 수 있습니다. 불단이 있거나, 집이나 밖 어디서든 부처님께 무언가를 공양합니다. 그리고 부처님께 향하게 합니다. 그러면 유루와 무루를 둘 다 짓고 있는 것입니다. (유루와 무루 어느 것이 더 좋은가요?) 무루가 더 좋은 겁니다. 왜냐하면 그것이 당신을 윤회의 바퀴에서 벗어나게 해줄 것이기 때문입니다. 유루는 우리를 묶어놓을 것입니다. 그것이 윤회의 바퀴에 우릴 묶을 겁니다. 하지만 더 유쾌하기는 합니다. 포르쉐나 페라리 같은 걸 몰 수 있으니까요.

자기 스스로 직접 공양을 올려야

다시 요점으로 돌아가면, 부처님께 공양을 올렸고, 삼보에 올렸기 때문에, 부처님은 우리의 신심을 일으키도록 미래에도 여기에 있는 것입니다. 공양을 더 많이 올릴수록, 신심도 더 깊어집니다. 그걸 기억하는 게 매우 중요합니다. 공양 올리는 것을 멈추지 마십시오. 신심은 점점 더 깊어질 수 있습니다. 대부분 이걸 깨닫지 못합니다. 우리는 자신의 자산, 신심의 자산을 계속 늘려야만 합니다. 알았나요? 좋습니다.

이제 부처님과 제자들은 모두 그 젊은 부부의 집으로 갔습니다. 7일간 여자들이 일해서 부처님과 비구 제자들에게 직접 공양을 올렸습니다. 공양을 올린다면 직접 하시길 바랍니다. 누군가에게 대신 해달라고 청하지 마십시오. 자기 스스로 직접 공양을 올려야 합니다. 알겠죠? 그게 중요합니다. 그런 후 그 갓 태어난 아기를 보여줬습니다. 그러자 사리불이 아기에게 물었습니다. "당신은 자유로운가요? 고통으로부터 자유로운가요? 편안한가요?" 아이가 말했습니다. 이제 막 태어났는데도 불구하고, 말을 할 수 있습니다. 부처님이 도와주면 그런 일이 생깁니다. 부처님이 도와주면 신기한 일들이 생깁니다.

그리고 아이가 즉시 답했습니다. "내가 자궁 속에 오랫동안 있었는데 어땠을 거 같나요? 피로 가득했는데 어찌 편안했겠어요? 어떻게 고통으로부터 자유롭겠어요?" 옆에서 엄마가 그걸 듣고 말했습니다. "오! 내 아이가 사리불 존자에게 다르마를 말할 수 있다니!" 그렇게 매우 기뻐했습니다.

여러분 아시죠? 엄마가 아이를 너무 자랑스러워할 때 느끼는 그 기쁨, 부처님은 그걸 보았습니다. 그래서 부처님은 즉시 그녀를 보고 말했습니다. "아이를 보니, 출산의 고통이 그만한 가치는 있다고 생각하는가요?" 그녀가 답합니다. "그렇습니다. 내 아이가 이렇게 다르마를 말할 수 있다면, 7번 더 출산할 거예요." 그러자 부처님께서 말씀하십니다. "네. 참으로 그렇네요. 참으로 그렇습니다." 보셨나요? 이 장면은 복 있는 사람들이 얼마나 다르마를 진정으로 즐기고 감사하게 여기는지를 보여줍니다. 복이 없으면, 여기 와서도 다르마를 수행하는 것이 매우 어렵습니다. 우리가 아무리 도와주고 싶어도 그렇습니다. 올 수가 없습니다. 알았나요? 좋습니다. 다른 질문 없나요? 질문이 없다면, 5분 쉬고 점심 공양하겠습니다. 2015.9.20.

회광반조 回光返照

좋은 아침입니다. 여러분. (새로운 학생이 법당으로 들어온다.) 여기 새로운 분이 절뚝거리며 들어옵니다. 아마 조금 전까지 결가부좌를 했나 봅니다. 우리는 모르는 척합시다. 다 같이 저 분만 쳐다보지 말고요. (모두 웃음) 반갑습니다. 오! 음···. 대단한 등장입니다. 나 같으면 절대로···. (계속 웃음) 음! 보기 좋습니다. 보기 아주 좋습니다. 음···. 무슨 이야기를 하려고 했는지 잊어버렸습니다. 다른 걸 해야겠군요. 여기 이런 다르마 톡은 매우 중요합니다. 누군가 나한테 묻는다면 이게 앉는 것만큼 또는 그보다 더 중요하다고 할 겁니다. 한 명이 더 들어오네요. 저기 있군요. 반갑습니다. 더 올 건가요? 3번째 인물을 위해서 기다려야 할까요? 이게 끝인가요? 좋습니다.

선禪을 배울 때 첫째로 듣는 대로 다 믿지는 마십시오. 그게 매우 어렵습니다. 그리고 중요한 것은 믿지 말라는 것입니다. 이게 평범한 선 수행자가 보기엔 극단적으로 보일 수 있기 때문입니다. 우리가 수행하는 선은 매우 어렵습니다. 하기 어려운 일입니다. 모든 사람이 할 수 있는 것이 아닙니다. 우리 절은 정말이지 모든 사람에게 다 맞지는 않습니다. 그래서 우리가 권하는 이 선을 모두가 배울 수 있는 것은 아니지만, 조금만 더 버텨주기만 한다면 많은 것을 얻을 수 있습니다. 알았나요? 그 이유는…. 내가 비유를 들어주겠습니다.

외도 명상, 비불교 명상은 효과가 없다

내가 처음 선을 하기 시작했을 때, 나는 베트남인이니까, 혹시 여러분이 보고 몰라봤을지도 모르지만, 그래서 자연스레 베트남인 사부님, 베트남인 스님에게서 배우려고 찾아봤습니다. 그래서 내가 읽은 것은…. 소승에서 40여 년간 스님으로 지낸 분을 알았습니다. 그 스님은 명상에 관한 책이 있습니다. 그래서 그걸 읽어봤습니다. 그 책은 나에게 인상을 남겼고, 그분을 찾으러 갔습니다. 안타깝게도 그분이 집에 계시지 않았습니다. 그래서 내 운전기사를 해줬던 남동생은 그다음으로 좋은 선택지를 줬습니다. 나의 중국인 사부, 중국인 스님에게서 명상을 배우러 롱비치 사찰에 갔습니다. (손으로 선화 상인의 사진 액자를 가리키며) 그분이 바로 여기 선화 상인, 나의 스승님이었습니다. 사실 나에겐 차선책이었습니다. 내가 선택했던 건 그가 아니었습니다. 그 다른 스승, 소승쪽 스님을 먼저 택했습니다. 아무튼 그곳에 선화 상인도 계시지 않았습니다. 그건 당연한 일입니다. 당시 선화 상인은 절이 많았습니다. 여러 절에서 선을 가르치고 계셨기 때문에, 거기 없었습니다. 대신 선화 상인의 제자가 나에게 명상을 가르쳤습니다. 그는 자기만의 스타일로 명상을 가르쳤는데, 나중에 알았지만, 그건 스승님의 명상은 아니었습니다.

그는 나의 스승님으로부터 나름 좀 배웠지만, 우리 사부님은 그에게 명상하는 방법을 제대로 가르쳐준 적이 없었습니다. 훨씬 더 나중에야 그 제자 스님이 나에게 가르쳐준 것이 내 사부님의 명상이 아니라는 것을 깨달았습니다. 그건 내 불운이었습니다. 하지만 나는 그걸 아주 아주 열심히 일 년 정도 했습니다. 일 년 동안 그를 믿고 열심히 했지만, 그가 알려준 명상이 내 발전에 전혀 도움이 되지 않은 것을 깨달았습니다.

자! 명상을 배우는 대부분이 그렇겠지만, 여러분은 어떤 스승님이 어떤 스승인지 잘 모릅니다. 맞죠? 그래서 나는 내 개인적인 관점을 말해보려고 합니다. 들어보시겠나요? 우선 베트남인들도 한국인들, 일본인들처럼 명상에 매우 매우 관심이 많습니다. 그건 중국어권에 함께, 그 문화 속에서 엮여 있습니다. 불교에서 많은 영향을 받습니다. 그리고 불교는 문화의 한 부분이기도 합니다. 그래서 불교가 이 세상에 해줄 수 있는 가장 좋은 것들 중 하나가 명상입니다. 외도 명상이나 다른 것도 배울 수 있습니다. 하지만 어쨌든 그건 불교 명상만큼 좋지 못합니다. 그런 건 아주 아주 그렇게 효과적이지 못합니다. 나에게 묻는다면 외도 명상, 비불교 명상은 효과가 없습니다. 그 이야기도 할 겁니다.

나도 처음 시작했을 때 도교 명상이 매우 인상 깊었습니다. 사실 도교 명상은 소승 명상이 변장하고 있는 것입니다. 알겠죠? 그래서 도교 명상은 아주 아주 좋습니다. 그때 나에게 도교 명상이 인상적이었는데, 그건 아마도 나의 스승님의 제자들에게 대승 명상의 지침을 찾을 수 없었기 때문일 겁니다. 나의 스승님은 내가 출가하여 사미가 된 후 돌아가셨습니다. 사미가 된 후 4개월 만에 돌아가신 겁니다. 그래서 나는 선화 상인의 제자들에게서 배워야 했습니다. 그런데 그들은 각자 다르게 나를 가르쳤습니다. 그리고 궁극적으로, 지금 돌이켜보니까, 그들도 사부님의 가르침을 이해하지 못했습니다. 그들이 원래 이해했어야 할 만큼은 이해하지 못했습니다. 명상을 가르치는 그 사람들이 나의 사부님의 명상을, 원래 이해했어야 하는 만큼은 이해하지 못했습니다. 어쨌든 나는 도교 명상에서 인상을 받았습니다. 그렇게 한동안, 우연히 내 스승님의 명상을 실행하기 전까지는 그랬습니다. 그렇게 나는 도교 명상 기법을 이해하게 되었습니다.

다르마는 새롭게 발명할 필요는 없다

그때 나는 내가 훨씬 더 나아졌다는 사실을 알게 되었습니다. 이게 무슨 말인지 설명하자면, 예를 들어 베트남에는 두 명의 유명한 스님이 있습니다. 나는 감히 한국, 일본 그리고 미얀마는 건드리지 않습니다. 나에게 조용히 이름을 알려주면, 따로 말해줄 수는 있습니다. 내가 그분들에 대해서 좀 찾아본 후, 그들의 가르침과 한자로 된 내용을 한 번 살펴볼 수 있으니까요. 그 베트남인 스님은 유명했습니다. 20여 년 전 내가 시작했을 때 말입니다. 그렇죠? 내가 누구 이야기하고 있는지 알죠? 내 수행은 사람들을 비판하지 않는 것입니다. 나의 의도는 절대 누군가를 비판하는 것이 아닙니다. 나는 오직 다르마에 관한 이야기만 합니다. 분명히 이해하나요?

한 가지 다르마가 매우 유명한데, 그 스님은 수행할 때 미소를 지으라고 합니다. 또 다른 한 분은 좀 더 정통파입니다. 겉으로 보기에 좀 더 정통파입니다. 그분은 그냥 앉으라고 말합니다. 이것이 그들이 명성을 키운 방법입니다. 앉아서 아무것도 하지 않습니다. 자신의 망상, 한 생각이 일어나기를 기다립니다. '아하! 너 거기 망상이구나'. 그럽니다. 그걸 떨어뜨립니다. 그것이 그가 가르치는 것입니다. 그 둘 다 베트남에서 아주 아주 큰 인물이고, 매우 유명합니다. 아마 베트남 밖에서도 그럴 겁니다. 국제적으로도요. 적어도 그 첫 번째 분은 그렇습니다. 미소 짓기를 하는 분이요.

내가 선을 이해한 후, 명상을 이해한 후 보니 그건 근본적으로 틀렸습니다. 그래서 이 두 분은 같은 단계까지 올라갈 수 있었습니다. 하지만 이 다르마를 발명해냈습니다. 선禪에서는 아무것도 새로운 걸 발명할 필요가 없습니다. 선에서 새로운 건 아무것도 없습니다. 단지 여러분에게 설명하는 방식만 새로울 수 있습니다. 내가 아는 한 새로운 것은 하나도 없습니다. 우리보다 훨씬 더 지혜로운 선사님들이 많습니다. 그리고 그들은 우리에게 매우 효과적인 훌륭한 수행법을 가르쳐줬습니다. 그냥 그걸 실행하기만 하면 되는 것입니다. 그러면 그 선사님들이 있는 곳까지 도달합니다. 알았나요? 저기 아주 아주 높은 곳입니다.

다시 그 베트남 스님들에 관한 이야기로 돌아가면, 이 두 분의 매우 유명한 스님들은 스스로 대승선이라고 부릅니다. 사실은 아주 낮은 수준입니다. 누군가 묻는다면, 그 방식은 틀립니다. 완전히 틀린 것입니다. 여러분이 나중에 가르치는 사람이 되어서 물어본다면, 가르치는 선생님으로서, 어디가 잘못되었는지 설명해주겠습니다. 지금 이게 여러분에게 중요한 문제는 아닙니다. 그렇죠? 그래서 내가 하고자 하는 말은…. 이래서 내가 말한 걸 곧이곧대로 받아들이지 말아야 합니다. 믿지 마십시오. 알았나요? 왜냐하면 내가 그 스님들을 40년간 따르고 있는 많은 신도들에게 반대되는 말을 하고 있기 때문입니다. 벌써 40년이 넘습니다. 40년이 지나서 이 사람들도 기껏해야 그 사부님들과 같은 수준에 머물러 있습니다. 내가 그들을 봤습니다. 그런 사람이 너무 많습니다. 그 이상으로 넘어갈 수 없습니다. 왜냐하면 그 수행이, 방법이 근본적으로 결함이 있기 때문입니다. 그래서 그 단계까지는 올라갈 수 있습니다. 그뿐입니다. 정체합니다. 같은 단계에서 말입니다. 사실 그건 매우 낮습니다.

예를 들어 저기 뒤에 있는 나의 제자는 베트남에 3개월 동안 갔었습니다. 그는 베트남의 스승님들을 방문해 그곳에서 여름을 보냈으면 한다고 나에게 허락을 구했습니다. 그 베트남 스님들은 밀종密宗에서 실력이 좋습니다. 훨씬 낫습니다. 그래서 만일 그 제자가 베트남이나 태국에서 선을 배우겠다고 한다면, 혹은 미얀마라든가, 또는 한국, 일본, 중국까지도, 나는 안 된다고 말했을 것입니다. 가지 말라고 했을 것입니다. 왜냐하면 특히 베트남의 그 분은 그렇게 괜찮지 않기 때문입니다. 안타까운 일입니다. 왜냐하면 그분 밑에서 엄청난 열정을 갖고 명상하는 이들이 너무나 많기 때문입니다. 그건 한국이나 일본도 마찬가지입니다. 보세요. 내가 친구를 잘 사귀지는 못하겠죠? 미래에 받을 기부금도 방금 잘렸습니다. 그 스님들은 명상을 전혀 잘하지 못합니다.

명상은 선정의 힘을 높이기 위한 것

아무튼 다시 베트남 이야기로 돌아가서, 이 두 분의 대승 스승님들은 사실은 정말로 소승 스승님들의 단계보다도 훨씬 더 낮습니다. 그건 소승, 상좌부 베트남 스님들이 베트남 대승 스님들을 낮게 볼 것이라는 말입니다. 왜냐하면 소승 스님들은 아라한의 높이까지 도달할 수 있기 때문입니다. 소승 스님들은 명상에서 매우 탁월합니다. 그렇게 소승 스님들이 아라한까지 도달합니다. 그게 바로 구정九定입니다. 나쁘지 않은 단계입니다. 꽤 괜찮은 수준입니다. 소승의 스승들은 그 베트남 대승 명상 스승들보다 훨씬 더 높은 단계의 사마디입니다.

명상의 마스터들은 만나서 서로를 확인해보는 방법이 있습니다. 바로 압니다. 서로 알아볼 수 있습니다. 여러분은 모르겠지만, 우리 같은 명상 전문 지도자는 알 수 있습니다. 우리는 압니다. 예를 들어 우리가 옆에 있는 지도자만큼 실력이 좋지 못하다든가, 강하지 못하다는 걸 압니다. 그건 압니다. 옆에 사람만 못하다는 걸 말입니다. 그런데 만약에 실력이 좀 더 낮다면, 그때는 우리가 그 사람의 수준만큼 된다는 걸 압니다. 그런 이유로 실력이 좀 더 나은 명상 지도자는 절대 테스트해보지 않습니다. 명상을 잘하는 지도자일수록 사람들을 테스트하기 위해 뭔가를 하거나 하지 않습니다. 우리가 그렇습니다. 우리는 보통 뭔가를 알아내기 위해서 또는 다른 지도자에게서 무엇을 배울 수 있는지 늘 호기심이 있습니다. 그런데 상대가 갖고 있지 않은 뭔가가 있지 않고서야 무슨 소용인가요? 뭔가 배우려면 상대방이 나아야죠, 내가 상대방보다 나은 게 아니라요. 그렇죠?

어쨌든 베트남에서는 소승 지도자들이 최고의 명상 지도자입니다. 구정의 선정 단계에 도달하기 때문입니다. 여기 이 수업에서, 구정에 도달하면 자기 스스로 졸업 자격이 된다고 여겨도 됩니다. 다시 돌아올 필요가 없습니다. 그때는 여러분한테 내가 더 이상 필요 없어집니다. 이 수업에 더 이상 참석할 필요가 없습니다. 여러분이 원하면 내가 구정에 도달했다는 증명서를 줄 거예요. 그러고 나서 다음 학급으로 넘어갈 수 있습니다. 구정의 단계는, 졸업하는 단계는 사실 대승의 입장에서는 여전히 상당히 낮습니다.

그래서 소승 명상은, 베트남의 소승 명상은 꽤 괜찮은 편입니다. 그리고 사람들이 주로 배우는 대부분 명상 수업은 소승의 가르침, 방법에 기반을 두고 있습니다. 그렇죠? 예를 들어 유럽에 가면, 아마도 모두 소승 명상일 것입니다. 유럽에서 그

존재가 매우 강력합니다. 여기 미국에서도 매우 강한 존재감을 갖고 있습니다. 사실 미국에서 대승 명상을 할 수 있는 곳은 거의 찾을 수 없을 겁니다. 그러니 여러분이 여기서 버틸 수 있는 한, 가능한 한 오래 버틸 수 있도록 노력하십시오. 더 오래 버틸수록 더 빨리 진전합니다. 왜냐하면 대승 명상은 적어도…. 기분 상하지 마세요. 소승 명상보다 백배는 더 효과적이고 빠릅니다. 대승 명상에서는 소승 명상을 보고 아직 명상에 대해서 이해하지 못하는 것으로 여깁니다. 그런데도 그 정도로 실력이 괜찮습니다. 소승 명상은 비불교 명상에 비해서 훨씬 낫습니다. 알았나요? 질문 없나요?

명상이 무엇인지 그 개요를 말해드리겠습니다. 질문이요? (여러 수행법이 서로 어떻게 다른가요?) 아! 차이점이 무엇인가? 그 차이는 성취의 단계입니다. 그것은 궁극적으로 어디까지 갈 수 있는지로 요약됩니다. 자! 명상을 가르칠 때, 명상은 집중력을 키우는 것입니다. 그냥 그뿐입니다. 명상 수행은 집중의 힘을 키우도록 해줍니다. 만약 좀 더 낮은 단계의 명상 수업에 가면, 그런 것은 언급조차 하지 않습니다. 집중의 힘을 키우는 법을 모르기 때문입니다. 사람들은 사마디가 뭔지도 모릅니다. 사마디(삼매, 선정)는 산스크리트어로 '집중의 힘'을 뜻합니다. 사람들이 그조차 모릅니다. 여러분이 직접 몇 군데 참여해보십시오. 그리고 여러 명상 지도자를 확인해보십시오. 그 가르침을 읽어보세요. 선정의 힘(Samadhi power)을 계발하는 것에 대해서 가르치지 않습니다. 그건 명상을 해야 하는 것처럼 결코 명확하거나 간단한 문제가 아닙니다. 명상하는 이유는 선정의 힘을 높이기 위해서입니다. 그런가요, 아닌가요? 여러분이 읽어본 책 중에 그런 책이 있었나요? 어떤 지도자이든, 참여해 본 수업에서, 선정의 힘을 높이는 것이 명상을 가르치는 목적이라고 언급한 적 있었나요?

윤회를 거듭하며 가려진 것

내가 설명해 보겠습니다. 내 스승님의 제자들조차 그런 식으로 가르치지 않습니다. 나는 게으르기 때문에 좀 다릅니다. 나는 앞으로 가르칠 수 있는 시간이 20년 밖에 없습니다. 그러면 끝입니다. 시간이 많지 않습니다. 그래서 나는 여러분이 스스로 뭘 하고 있는지, 어디로 가고 있는지 이해하도록 확실하게 해놓아야만 합니다. 여러분이 버텨내면, 동의한다면, 그러면 쌍방 계약이 생깁니다. 그게 아니라면 여러분은 다른 데로 가는 겁니다. 시간을 낭비하지 마십시오. 인생을 낭비하지 말아요. 시간을 허비하지 마십시오. 나는 여러분의 시간을, 여러분을 너무도 많이 공경합니다. 여러분의 시간은 중요한 것입니다. 낭비하지 마십시오.

소승 지도자들은 여러분을 구정의 단계까지는 데려갈 수 있습니다. 소승에서는 구정에 두 종류의 다른 단계가 있는데, 아라한阿羅漢과 벽지불僻支佛입니다. 알겠나요? 이들은 서로 다른 류의 지혜를 계발합니다. 그 선정의 힘 덕분에…. 선정의 힘을 계발하는 이유는…. 선정의 힘과 더불어, 선정의 힘과 동시에 지혜를 계발합니다. 각 선정의 단계는 그에 해당하는 지혜의 단계가 있습니다. 이해했나요?

그래서 구정의 단계는 대승에서 꽤 낮습니다. 음…. 대승의 명상에는 구정보다 더 높은 단계가 훨씬 더 많이, 많이, 많이, 더 많이 많이 많이 많이 있습니다. 만약 누군가 나의 스승님인 선화 상인에 대해서 물어본다면, 예를 들어 스승님에게는 여기 미국에 사는 아라한 즉 구정의 단계인 제자들이 아주 많습니다. 선화 상인에게는 게다가 그보다 훨씬 훨씬 더 높은 제자들도 꽤 있습니다. 그게 우리가 아는 사실입니다. 이건 그냥 말만 그런 것이 아닙니다. 이건 성취의 단계, 마음의 힘, 집중에 관한 일입니다. 알았나요? 그런데 그런 사실이 여러분과 무슨 상관이 있을까요?

나에게 있어서 명상이란, 여러분에게 자녀가 있다면…. 나는 아이들에게 명상을 소개하라고 권하고 싶습니다. 왜냐하면 명상은 인생에서 가장 중요한 기술 중 하나이기 때문입니다. 예를 들어 설명하겠습니다. 평범한 사람, 일반인은 부모에게서 배웁니다. 선생님에게서 배웁니다. 뭔가를 배우고자, 지식을 습득하기 위해서 그리고 이 세상에서 생존할 수 있도록 초중고를 가고, 대학에 갑니다. 바깥세상을 아주 잘 분석하고 구분할 수 있도록 배웁니다. 그렇죠? 다리를 짓는 방법을 배웁니다. 그림 그리는 방법도 배웁니다. 그래서 밖을 관찰하는 데 아주 능숙해질 수 있도록 배웁니다. 하지만 인생의 대부분에서 자신을 관찰하고, 내면을 들여다보는 방법을 알지 못합니다. 명상은 자신을 관찰하는 근본적인 과정입니다. 한문으로 그걸 빛을 내면으로 돌린다, "회광반조回光返照"라고 부릅니다. 그건 어떤 빛일까요? 빛이란 무엇인가요?

여기서 "광光"은 무엇을 의미하나요? 여기서 광은 "지혜의 빛"을 의미합니다. 어떤 문제에 빛을 비추는 것입니다. 이런 걸 어떻게 표현하나요? 들어본 적 있죠? 빛을 비춰서 문제를 더 잘 들여다본다(shine light on the problem to have a better look). 그렇죠? 그래서 더 잘 볼 수 있도록 빛을 비추는 것입니다. 더 잘 분석할 수 있도록 말입니다. 좀 더 정확하게, 그런 게 바로 빛입니다. 여기서 빛은 사실 여러분이 가진 지혜의 빛, 영리함, 지성을 뜻합니다. 여러분이 열심히 연마해 왔고, 평생 모아왔던 그것입니다. 많은 것에 빛을 비춥니다. 그렇죠? 하지만 자신에게 빛을 비추는 것은 배운 적이 없습니다. 그것이 훨씬 더 어렵습니다. 지혜의 빛을 자신에게 비춥니다. 밖을 가리켜 비추는 대신 안으로 돌립니다. 빛을 되돌려 자신을 비춥니다.

반조反照. 빛을 되돌려서 자신을 비춥니다. 회광반조回光返照. 그것이 바로 명상입니다.

명상이란 그런 것입니다. 그것을 제대로 하면 선정의 힘을 키울 수 있습니다. 여러분은 선천적으로 이미 지혜를 갖고 있습니다. 그런데 윤회를 거듭하면서 가려져 버렸습니다. 윤회할 때마다 지혜는 한 층 더 덮입니다. 다음에 올 때, 다음 몸을 받으면 더 많이 덮입니다. 더 덮이고, 더 덮입니다. 명상은 그것을 벗기는 과정이자 방법입니다. 이런 덮개를 제거하고, 벗깁니다. 근본지根本智 (선천적으로 타고난 지혜)를 덮고 있는 이런 덮개의 여러 층을 말입니다. 적어도 우리 불교인은 그렇게 믿고 있습니다. 명상이 실제로 한 층을 벗겨내고 있습니다. 알았나요?

도약을 위한 준비

대승은 여러, 여러 층을, 심지어 산 같은 층들을 벗겨내는 매우 효과적인 방법입니다. 한 번에 산 하나를 제거할 수 있습니다. 내가 자랑을 좀 하고는 있지만 가능한 일입니다. 대승에서는, 대승의 선에서는 그런 걸 할 수 있습니다. 소승은 한 번에 한 층입니다. 비교하자면 그렇습니다. 대승은 순차적으로 가는 대신 도약합니다. 우리는 도약을 준비합니다. 그래서 대승이 때때로 느리게 보이기도 합니다. 그런데 사실은 도약을 준비하고 있습니다. 알았나요? 예를 들어 우리가 하는 선칠에 일주일간 휴가를 내서 온 중국인 학생이 있습니다. 그런데 그 사람은 실망해서 집으로 돌아갔습니다. 그러고는 예전 선칠에서 얻은 것이 더 많았었다고 합니다. 이번에는 아무것도 얻은 것이 없다고 말합니다. 도약을 위해서 때로는 준비가 필요하다는 사실을 이해하지 못합니다. 그래서 이것은 그냥 아직 선을 이해하지 못했기 때문에 그렇습니다.

선 수행을 하면 그냥 하는 겁니다. 욕심내지 않습니다. 수행하러 가서, '이런! 진전하고 있는 건가? 나는 어째서 진전 못 하고 있을까?' 이런 걱정할 필요가 없습니다. 진전하도록 돕는 것은 선생님의 몫입니다. 학생이 그 문제에 대해서 걱정할 필요는 없습니다. 바른 방법으로 수행을 계속하면 도약할 것입니다. 알았나요? 음…. 질문에 답이 됐나요? 다른 질문 없나요?

그렇게 빛을 돌려서 자신을 비춥니다. 빛을 되돌려서 자신을 비춥니다. 그리고 그것이 선의, 명상의 근본적인 과정이며, 명상의 과정입니다. 선을 배울 때, 예를 들어 처음 시작할 때, 여기서 여러분에게 다리를 꼬아서 앉으라고 합니다. 그리고 대부분은, 거의 모두가, 좀 이상한 몇 명만 빼고(모두 웃음), 좀 앉을 수 있더라도 몇 분 이상 앉을 수 없습니다. 나는 처음 시작했을 때, 2분간 앉았는데, 참을 수가 없었습니다. 너무 아팠습니다. 내가 견딜 수 있는 건 2분이 전부였습니다. 보세요. 저기 저분은 결가부좌에 미쳐 있는데, 그게 나를 창피하게 만드네요! 나는 저렇게 잘하지 못했거든요.

나는 처음 시작했을 때, 솔직히 말해서 너무 고생했습니다. 이게 힘든 일입니다. 그래서 나는 결가부좌가 얼마나 힘든지 너무 잘 압니다. 나도 비슷한 과정을 거쳤기 때문입니다. 나 자신도 그 과정을 거쳤습니다. 나는 수행하면서 극심한 고통을 겪었습니다. 그래서 사람들을 가르치는 방법을 알 수 있었습니다. 아! 그래서 가부좌로 앉으라고 가르치는 것입니다. 그런데 여러분의 첫 반응은, "안돼! 너무 아파. 이거 하기 싫어."하는 겁니다. 그렇죠? 그건 그냥 복이 부족해서 그렇습니다. 그게 숨겨진 진짜 이유입니다.

복이 있으면, 선禪이 여러분 자신에게 너무나 이로우므로, 복만 있다면, 그만두지 않을 것입니다. 그래서 아시겠죠? 보세요. 가장 첫 가르침은 우리가 포기자라는 것입니다. 그게 첫 교훈입니다. 자신을 보십시오. 우리는 방종(self-indulgent)합니다. 바로 거기서 많은 교훈을 얻을 수 있습니다. 우리는 방종합니다. 그렇죠? 겁쟁이입니다. 아픈 걸 두려워합니다. 또 뭐가 있나요? 어떤 교훈, 거기서 또 어떤 교훈을 얻나요? 여러분은 어떤 문제가 있나요?

빛을 되돌려서 자신을 비춘다

내가 장담합니다. 명상은 인생에서 아주 근본적인 것이라서, 명상하지 않는 이들을 보면 안타깝습니다. 명상하지 않는 사람들은 자기가 뭘 놓치고 있는지 모릅니다. 아직 복이 충분하지 않은 쪽에 속하는 겁니다. 명상할 수 있을 만큼 복이 충분하지 못합니다. 명상은 삶의 근본이기 때문입니다. 예를 들어 얼마 전 저 밖에서 젊은 아가씨를 만났습니다. 그 아가씨는 이제 고등학교 3학년이 됩니다. 내가 그 학생에게 말했습니다. "스트레스 많이 받니?" 그녀가 말하길, "너무 피곤해요." 합니다. 나는 내 경험을 이야기해줬습니다. "네 나이에 벌써 스트레스가 많다고? 네 생각에 앞으로 살아가면서 스트레스가 늘어날 것 같니? 아니면 안 늘어날 것 같니? 응? 이제 겨우 고등학생인데, 좋은 학교에 들어가면…. 나는 시카고에 있는 좋은 대학교에 갔었거든, 나도 스트레스 때문에 거의 죽을 뻔했어. 내 몸이 망가졌었지. 이걸 어떻게 설명해줘야 할지 모르겠다. 아픈 상태에서 잠도 못 자고, 먹지도 못했지. 진짜 육체적인 통증을 심하게 느꼈어. 난생처음 스트레스 약도 먹어야 할 정도였어." 그렇게 말해줬습니다. 지금 당장 스트레스도 감당할 수 없는데, 대학교에 가면 스트레스가 훨씬 더 많아질 것이라고요. 그러면 남은 인생은 실패하게 됩니다. 자신을 해칠 뿐입니다.

그 아가씨가 스트레스를 받고 있다는 건 어떻게 알았을까요? 오늘 여기서 나갈 때, 집에 갈 때 그 아가씨를 잘 보세요. 어린 나이인데도, 이런 스트레스의 징후를 알 수 있을 것입니다. 스트레스의 징후 중 하나는 몸이 굳어지는 것입니다. 마음이 놀라서 몸이 굳어집니다. 알았나요? 몸이 굳습니다. 그래서 딱 봐도 그녀의 상체가 굳었다는 것을 알 수 있었습니다. 그녀가 걷는데, 스트레스 상태라는 걸 알 수 있었습니다.

그리고 그게 스트레스를 풀어내야 할 때입니다. 그러니까 스트레스가 없으면…, 스트레스가 없는 사람을 한번 잘 보십시오. 그런 사람이 걸을 때 팔을 살펴보세요. 그런 팔의 움직임은 사실 팔이 몸을 따라가기 때문에, 그 사람이 팔을 움직이는 게 아닙니다. 그런데 이 아가씨는 팔을 굳은 채 걷습니다. 스트레스가 없는 사람은, 상체에 긴장이 없는 사람은 팔이 가볍게 흘러갑니다(float). 알겠죠? 자연스럽습니다. 긴장이 전혀 없습니다. 몸 만들러 헬스장 다니는 그런 사람들만 빼고요. (웃음) 세상에는 아널드 슈워제네거들이 있습니다. 우리가 그런 사람을 비판할 수 없는 것입니다. 보면 그냥 알 수 있습니다. (웃음) 여러분은 헬스장 절대 안 가나요? 이런! 보면 알아요. 몸이 뻣뻣합니다. 그렇죠? 유연성 부족입니다. 유연성을 희생하는 대신 힘을 얻는 겁니다.

긴장을 풀면 팔이 흘러갑니다. 팔에 긴장이 없습니다. 걸을 때 팔이 그냥 알아서 자연스레 스윙만 합니다. 팔이 몸을 따라

가니까요. 스님들은 보면 알 수 없습니다. 왜냐하면 내가 제자들에게 그렇게 걸으라고 가르치거든요. 그래서 사람들이 보고, 이들이 선禪에 실력이 있는지 없는지 알 수 없습니다. (모두 웃음) 그러니까 어떤 사람을 보고 상체가 굳어있으면 바로 알 수 있습니다. 그게 스트레스입니다. 선 명상이 그걸 풀어줄 것입니다. 선정이 더 있을수록, 더 발전할수록, 선정의 힘이 높을수록, 몸은 더 유연해집니다. 유연성은 기 흐름이 강하다는 표시입니다. 굳어있다는 것은 기가 막힌 것입니다. 알았나요? 그것이 기본입니다. 명상은 여러분의 능력과 웰빙의 근본입니다. 그리고 맘속에 당장 떠오르는 단 하나는 바로 스트레스를 훨씬, 훨씬 더 잘 다룰 수 있는 능력이라는 겁니다. 알았나요? 점심 식사 전 마지막으로 질문 없나요? 그렇다면 다음에 계속 이어서 하겠습니다. 고맙습니다. 2016.7.30.

자등명 自燈明
법등명 法燈明

모두 안녕하세요. 오전 10시도 안 되었는데 벌써 기온이 38도 가량이나 됩니다. 나는 이미 덥습니다. 이럴 때면 법당에 에어컨 설치 안 한다는 내 결정을 후회한답니다. 내가 미안하네요. 그러나 여러분은 강합니다. 혹시 지난 시간에 다 해결하지 못한 문제가 아직 있나요? 저번 주에 시간이 부족해서 좀 급하게 마쳤어요. 저번 주에 남은 질문 있는 사람 있나요? 걱정이 있거나 하고 싶은 말이 있는 분?

해야 할 중요한 이야기가 없는 관계로 한국에서 보낸 질문에 대해서 이야기를 해보겠습니다. 여기 위산사에도 한국 분들이 몇 명 있습니다. 한국에서 "자등명 법등명"을 자주 언급한다고 들었습니다. 한국인들은 이 말 아나요? 이게 뭐에 대한 이야기인지 아니요?

상욱 스님이 이게 무엇인지 안다고 합니다. 마이크 좀 건네주세요. 그래서 한국 사람들이 왜 이 이야기를 하는지 들어보죠. (우리나라 문화에서는 이 말이 흔히 사용됩니다.) 계속 말해봐요. 한국 문화에서 뭐라고 하죠? 무슨 이유로 이 말을 꺼내나요? (우리가 우리의 마음을 밝힌다. 법을 기반으로 우리가 우리의 마음을 따른다. 법을 기반으로.) 당신의 마음을 따른다? (네, 맞아요.) 법을 기반으로? 한국인들은 그렇게 설명하나요? (그것이 제가 이해하는 겁니다.) 법을 기반으로 마음을 따른다. 흠 뭐 그것도 좋은 조합이겠네요. 한번 봅시다. (아래 구절을 한자 원문, 영어 번역, 한국어, 베트남어로 준비해 프로젝트에 켠다)

「阿難！於現在，或我滅後，若有人『以自燈明，隨時自歸依，不歸依他人；以法燈明，隨時法歸依，不歸依他人』者——阿難！彼等，於我比丘衆中，將在最高境地，必定樂於修學。」

영문 번역은 그리 좋지 않았어요. 아마도 한국인들이 이 구절, "자등명 법등명"을 사용하나 봅니다. 맞죠? 상욱 스님? "네." 그러네요. 마스터가 뭐라 하든 맞아요, 그러는 것이죠. 나는 너무 많이 안 물어볼 겁니다. 날씨가 너무 더워요. 노력은 최소한으로 하고, 점심 식사를 위해서 힘을 아껴야겠습니다.

식사하러 가면 우리를 위해서 시원한 음료가 준비되어 있을 거예요.

이것은 『대반열반경大般涅槃經』에 있는 내용입니다. 나는 왜 이 구절이 한국에서 자주 인용되는지 모르겠어요. 이게 뭐 큰 일은 아니니까요. 나는 이렇게 조합할 것입니다. 중국어는 매우 매우 까다로워요. 한자를 좀 다르게 조합할 필요가 있습니다. 그럼 다른 의미가 됩니다. 한국인들이 다르게 이해하는 이유가, 나라면 이렇게 조합할 텐데, 한국인들은 다르게 조합해서 그런 것으로 보입니다.

자신의 빛, 다르마의 빛으로

내가 이걸 "이자등명以自燈明 이법등명以法燈明"으로 조합할 수 있습니다. 여기서 "이以"는 "~로써" 즉 "~"를 사용해서, "자등自燈" 즉 자신의 빛, 다시 말해서 자신의 등을 써서, "명明"은 무슨 뜻인가요? 여기 중국인들, 내가 어려운 부분을 벌써 했습니다. 사전에는 뭐라고 하나요? 뭐라고요? (밝힌다.) 아주 좋아요. 그러니 자신의 등불을 사용해서 밝힌다. 맞죠? 그리고 법의 빛 또는 등불을 비춘다. 그렇게 간단합니다. 그게 이것이 의미하는 전부예요. 이것이 이 한문이 의미하는 바입니다. 『대반열반경』에 있는 한문 전문을 보십시오.

근데 한자의 수가 너무 많네요. 내가 이걸 전부 영어로 해석하려면 엄청나게 오래 걸릴 거예요. 왜냐면 나는 한자를 하나 하나 다 찾아봐야 하기 때문이죠. 이걸 모두 다 인식하는 중국 인과는 달리 그렇습니다. 이건 기본적으로 "시기적절할 때, 자신에게 의지하고, 다른 이에게 의지하지 말라."는 말입니다. 시간이 적절할 때, 자신에게 의지하되, 다른 이에게 의지하지 말아라. 이것이 바로 이 문장이 하는 말입니다. 자신에게 의지하되, 다른 이들, 또 타인에게 의지하지 말아라. 그것이 바로 이 문장이 하는 말입니다. 그 의미는 필요시 자신의 등으로 빛을 내어서 비추고, 필요시 법의 등, 다르마의 빛을 내어 비춘다. 타인에게 의존하지 말아라. 부처님은 이를 반복하였습니다. 또 타인에게 의존하지 말아라. 다른 이들에게 의존하지 말아라. 스스로 자신의 등을 써서 비춰라. 자신의 법의 등불을 사용하여 비추고, 한국인들에게 의존하지 말아라. 그게 부처님이 말씀하신 바입니다. 그렇죠? 중국인들이 키득키득 웃고 있습니다. 맞아 동의해! 그럽니다. 그리고 중국에 있으면 미국인에게 의존하지 말아라, 라고 말하겠죠. 하하하. 이게 무슨 말인지 이해 하나요? 그건…. 언제 빛을 내어 비춰야 할까요? 뭘 밝혀야 하나요? 무엇인가요?

언제 밝혀야 하나요? 무엇을 밝혀야 합니까? 여기가 더운 건 알겠지만 여러분도 노력을 해봐요. (사실은 이것 때문에 질문이 생겼어요. 다른 이에게 의지하지 않는다는데, 어떻게 선지식을 찾아야 하는 대승 또는 선의 핵심적인 내용과 연관이 되나요?) 그 것도 이야기할 거예요. 저분이 계속 앞서갑니다. (제 생각에는 우리의 무명 또는 불성을 알아내기 위해 빛을 비춘다는 의미인 것 같아요.) 아니에요. 사실 이건 아주 현실적인 일입니다. 여러분 은 너무 이론적이군요. 그가 창피해하는군요. 여러분은 너무 다 학구적이고, 이론적입니다. 모두 다 그렇습니다. 뭔가 학교 에서 나온 사람처럼 그렇네요.

여러분이 가진 자신의 문제를 밝히는 것입니다. 문제를 밝 힙니다. 무명을 밝힙니다. 불교에서 등불 또는 빛의 개념이 밝 다는 것과 연관이 있고, 그것은 무명, 우치愚癡(어리석음)와도 연관이 있습니다. 그래서 자신의 빛을 써서 자신의 무명, 우치, 자신의 문제를 밝히는 겁니다. 여러분이 이해 못 하는 것, 여러 분을 멈추게 하는 것, 마음을 괴롭게 하는 걸 비추는 겁니다. 맞나요? 그런 뜻입니다. 이건 매우 불교적인 개념입니다.

부처님이 여러분에게 법을 가르쳐준 이유는 바로 여러분이 자신의 문제를 스스로 밝히게 해주기 위해서입니다. 여러분에 게는 어떤 문제들이 있나요? 어떤 이는 깨닫고 싶다고 합니다. 그것도 하나의 문제이죠. 그러면 자신의 빛을 사용해서 왜 깨 닫지 못했는지 비춰보는 겁니다. 그뿐입니다. 맞죠?

오늘은 정토 법회가 있는데, 여러분 중 몇은 "내가 왜 아직도 정토에 있질 못할까?', '어떻게 정토에 갈 수 있을까?"라고 물어보는 겁니다. 그것도 문제 아닌가요? 맞죠? 그러니 자신의 빛을 써서 이런 문제를 비추는 것입니다. 왜 아직도 여기 남아 있는지, 왜 아직도 정토에서 왕생하지 못한 것인지 말입니다. 저번 주말에 이야기했던 염라대왕을 전에도 만나지 않았나요? 예전에 염라대왕을 만났을 텐데, 어째서 아직도 여기 있나요? 문제가 뭘까요?

문제를 비춰봐야 한다

저번 주말에 했던 이야기 기억하나요? 우리가 죽으면 대부분 염라대왕을 만날 것입니다. 그러면 염라대왕이 말합니다. "글쎄…. 알겠지만, 당신은 정토에는 못 가요." 그러니 그게 큰 문제 아닌가요? 그렇죠? 죽은 후에 염라대왕에게 갈 겁니다. 염라대왕은 여러분이 어디로 갈지 결정합니다. 그러니 그게 큰 문제입니다. 그래서 자신의 빛을 써서 미래에 신과 함께 한다든지, 아미타 부처님과 함께 한다든지, 문제가 뭐든 간에 염라대왕에게 사례를 만들 수 있게 비춰봐야 합니다. 자신의 빛을 써서 문제를 비춤으로써 알아내야 합니다. 그것이 이 문장에서 말하는 전부입니다.

이법등명以法燈明. 법의 등을 써서 문제를 비춘다. 자신의 빛을 사용해서, 법으로부터 온 빛을 써서, 문제를 밝혀서, 문제가 무엇인지 이해하려 해본다. 자신의 문제를 고치는 데 다른 이에게 의존하지 않는다. 그뿐입니다. 한국인들이 이걸 어떻게 상욱 스님이 설명한 것처럼 해석했는지 모르겠습니다. 그래서 나는 내 법의 등을 써서 알아내 볼 겁니다. 왜 한국인들이 이에 대해서 그런 식으로 말했는지 말입니다. 나의 법의 등을 사용해서, 왜 한국인들이 한국식으로 설명하는지 비춰보겠습니다. 나는 이걸 설명하는데 이제 더 이상 상욱 스님한테 의지하지 않을 것입니다. 이해했나요? 아주 간단합니다.

그러면 어째서 자기 자신을 의지해야 할까요? 어째서 법의 빛을 밝히는 것에 의지하나요? 첫째 이건 여러분이 스스로 알아내야 한다는 것을 뜻합니다. 타인이 여러분을 대신해서 알아내 주길 기대할 수 없다는 것입니다. 알았나요? 이건 부처님의 말씀입니다. 내가 하는 말이 아니라요. 부처님은 이런저런 문제가 있으면, 그게 당신의 마음을 괴롭힌다면, 그것이 큰 문제라면, 직접 알아내야만 한다고 말하는 겁니다. 백만장자가 되고 싶다면, 돈을 많이 벌고 싶다면, 여러분이 직접 알아내야 합니다. 타인에게 의존하지 마십시오. 알았죠?

어젯밤은 날이 너무 더웠습니다. 아마 여러분 중 많이들 그랬겠지만, 나도 잠을 잘 수가 없었습니다. 이 문제에 대해서 말해봐도 되나요? 나도 잘 수 없었습니다. 많은 분이 여기 법당에서 좌선했고, 깨달아보려고 노력하고 있었습니다. 하지만 나는 안 했습니다. 대신 잠을 자려고 노력했습니다. 여러분과는 달리 난 오늘 긴 하루가 있어요. 여러분은 저기 뒤쪽에 앉아서 졸 수 있지만, 마스터는 여기 앞에 앉아서 쇼를 펼쳐야 하니까요!

잠을 청했는데, 너무 더워서 잠을 잘 수 없었습니다. 그래서 텔레비전을 틀어봤습니다. 내가 뭘 봤는지 아나요? 부동산 투자 세미나에 와서, 어떻게 돈을 많이 벌 수 있는지 들어보라고 했습니다. 250달러라고 했습니다. 엘에이 공항 옆 힐튼 호텔에서 말입니다. 그 프로그램 본 적 있나요? 하하하. 할렐루야! 우리는 이런 TV 프로그램을 많이 보죠. 나는 이런 프로그램에 신청해서 가본 적이 한 번도 없었다고 자랑스레 말할 수 있습니다. 솔직히 나도 귀가 솔깃했습니다. 그런데 난 이런 원칙 덕분에 등록하지 않았습니다. 돈 버는데 타인에게 의존하지 않는 겁니다. 우리 서로 이해한 거죠? 동의하나요? 그래서 나중에는 너무 가난해져서 돈이 없으니까 스님이 된 것입니다. 잘된 거죠. 하하하. 아무도 새벽 3시에 TV를 보지 않나요? 아무튼 문제가 있으면, 자신의 빛을 써서 비춰야 합니다. 예를 들어 특히 깨닫길 원한다면, 깨닫길 원한다면, 또는 아내가 이혼을 원한다면…. 그러면 큰 문제가 아닌가요? 그녀가 왜 이혼하고 싶은지 말해줄 거라 기대하면 안 됩니다. (웃음)

아직도 깨닫지 못했다면…. 내가 이혼에 대한 이야기를 할 때, 그건 마음에 상처받은 사람에 대해서 이야기 한 것입니다.

큰 괴로움이잖아요. 그럴 때 스스로 알아내야 합니다. 심리상
담사가 왜 그런지 말해줄 거라 기대하지 마십시오. 그런 사람
도 스스로 알아낼 수 없습니다. 재미있습니다. 내 기억에 여러
친구가 이혼할 때 가족 심리상담사를 찾아갔습니다. 그런데
무슨 일이 생겼는지 알아요? 그 상담사도 이혼을 했습니다. 하
하하. 왜 상담사를 찾아가야 하는지 이해할 수 없었습니다. 그
이야기의 나머지 부분은 안 하겠습니다. 너무 사적이니까요.
아무튼 마음의 상처 말고 다른 중요한 이야기를 해봅시다.

선지식에도 의존하지 말라

여러분이 깨닫지 않았다면 자신의 등을 써서 그 문제를 비춰
봐야 합니다. 타인에게 의존하면 안 됩니다. 법의 등을 사용해
서 이를 비춰야 합니다. 타인에게 의존하면 안 됩니다. 그것이
바로 부처님이 하신 말씀입니다. 부처님이 하신 말씀은 그뿐
입니다.

　깨닫는 것에 대해서 이야기해 봅시다. 깨닫고 싶으신 분 있
나요? 2~3명 정도? 우리만 진지한 수행자들이군요. 나머지는
그냥 생긴 대로 삽시다. 깨닫기를 원한다면 스스로 알아내야
합니다. 그런데 법을 써서 알아내야만 하는 것이죠. 비춰야만
하는 것입니다. 구루와 같은 사람들에게 의존하면 안 됩니다.
또는 예를 들어 한국인에게 의존하면 안 됩니다. 지금까지 이

해했나요? 여기까지 동의하죠? 부처님이 하신 말씀은 그뿐입니다. 나는 그냥 부처님의 가르침을 해석할 뿐입니다. 내가 이 말을 만들어내고 있는 것이 아닙니다. 그리고 어떤 사람이 아까 물어봤죠. 선지식은 어떤가요? 네? 선지식은 어떤가요? 선지식에 의존해서 왜, 어떻게 깨달을 수 있는지 알아낼 수 있나요? 어떻게 정토에서 왕생할 수 있는지는 어떤가요? 그런 걸 알아내는 데 선지식에 의지하지 않나요? 그러니까 여러분이 아직도 여기에 있는 겁니다. 계속 사찰에 선지식을 찾으러 오니까요. 그래서 아직도 여기 있는 것입니다. 네, 말하세요. (타인이 하려는 말을 듣는 건 좋습니다. 그게 선지식입니다. 그런데 끝엔 자신이 결정해야죠. 타인의 말을 들어볼 수 있지만, 결론이나 결정은 스스로 합니다. 저도 여러 조언들을 듣지만, 결국 가고자 하는 길은 직접 찾아야만 합니다.) 이분이 말하길 "나는 절에서 마스터의 지침을 듣고서, 생각해보고, 내 맘대로 결정한다. 그러니 그 지침들은 믿지 않는다."고 말하는 거예요. (그건 다르죠!) 그녀가 말하길, "네 맞아요." 그럽니다. (웃음) 네, 말해보세요. (마스터가 지침을 주셨을 때, 내 빛을 비춰서 내가 뭘 해야 하는지 이해하고, 해석해야 한다고 말할 수 있겠어요. 선지식이 지침을 주시만, 그래도 내가 직접 알아내야만 하는 거죠. 선지식의 지침을 따르고 생각하고 있을 때에도요.) 선지식이 지침을 줬는데, 직접 알아내야 하면, 그게 무슨 소용이지요? 넌센스 아닌가요? (제가 실수하고 있는지, 스님이 지도해주길 바랄 뿐이에요. 스님이 학생에게, 제자에게 준 지침을 볼 수 있는 거예요. 하지만 제자가 스스로 노력해야 하니까…. 아닌가요?) 여러분은 동의하나요? (선지식이 어떤 차이를 만드는 것으로 짐작하지만, 내가 그냥 그것에만 의지하고, 내가 스님의 말을 듣고, 적어도 저에게는, 스님이 법을 설하는데…) 근데 아직 안 되어서, 아직도 깨닫지 못했겠죠? (아직은 아니죠. 하지만 아직 그 길을 걷고 있어요.) 그냥 약속하고, 또 약속만 해줬다는 거군요! 불쌍한 아가씨. 그녀는 아무거나 다 믿습니다. 아! 이제 저분도 키득키득 웃네요. 인터넷에서 질문과 답변이 들어왔다고 합니다. 하하하.

여러분만 자기 자신을 낭패케 하는 건 아닙니다. 이렇게 법문을 하면, 자신을 창피하게 만들어요. 그건 보장할 수 있습니다. 법을 가르치는 스승이 되고 싶은 제자들아! 낭패 볼 준비를 해둬라! 입을 떼는 순간 여러분의 말은 매우 어리석게 들리게 될 것입니다. 그냥 우리끼리 하는 말이지만, 나는 내 영상은 안 봅니다. 나는 내 영상을 안 봐요. 내걸 보면…. 아! 너무 멍청해, 할 테니. 알았나요? 좋습니다. 인터넷 질문과 답변, 좋습니다. 해봐요. 또 다른 게 있어요?

(지침을 받으면, 그 숙제를 우리가 해야만 하는 겁니다.) 그렇다면 부처님께서 타인에게 의존하지 말라고 말씀하신 것과 반대되지 않나요? 여기 한자로, 여러분은 한자를 이해하지 못하

니까, 여기 슬라이드에 보면, 부처님이 말씀하시길, "타인에게 의존하지 않는다."라고 했습니다. 여기서 그 타인이 선지식이 될 수도 있잖아요? 선지식도 또 다른 사람이니까요. 선지식도 그냥 또 다른 사람일 뿐이니까요. 선지식은 부처님도 아니고, 신도 아닙니다. 그냥 또 다른 한 명의 사람이죠. 맞나요? 여기 모순이 있는 게 아닌가요?

화난 당신께 선지식이 하는 것

(여기서 적절할 때 법에 의존하라고 했습니다. 저는 우울증을 겪고 있었을 때를 생각해봅니다. 그때 마스터의 법문을 듣고 있었어요. 그게 도움이 되었습니다. 그 순간, 그때가 바로 적절한 때였어요. 그게 제가 이해하는 바입니다.) 확실히, 그게 그녀에게 도움이 되었습니다. 부처님이 말씀하시길, 또 타인에게 의존하지 말라고 했습니다. 외부에 의존하지 말라고 했습니다. 자기 자신을 의존해야 합니다. 또는 타인에게 의존하지 않고, 법에 의지해야 합니다. 인터넷에 의지하지 않습니다. 사전에 의지하지 않아요. 다른 어떤 것도 의존하지 않습니다. 두 개에만 의존합니다. 여러분 자신, 자신의 등 그리고 법에서 온 빛, 그것이 부처님이 하신 말씀입니다. 다른 어떤 것에도 의존하지 말라는 것입니다. 그건 선지식도 포함합니다. 선지식도 또 다른 한 사람이니까요. 그렇다면 여기 부처님이 가르치신 것과 대승에서

사람들이 가르치는 것과 모순이 있잖아요? (전 모순이 있다고 생각하지 않습니다.) 모순이 없어요? (제 생각에는 어떤 사람에게 의지한다는 것은 그 사람이 우리를 위해 해주길 기대한다는 것입니다.) 대승에서는 아주 단순한 가르침이 있습니다. 대승을 배우고자 한다면 선지식을 찾아야 한다는 것입니다. 선지식에 의지해야 합니다. 그뿐입니다. (하지만 그래도 우리는 직접 열심히 노력해야 하고, 알아내야 합니다. 맞나요? 제 경험으로는 그렇습니다.) 맞아요. 모순이 없습니다. 법의 등불에 의지하여 비추는 것입니다. 선지식이 하는 일은 법을 설명하거나, 법이 무슨 뜻인지 지침을 주는 것뿐입니다. 또는 법을 사용한다면, 여러분이 무엇을 해야 하는지를 말입니다. 이것이 중국인들이 가진 오해입니다. 많은 이가 잘못 이해하고 있습니다. 선지식은 그냥 법의 등입니다. 선지식은 정말로 법의 등입니다. 그뿐입니다. 선지식은 사실상 어떤 사람이 아닙니다. 선지식이라는 사람은 여러분에게 빛을 주고, 어떤 법의 등을 써서 비출 수 있는지 가리켜 줍니다.

그것이 바로 선지식이 해야 하는 일입니다. 선지식이 돈을 달라고 물으면 안 됩니다. 왜냐하면 돈은 문제를 밝히는 데 도움이 안 되기 때문입니다. 그 돈은 선지식의 문제를 비추기만 하고, 여러분 자신의 문제는 안 비춰주니까요. 저는 양면에 대해서 설명 중입니다. 선지식은 법을 설하여 사람을 돕습니다.

법이란 것은 여러분이 사용해서 문제를 비출 수 있다는 뜻입니다. 예를 들어 여러분이 우울합니다. 그러면 선지식을 찾아가서, "저 우울해요. 뭘 하면 될까요?" 라고 묻습니다. 선지식이 말하길, "성모마리아를 10번 불러라." 그러면 그것이 법입니다. 맞죠? 여기 오는 그 천주교인 어디 갔나요? 스승님은 여러분이 사용해서 문제를 비출 수 있는 법을 줘야 합니다. 그러니 이 점에 주목하십시오. 선지식이 준 법이 그 문제를 밝혀주지 못하면, 그럼 조심해야만 합니다.

이게 문제입니다. 실패한 일이 여러분이 원인인지, 아니면 법이 실패한 것인지 말입니다. 이해되나요? 선지식은 기본적으로 어떤 법의 등을 써서 문제를 밝혀야 할지 가리킵니다. 그런 후 여러분은 스스로 자신의 등을 써서, 법의 등 빛 속에서, 그걸 밝혀야 하는 것입니다. 그런 뜻입니다.

이런 말을 하면 내가 여러 스님 동료들로부터 곤란해질 수 있을텐데…. 선지식의 역할은 여러분에게 문제가 있을 때, 사용할 수 있는 다르마를, 여러분이 살펴볼 수 있도록, 문제를 고치는 데 사용할 수 있도록 말해줘야만 합니다. 그러면 여러분이 집에 가서 그 문제를 고치기 위해서, 그 다르마를 사용하는 것입니다. 예로 여러분이 아직 깨닫지 못했다면, 선지식은 말합니다. "다리를 꼬고 앉아라." 그런데 여러분이 "싫어요." 합니다. 그럼 그것은 누구의 잘못인가요? 여러분이 거절한 것입니다. 그러니 그 법의 등불을 취하거나, 밝히지 않은 것은 바로 여러분입니다. 그러니까 그것은 여러분의 문제입니다. 예를 들어 여러분이 화가 났습니다. 남편에게 화가 난 거예요. 그래서 선지식을 찾아가서, "남편에게 화가 났어요. 뭘 하면 되나요?" 묻습니다. 그때 선지식은 "다리를 꼬아서 앉아라."고 하는 겁니다. 그것이 바로 "이법등명以法燈明"입니다. 선지식이 다리를 꼬고 앉는 법을 사용한 것입니다. 그래서 여러분이 왜 화가 났는지 보는 겁니다. 그리고 자신의 빛을 써서, 그러니까 그 뜻은 직접 그걸 실행해야 한다는 뜻입니다. 자신의 빛을 쓴다는 것은 기본적으로 그냥 켠다는 것입니다. 알았나요? 실행한다는 것입니다. 그걸 켜지 않으면 그건 선지식의 문제가 아닙니다. 여러분이 켜는 걸 거부한 것입니다.

바른 법을 써서 풀어야

"명明"이라 함은 이해한다는 뜻입니다. 아주 심오한 가르침입니다. 이렇게 부처님의 가르침은 아주 깊습니다. 이해하기가 매우 어렵습니다. 그래서 부처님은 여러분이 이해할 수 있도록 "조사祖師"라고 불리는 제자들을 우리 세상에 보냈습니다. 왜냐하면 여러분이 홀로 할 수 없기 때문입니다. 중국인들에게 물어보십시오. 한국인들에게 물어보세요. 잘못된 답을 줄 겁니다. 조사에게 물어봐야만 합니다. 그러면 어떤 법의 등을 사용해서 알아낼 수 있는지 도와줄 것입니다.

이런 이유로 이 세상의 불교는 쇠퇴하고 있습니다. 선지식이 어떤 법의 등을 추천해 줘야 하는지 알지 못하기 때문입니다. 선지식의 역할은 이렇습니다. 여러분이, 신도들이, 학생이 어떤 법의 등을 써서 자신의 문제를 밝힐 수 있는지 말해줘야만 합니다. 그렇게 할 때, 그것이 "자등명"인데, 그건 스스로 지혜를 써서 문제를 밝힌다는 뜻입니다. 그 과정은 마치 마법과 같습니다. 직접 자신의 등을 써야 하는 것입니다. 켜야 합니다. 그리고 결국 스스로 알아낼 것입니다. 하지만 여러분이 직접 문제를 고치는 방법을 결정해버리면, 바른 법을 사용하지 않는 한, 혼자 스스로 결정했을 때, 바른 법을 고를 가능성은…. 예를 들어 스트레스를 많이 받는다고 합시다. 또는 이혼 당하는 일로 스트레스를 받고 있다고 합시다. 그래서 엄청 번뇌로운 겁니다. 그리고 그 문제를 고치기 위해서 무슨 다르마를 써야 하는지 알지도 못합니다. 그런데 여러분이 자신을 위해서 어떤 다르마를 사용할지 직접 고른다면, 성공할 확률은 거의 없습니다. 혼란스러우니까요. 매우 혼란스러운 상태입니다. 그러니까 애초부터 자신에게 문제를 만든 겁니다. 그런데 혼란스러운 사람에 의존하여, 혼란스러운 상태인 자신의 문제를 직접 풀려고 하고 있습니다. 그러니 성공할 확률은 희박합니다. 이해했나요?

바른 법을 써야만 합니다. 이건 매우 중요한 문제입니다. 모든 것은 고치기 위해서 바른 법이 필요합니다. 코로나19만 예외입니다. 현재 그걸 위한 법이 없고, 백신을 기다려야 합니다.

여기서 요점은 문제에 대한 해결책을 제공할 법이 배경에 있다는 것입니다. 이게 매우 강력한 진술입니다. 이법등명以法燈明. 불법에는 문제를 밝힐 등불이 있다는 뜻입니다. 이 구절이 그만큼 강력한 것입니다. 이해했나요? 부처님께서 매우 크게 의문을 털어낼(sweepy) 구절을 말씀하신 겁니다. 이법등명! 법의 등불을 사용하여 그것을 비추어라. 그것을 비출 수 있는 법이 있다는 뜻입니다. 대단히 흥미롭지 않나요? 이게 그냥 캐주얼한 말인 걸로 생각하나요? 부처님은 강력한 진술을 하고 계신 겁니다. 여러분의 문제를 고칠 수 있는 법이 있는 거예요. 멋지지 않아요? 부처님만 그렇게 말할 수 있습니다. 왜냐하면 부처님은 알기 때문입니다. 그리고 법을 사용함으로써…. 네 말씀하세요. (그럼 선지식의 말을 실행해야만 그 후, 그때에만 우리에게 자기 자신의 빛이 있나요? 아니면 우린 벌써 빛이…) 그 이야기하려고 했습니다. 아주 좋아요. 선지식이 말하길 "다리를 꼬고 앉아라!" 그것이 다리를 꼬고 앉는 법입니다. 그렇죠? 이해했나요? 선지식이 말하는 게 뭔가요. 나한테 2달러 줘봐, 그건 돈(money)의 다르마입니다. 오케이? 집을 나한테 넘겨라, 뭐 그런 거예요. 여러분의 문제를 고칠 특정한 법이 있는 거예요.

그러니까 첫 부분인 "이법등명". 여러분이 이해할 수 있게 이렇게 설명해보겠습니다. 역순서로 하면, 이 불교 논리를 이해할 수 있도록 설명하기 좀 더 수월합니다. 부처님이 여러분에게 그걸 줬습니다. 선지식이 여러분에게 준 겁니다. 이제 그 주어진 법을 따르면, 여러분 자신의 빛이 빛날 것입니다. 그 법이 없다면 여러분의 빛은 빛나기는 어려울 것입니다. 의미가 통하나요? 그렇게 이 가르침이 훌륭합니다.

나는 이렇게 설명할 것입니다. 만약 여러분이 문제가 있다면, "이자등명", 즉 자신의 빛을 써서, 그걸 고치기 위해서 밝히고, 직접 열심히 해야 하는 것입니다. 타인이 고쳐줄 것이란 기대는 마십시오. 그건 모든 사람에 있어서, 모든 문제에 있어서 보편적 사실입니다. 여러분이 그걸 고쳐야 하는 것입니다. 사람들이 고쳐줄 거란 기대는 마십시오. 지금까지 고칠 수 없었던 이유는 잘못된 법을 사용했었기 때문입니다. 알았나요?

내가 그걸 다시 반대로, 원래 부처님이 말씀하셨던 대로 설명하면, 여기 원문처럼 말입니다. "여러분이 자신에게 의지해야 하고, 직접 알아내야만 한다. 타인에게 의지하지 말아라. 아무도 대신해 고쳐줄 수 없다." 아주 강력한 진술입니다. 여러분만 고칠 수 있는 것입니다. 다른 누구도 고쳐줄 수 있을 거라 기대하지 마십시오. 그리고 고칠 수 없다면, 그건 단지 잘못된 법을 사용했기 때문입니다.

　예를 들면 여러분은 다리를 꼬고, 반가부좌 대신 결가부좌로 앉아야 했습니다. 기억나죠? 보통 사람은 "아내가 나한테 강요하는 게 있어서 기분이 너무 나빠. 그러니 가서 한잔해야겠군."이라고 말합니다. "슬픔을 술독에 빠뜨려야겠어." 에이~ 여러분은 너무 재미없네요. 현실적인 사람이 아니에요. 괴로운 적도 없나요? 마음 아픈 적 없어요? 한번도? 보통 사람들은 이렇게 합니다. 술을 마십니다. 적어도 평범한 사람은 그런 걸 합니다. 맞습니다. 바에 가서, 아니면 마트에 가서 술을 삽니다. 문제를 고치는 데 술을 사용하는 것이 그 사람의 다르마입니다. 그런데 잘못된 법을 사용했기 때문에 고치고 있질 못한 것이죠. 그러니 다른 것을 찾아보아야 합니다. 그리고 또 다른 것, 또 다른 것… 만약 여러분이 영리하다면, 대승의 사람들처럼, 대승으로 영리하다면, 직접 고쳐야 한다는 건 알고 있지만, 선지식을 찾아가, "어떻게 고치나요?" 하고 물어야 합니다. 그랜드 마니에? 아니면 이태리 와인으로 고쳐야 할까요? 젤라토 아이스크림? 아니면 데킬라로 고치나요? 이렇게 묻는 겁니다. 이해했나요?

　어떤 순서로 설명하든 다 말이 됩니다. 같은 내용입니다. 같은 과정입니다. 도움이 되었나요? 이제 잘 이해되었나요? 듣기에 단순하지만 이건 아주 극도로 깊습니다. 불교의 가르침은 아주 강력합니다. 이게 아주 크게 확 치워버립니다. 여러분의 문제를 고칠 수 있는 그 법, 모든 문제는 법의 해결책이 있습니다. 여러분은 그냥 그걸 적용하기만 하면 됩니다. 그뿐입니다. 멋지지 않습니까? 2020.9.6.

사십구재법

모두 좋은 아침입니다. 오늘 비구니 손님 두 분이 절에 오셨습니다. 환영합니다. 이것도 상서로운 일입니다. 나의 제자의 어머니, 나의 제자의 할머니가 며칠 전에, 이틀 전에 돌아가셨는데, 우리가 바라건대 그분들을 정토에 보내드리는 데 도움을 드릴 수 있길 빕니다. 그분들의 장례식을 돕기 위해 오늘 이 자리에 참여하고자 노력한 그 가족, 그녀의 가족, 그 후손들, 자녀분들과 손주들을 환영하고자 합니다. 그녀는 거의 107세까지 살았습니다. 아주 좋은 나이입니다. 정말 좋습니다. 인상적입니다. 그녀는 중국에서 살다가, 중국에서 세상을 떠났습니다. 고인은 어땠나요? 임종 시 건강한 편이었나요? 아팠나요? (가족이 말함) 그러니까 자신이 떠날 것을 알고 있었다는 겁니다. 그래서 음식으로 부담을 주고 싶지 않았던 겁니다. 아주 아주 좋은 징조입니다. 그녀의 정신이 매우 명료한 것입니다. 화를 내지 않고 매우 평화롭게 세상을 떠났다고 합니다. 그게 중요합니다. 아주 아주 좋습니다. 고인은 어떻게 살았나요? 삶이 어땠나요? 누구든 그분의 삶을 이야기해보겠어요? 뭘 했었나요? 임종 전에 일할 수 있었나요? (가족이 말함) 몇 년 전 골절상이 좀 있어서 일어날 수 없었지만, 그래도 자신을 보살필 정도는 됐다고 합니다. 매우 좋습니다. 참고로 그녀는 지금 상황에서 천국에 갈 운명입니다. 아무것도 하지 않으면 7주 이내 천상에 갈 것입니다. 알았나요?

49일 동안 무슨 일이 일어나는가

이제 여러분 중 불교에 대해 잘 알지 못하는 분들을 위해서 사십구재四十九齋를 말씀드리겠습니다. 동양인에게 '사십구재'라는 전통이 있습니다. 왜냐하면 불자들, 그리고 동양인 불자들은 사후 49일이라는 유예기간이라는 전통이 있는데, 사람이 죽은 후 어디로 갈지, 어떤 몸으로 옮겨질지 그런 결정들이 내려진다고 믿습니다. 그런 이유로 동양인은 전통적으로 복을 짓기 위해서 절에 가서 도움을 청했습니다. 그렇게 우리는 망자의 왕생에 좋은 영향을 줄 수 있습니다. 그것이 동양의 전통입니다. 알았나요? 그걸 할 수 있는 것은 49일 밖에 없습니다.

그런데 이제 동양인들은 이런 49일을 그저 전통적으로 경전을 암송하고, 부처님의 명호를 염불하는 등의 불교 의식으로 만들어 버렸습니다. 그게 다입니다. 실제로 무슨 일이 벌어지는지 이해하기보다는 다소 전통적인 일이 돼버렸습니다. 불교인들이 믿는 바에 따르면 이렇습니다. 사실 이 기간에 무슨 일이 생기냐면 망자를 돕기 위해서 복을 많이 짓습니다. 그러면 망자가 다음엔 훨씬 더 나은 사람으로, 더 나은 몸을 얻을 수 있게 되는 겁니다. 그것이 사십구재의 의미입니다.

전통적으로 사람들은 단순히 의식적인 측면에 집중했습니다. 왜냐하면 사랑했던 이를 기리기 위해서 무언가를 하고 있음을 타인에게 보여주고 싶기 때문입니다. 하지만 우리 불교인들은 그 타이밍이 가장 중요하다는 것을 이해합니다. 왜냐하면 망자를 돕기 위한 시간이 49일 밖에 없기 때문입니다. 우리의 대승 경전인 『지장경』에 보면 석가모니 부처님이 그걸 설명했습니다. 그러니 『지장경』을 참고해보세요. 석가모니 부처님이 말씀하시길 이 49일이라는 기간에 망자는 염라대왕이라는 저 아래쪽에 있는 관료를 만날 기회가 있습니다. 그가 우리에게 다음에 어떤 몸을 줄지 결정합니다. 불자들은 윤회라는 것을 믿습니다. 여러분은 사실 죽을 때마다 몸을 바꿉니다. 그래서 그걸 결정하는 관료, 그 판관의 이름이 염라대왕입니다. 그 왕은 저기 아래층에 있습니다. 그는 망자의 기록을 보면서,

선악을 판단하는 판관입니다. 이것은 선행이고, 반대로 저것은 악행이라고 말해줍니다. 그래서 선행이 더 우세하면, 망자는 다음에 더 좋은 몸을 얻습니다. 그렇게 작동합니다. 이것이 석가모니 부처님께서 『아미타경』, 『지장경』 그리고 다른 경전에서도 조금씩 설명한 내용입니다.

우리 불교인은 49일밖에 시간이 없다는 것을 알고 있습니다. 그런 이유로 열심히 노력합니다. 수행하고, 염불하고, 명상합니다. 왜냐하면 누군가 죽었을 때, 드디어 우리에게 도울 기회가 있기 때문입니다. 알았나요? 그게 그렇게 된 겁니다. 기본적으로 다음에 더 나은 생을 원하면 아주 복이 많아야 합니다. 그렇게 간단합니다. 그래서 우리 불자들은 망자를 대신해 49일간 복을 짓기 위해서 노력합니다. 그렇습니다. 49일이 지나면 새로운 몸을 갖게 되고, 그게 끝입니다. 그러면 도와줄 수 없습니다. 매우 어렵습니다. 몸을 맡게 되면 오랜 시간이 걸려서, 돕기가 훨씬 더 어렵습니다. 그렇기에 우리 절은 49일이라는 이 기간을 아주 대단히 진지하게 여깁니다.

좋습니다. 여러분을 위해서 더 설명해보겠습니다. (청중을 보며) 당신의 할머니가, 당신의 어머니가 돌아가셨습니다. 그녀는 선한 인생을 살았습니다. 그러면 아주 선한, 아주 도덕적인 인생을 살았기 때문에 천상에 갈 것입니다. 낮은 단계의 천상에 왕생할 것입니다. 아무것도 하지 않으면 아무것도 변할 것이 없습니다. 그런데 이 49일 동안 복을 더 많이 지으면, 그녀는 분명히 더 나은 높은 천상으로 올라갈 겁니다. 반대로 이 기간에 우리가 그녀의 이름으로 악행을 저지르면 그녀는 복을 잃습니다. 그러면 더 낮은 법계로 떨어질 것입니다. 알았나요? 그것이 불교적 믿음입니다.

많은 복이 필요한 정토 세계

게다가 동양에서 불자들이 믿는 최상의 장소가 있습니다. 우리는 그녀를 가장 높은 단계, 가장 좋은 곳, 정토라고 불리는, 서방 극락정토라 불리는 곳에 데려가려고 합니다. 불교인들에 따르면 그곳은 죽은 후 갈 수 있는 가능한 한 최상의 장소라고 합니다. 그뿐입니다. 그밖에 더 좋은 것은 없습니다. 우리 대승에서 믿는 바에 따르면 그렇습니다. 지금 당장 당신의 어머니, 할머니는 천상에서 태어날 수 있고, 그곳 천상에서 유쾌하게 지낼 수 있습니다. 하지만 가지고 있는 복이 다하면 더 낮은 법계로 떨어질 것입니다. 거기에서는 우리가 그녀를 위해서, 그녀에게 주기 위해서 짓는 모든 복으로 그녀를 당분간은 행복하게 해줄 수 있겠지만, 복이 다하면 낮은 법계로 떨어질 것입니다. 그러므로 불자에게 최상의 장소는 가장 높은 단계인 정토입니다.

만약 그녀가 정토에 가는 데 성공한다면, 거긴 우리가 있는 곳에서 아주 먼 세상인데, 더는 괴로움이 없을 것입니다. 다시는 고통받지 않을 것입니다. 절대로요. 우리의 세계를 보면, 그것이 '우리은하'이며, 그게 하나의 세상입니다. 불교에서는 그게 그냥 하나의 세상입니다. 정토 즉 서방 극락정토는 우리 세계에서 100억 개의 세계만큼 떨어져 있습니다. 그만큼 멀리 떨어져 있어서 그곳에 가려면 엄청나게 많은 복이 필요합니다. 마치 여행을 가려고 하는데, 더 멀리 여행할수록 비용이 더 비싼 것과 마찬가지입니다. 항공편에 돈을 더 많이 써야 하는 것과 같습니다. 마찬가지로 백억 세계 떨어진 서방 극락정토에서 왕생하려면, 믿을 수 없을 정도로 엄청난, 엄청나게 많은 양의 복을 지어야 합니다. 그래서 받을 수 있는 도움은 뭐든 다 환영합니다. 이 49일 동안 그녀에게 다음 몸에 좋은 기회를 주기 위해서 어떤 종류의 복을 만들어 낼 수 있는지 우리 모두 해보는 겁니다. 그러므로 여러분의 기여, 그 노력이 차이를 만듭니다. 다른 질문이나 의견이 있나요?

(제가 궁금한 건 업이란 기본적으로 천신, 염라대왕 또는 어떤 존재에 의존하지 않는 개인적인 과정을 말하는 건가요? 아니면 염라대왕이 그의 역할을 하고는 있지만, 저의 업이 작동하는데 그가 딱히 책임이 있지는 않은 건가요?)

업을 짓는데 다른 사람이 필요하지 않습니다. 결정을 내리는데 다스리거나 통치할 필요는 없습니다. 그렇다면 여러분이 짓는 업에 대한 염라대왕의 역할은 뭘까요? 원칙적으로 모든 것에 '인과因果'라 불리는 보편적 원칙이 있습니다. 어떤 원인을 심으면, 씨앗을 심으면, 그러면 거기에 상응하는 결과가 있습니다. 그 의미는 농사와 마찬가지로 멜론 씨를 심으면 결국 멜론을 얻는다는 말입니다. 그렇죠? 그것이 인과입니다. 그래서 인因을 심으면, 그걸 "업을 짓고 있다."고 말합니다. 불교 용어로 업은 기본적으로 씨앗 즉 어떤 씨를 심는 것입니다. 씨앗을 심으면 거기 상응하는 결과를 얻게 될 것입니다. 그러니 다른 누군가가 필요한 것이 아니라 자연스럽게 일어납니다. 누구의 결정에 달리지 않았습니다.

왕생의 다르마, 49재

예를 들어 여기, 이 돌아가신 여자분은 저번 생에서 전반적으로 악행보다는 선행을 많이 했습니다. 그런 까닭에 복이 더 많습니다. 전반적으로 천상에 갈 수 있는 복이 더 많이 있습니다. 과거 생에서 악행보다는 선행을 더 많이 했기 때문입니다. 악업보다 선업을 더 많이 지었습니다. 그냥 그뿐입니다. 지금까지 이해했나요?

(청중이 질문함) 질문자는 우리가 49일 동안 무엇을 하는지 물었습니다. 그러면 염라대왕의 역할은 언제부터인가요? 염라대왕은 지하세계 즉 저승세계의 판관입니다. 그리고 그에

게 몇 가지 책무가 있습니다. 첫째 염라대왕은 여러분이 얼마나 오래 살지 결정하는 데 책임이 있습니다. 예를 들어 염라대왕은 여러분의 일, 업, 복에 기반을 두고, 얼마만큼 오래 살 수 있다고 결정합니다. 그는 그것을 결정하는 자입니다. 예를 들어 당신의 할머니, 당신의 모친이 태어나기 전 염라대왕이 그녀는 107세까지 살 여자라고 결정한 것입니다. 여기 관련해서 질문 있나요? (우리에게 수명을 늘리거나 줄이는 특정한 행동을 할 자유의지가 있는데, 수명이 완전히 정해진 건가요?) 아닙니다. 늘 고정된 것은 아닙니다. 여러분이 되돌아와서 염라대왕을 다시 만나면, 그는 여러분의 기록에 기초해서 결정을 내릴 것입니다. 그런데 대화가 옆길로 가고 있네요.

여기서 핵심은 염라대왕입니다. 염라대왕의 둘째 임무는 여러분이 어떤 몸을 취할 것인지 결정하는 일입니다. 염라대왕은 그것을 결정하는 자입니다. 여러분은 죽을 때마다 일련의 선행과 일련의 악행을 지니고 있습니다. 그래서 염라대왕은 기록을 보고, "당신의 선행에 대한 기록이 악행을 넘어선다. 그래서 당신에게는 이런 선택지가 있다."고 말합니다. 그래서 여러분에게 몇 가지 선택이 있습니다. 우리 중 몇의 경우는 선택권이 있습니다. 그런데 예외가 있는데, 예를 들어 지옥에 가야 하면, 선택의 여지는 없습니다. 이미 결정이 내려집니다. 추락할 때 선택은 없습니다. 예를 들어 이 여자분은 천상에 가야만 합니다. 하지만 원한다면 인간이 될 수 있습니다. 그건 그녀의 선택입니다. 하지만 지금 상황에서 정토에 갈 수는 없습니다. 왜냐하면 복이 충분하지 않기 때문입니다. 질문에 답이 되었나요?

이제 질문으로 되돌아가서, 우리 스님들이 49재 왕생을 위해서 무엇을 하는가요? 사십구재는 망자의 왕생에 영향을 미칠 수 있는 다르마입니다. 그래서 사십구재는 대승에서 망자가 좋은 윤회를 얻을 수 있도록, 희망적으로 정토에 갈 수 있도록 쓰는 다르마입니다. 그것이 우리가 하는 일입니다. 게다가 사십구재에 대해서 더 잘 안다면, 그만큼 복이 더 많은 것입니다.

살아있는 동안 왕생복을 시작하라

대승에는 왕생의 다르마가 있습니다. 지금 당장 왕생의 복을 축적할 수 있어야 합니다. 그게 대승의 왕생입니다. 어째서 죽을 때까지 기다렸다가 복을 쌓아야 하나요? 만약 정말로 정토 왕생을 믿는다면, 살아있을 때, 지금 당장, 왕생복을 쌓아야 합니다. 그래서 죽을 때 그것이 기록으로 남아서, 염라대왕은 여러분이 정토에 왕생하는 것이 바람직하다고 여길 것입니다. 그래야 죽은 후 49일 동안 짓는 왕생복만 기다리지 않습니다. 죽은 후의 왕생복, 이것이 현재 왕생의 방식, 지금 동양인들이 행하고 있는 왕생법 방식의 오류입니다. 그런 까닭에 우리 절은 신도들에게 살아있는 동안, 지금 당장부터, 왕생복을 짓기 시작하라고 권합니다. 49일이 매우 짧으니 죽을 때를 기다리지 마십시오. 왕생복을 짓기 위한 시간이 그렇게 많지 않습니다. 그게 힘든 일입니다. 스트레스가 많습니다. 그래서 우리는 사람들에게 지금 당장부터 왕생복 짓길 권합니다.

현재 동양에서 많이 행하고 있는 왕생이나 사십구재법에는 또 다른 함정도 있습니다. 동양의 전통에서는 누군가 죽을 때까지 기다립니다. 그러고는 절에 가서 복을 지어달라고 청합니다. 그렇죠? 그런데 여기에 문제가 있습니다. 우리 부처님에 따르면 죽은 후에 망자를 대신해서 복을 청하면 망자를 위해 짓는 복에서 망자의 몫은 7분의 1이고, 산자가 7분의 6을 얻습니다. 망자에게 가는 7분의 1은 그리 많지 않습니다. 그래서 대부분 사후 절에 가서 망자를 도와달라고 청하지만, 정작 망자는 정토왕생을 얻지 못합니다. 복을 충분히 짓지 못하거나, 복을 필요한 만큼 빨리 짓지 못하기 때문입니다.

예를 들어 우리 절에서 지금 사십구재를 하고 있습니다. 저기 벽에 보이죠? 바로 저기 불단에 3명의 위패가 있습니다. 이 세 분은 모두 나의 제자들을 통해서 왔습니다. 그래서 이분들은 돌아가시기 전에 우리 절에 사십구재를 청했습니다. 내가 이분들에게 말했습니다. "똑똑하네요!" 자신이 사망하기 전부터 우리 절에 와서 복을 지어달라며 사십구재를 청했습니다. 그런 사람들은 우리가 지은 복을 모두 다 얻게 됩니다. 알았나요? 현재 동양의 불자들이 하는 사십구재 방식이 좀 이상합니다. 제대로 하고 있질 않습니다. 그런 이유로 왕생을 얻지 못합니다. 왕생에 별로 도움이 안 됩니다. 여러분이 짓는 복의 7분의 1밖에 얻질 못합니다. 그리 많지 않습니다.

(청중의 질문) 질문자가 동양에서 하는 사십구재 방식에 어떤 문제가 있는지 물었습니다. 저는 지금 하는 방식은 세 가지 측면에서 잘못되었다고 답해줬습니다. 첫째로 누군가 죽을 때까지 기다렸다가 절에 와서 도움을 청하는 것입니다. 그렇게 사람들이 사후 절에 와서 공양을 올리면 얻는 복이 겨우 7분의 1뿐입니다. 알았나요? 사후에 말입니다. 그래서 그 복이 그리 많지 않습니다. 둘째는 49일밖에 없는데, 이 49일 동안 짓는 복 중 7분의 1만 얻습니다. 시간이 너무 짧습니다. 그리 많지 않습니다. 셋째는 여러분에게 이야기를 좀 해주자면, 사실 대부분 절에서 사십구재를 일주일에 한 번만 합니다. 내가 아는 중국, 베트남 절 대부분은 일주일에 한 번 모여서 불경 독송을 한두 시간 합니다. 그게 끝입니다. 그게 사십구재입니다. 우리는 그렇게 하지 않습니다. 나는 개인적으로 이게 내 통제하에 있다고 느껴질 때까지 고인을 위해서 매일 복을 짓습니다. 생각해보십시오. 일주일에 두 시간밖에 독송하지 않습니다.

게다가 짓는 복은 그것의 7분의 1입니다. 그런데 왕생을 기대하나요? 그리고 거기 갈 수 있는 금전이 충분할 거라 기대하나요? 그다지 영리하지 못한 생각입니다. 보십시오. 지금 대부분 절에서 하는 방식은 정말로 고인을 위하기 보다는 살아있는 사람들을 위한 것입니다. 정말로 고인을 돕기보다는 그저 의식과 전통을 위해서 하려는 사람을 위한 일입니다.

복 있는 사람의 세 가지 복

정리하면, 방금 언급한 세 가지 측면을 잘 살피고 개선한다면 지금의 왕생법은 더 향상될 수 있습니다. 첫째, 누군가 죽을 때까지 기다렸다 복을 짓기 시작하는데, 그건 7분의 1뿐이라는 걸 의미합니다. 둘째 복을 짓게 할 수 있는 시간은 최대 49일뿐입니다. 셋째 사람들이 충분한 복을 지을 능력이 있는 사람에게 도움을 청해야 한다는 점을 모릅니다. 알았나요? 다른 질문 없나요?

（청중의 질문） 이 질문은 사람들이 나에게 사십구재를 청한다면 내가 개인적으로 통제하에 왕생할 때까지 보살핀다는 뜻인가, 입니다. 나는 그렇다고 말했습니다. 그것이 내가 하는 방식이라고 말했습니다. 좋습니다. 또 다른 질문? (사십구재의 기원은 무엇인지 궁금합니다. 불경에 설명이 있는 건가요? 아니라면 어디서 유래했나요?)『지장경』입니다. 또 다른 질문 있나요? 다

시 한번 말씀드리겠습니다. 사십구재법에 대해서 알 수 있으려면 복이 필요합니다. 서방 극락정토에 관해서 알 수 있으려면 복이 많이 필요합니다. 그래서 그게 쉬운 일이 아닙니다. 우리는 더 겸손해야만 합니다. 그리고 우리가 많은 어려움이 있는 이유는, 괴로움을 겪는 이유는 복이 충분하지 않기 때문임을 깨달아야 합니다. 우리는 그런 복의 영향에서 벗어날 방법이 없습니다. 우리 인간은 괴로움을 인생의 일부로, 아픔을 인생의 일부로, 어려움을 인생의 일부라고 받아들입니다. 정토 즉 서방 극락정토라 불리는 곳이 있다는 사실을 알지 못합니다. 복 있는 사람은 괴로움이 전혀 없는 서방 극락정토에 관해서 알게 될 것입니다. 그곳에는 행복과 안락만 있습니다. 그래서 복이 많이 필요합니다.

그러니 내가 말해드리겠습니다. 복에도 많은 수준이 있습니다. 단도직입적으로 말하겠습니다. 괴로움을 인생의 한 부분으로 받아들여야 할 이유가 없습니다. 어째서 그렇게 해야 하나요? 이제 괴로움이 전혀 없는 서방 극락정토 즉 정토라는 장소가 존재한다는 사실을 들었습니다. 심지어 그런 장소가 존재한다는 사실을 듣는데도 복이 필요합니다. 타 종교에서는 천상이라는 아주 좋은 곳에 관한 이야기만 듣습니다. 저 위쪽에 있는 천상은 아미타 부처님의 정토에서 경험하는 안락과 행복에 비하면 아무것도 아닙니다. 절대 그 근처도 못갑니다.

절대 비교도 안 됩니다. 천상을 믿는 천주교인, 개신교인도 복이 많습니다. 그들은 천상에 갑니다. 천상은 그들에게 좋은 곳입니다. 그것이 그들이 가진 종류의 복입니다. 알았나요?

여러분에게 있는 복은, 여러분이 가진 첫 번째 복은 다시는 괴로움을 겪지 않는 서방 극락정토라 불리는 장소에 대해서 듣는 것입니다. 그것이 첫 번째 종류 즉 첫 단계의 복입니다. 복의 다음 단계는 이렇습니다. 정토라 불리는 곳에 대해서 듣습니다. 그곳에 행복만 있을 뿐 고통이 없습니다. 복의 두 번째 단계는 사후 거기 가겠다고 원을 세우는 것입니다. 그걸 믿으려면 많은 복이 필요합니다. 그게 그리 쉽지 않은 일입니다. 그리고 셋째가 가장 어렵습니다. 우선 여러분이 좋은 곳에 대해서 듣습니다. 그리고 거기 가길 원합니다. 어떻게든 가고 싶어 할 복도 있습니다. 거기 갈 수 있는 능력, 그것이 가장 어렵습니다. 그래서 나는 오늘 여러분에게 세 번째 종류의 복에 대한 깊은 인상을 새겨줘야 합니다.

망자를 도울 수 있는 방법

서방 극락정토까지 도달할 만큼 충분한 복을 갖는 건 극히 극히 어려운 일입니다. 이게 간단한 문제가 아닙니다. 어떤 동양인 불자처럼 "그게 뭐 걱정이야. 염불하잖아. 그러면 정토에 가는 거지."라고 기대하지 마십시오. 못 갈 겁니다. 내가 장담합니다. 대부분은 도달하지 못할 것입니다.

지금 정토 불교를 수행하고 있는 동양인 중 압도적 대다수가 매일매일 염불하고 있습니다. 그렇게 하다가 죽으면, 스님들과 친구들한테 염불해서 도와달라고 물어봐야겠다고 생각합니다. 그중 대부분은 성공하지 않습니다. 왜냐하면 복이 충분치 않기 때문입니다. 그래서 이걸 진지하게 받아들여야 합니다. 이게 간단한 문제가 아닙니다. 서방 극락정토에 왕생하는 것이, 정토에 가는 일이 좋은 일이고, 가장 중요한 일 중 하나라고, 인생의 가장 중요한 목표 중 하나라고 진짜로 믿는다면 말입니다. 그러면 이걸 진지하게 여겨야 합니다. 어떤 것도 당연시하지 마십시오.

(청중의 질문). 재주분들이 상복을 입어도 되는지를 질문했습니다. 본인들이 원한다면 상복을 입어도 괜찮습니다. 다만, 그것은 망자를 위하는 일이기보다는 살아있는 사람들을 위한 다르마입니다. 상복의 의미는 49재 기간은 애도 중이니 악행을 삼가고, 선행을 한다는 뜻입니다. 그런 의미이고, 그런 이유로 입습니다.

정말로 망자를 돕고 싶다면…. 그건 우릴 위해서라기보다 개인적인 일에 더 가깝습니다. 솔직히 이 문제는 여러분이 도울 수 있는 일이 아닙니다. 여러분의 능력을 벗어난 일입니다. 이것은 여러분의 선을 넘어선 일입니다. 글쎄요. 이 기간에 진짜로 망자를 도울 수 있다고 믿는다면, 진정으로 모친과 할머니를 돕기를 원한다면, 정말로 도울 수 있는 부분은 마음을 차분하게 해서 너무 감정적이 되지 않는 겁니다. 그리고 망자에게 제발 정토에 가라고 말해주십시오. 그렇게 조언하세요. 정토가 망자에게 가장 좋은 곳이라고 말입니다. 망자를 여기 두지 마십시오. 그것이 망자를 도울 수 있는 방법입니다. 정말로 도울 수 있다면 부디 그녀에게 정토에 제발 가라고 말해주십시오. 알았나요? 그것이 유가족이 할 수 있는 일입니다. 그것이 할 수 있는 가장 중요한 도움입니다. 정토에 가라고 설득하는 겁니다. 그리고 거기에 가서 한번 살펴보라고, 정말로 그녀를 위한 최상의 장소라고 말해주십시오. 후회하지 않을 거라고 말입니다. 알았나요? 그렇게 할 수 있겠죠? 오늘은 여기서 마치겠습니다. 2012.3.25.